# POUR COMMENCER

**Publié pour la première fois**
**en Grande-Bretagne et aux États-Unis en 2024**
**par Watkins, de Watkins Media Limited**
www.watkinspublishing.com
Unit 11, Shepperton House
89-93 Shepperton Road
London
N1 3DF



**Pour l'édition française :**

58, rue Jean Bleuzen - 92178 Vanves Cedex
www.hachette-pratique.com



**Direction Hachette Pratique :** Catherine Saunier-Talec
**Responsable d'édition :** Stéphane Rosa
**Responsable de projet :** Élise Ducamp
**Suivi éditorial :** Camille Lenglet & Émilien des Brest
**Responsable artistique :** Cecilia Rehbinder
**Maquette et mise en pages :** Élise Godemuse
**Traduction :** Karine Descamps
**Préparation :** Étienne Paulin
**Relecture :** Emmanuelle Fernandez
**Fabrication :** Grégory Morin
**Responsable partenariats :** Dana Lichiardopol (dlichiardopol@hachette-livre.fr)
**Contact éditeur :** webpratique@hachette-livre.fr

Dépôt légal : février 2025
72-4866-2
ISBN : 978-2-01-718738-7/01
Achevé d'imprimer en décembre 2024 par Grafica Veneta en Italie.

PAPIER À BASE DE
FIBRES CERTIFIÉES

hachette PRATIQUE s'engage pour
l'environnement en réduisant
l'empreinte carbone de ses livres.
Celle de cet exemplaire est de :
550 g éq. $CO_2$
Rendez-vous sur
www.hachette-durable.fr

# Le chemin caché vers la paix et l'harmonie de Sun Tzu

« Qu'ici aussi, étranger, de toutes les victoires, la première et la plus belle est celle que l'on remporte sur soi-même, comme aussi de toutes les défaites la plus honteuse et la plus funeste est celle d'être vaincu par soi-même. Cela veut dire qu'il y a en chacun de nous un ennemi de nous-même. »

**Platon, *Les Lois*, Livre I, 626e**

Depuis que *L'Art de la guerre* de Sun Tzu a été traduit pour la première fois en 1782 par le prêtre jésuite Joseph Amiot, il est perçu en Occident comme un traité de stratégie militaire en vue de mener une guerre sur un champ de bataille. Il guide les généraux militaires depuis deux mille six cents ans et, aujourd'hui, les managers et autres professionnels d'entreprise utilisent ses tactiques contre leurs concurrents.

Et si ce livre cachait en réalité un autre message, s'il n'avait jamais été destiné aux généraux ou aux PDG, mais plutôt au commun des mortels qui cherchent un véritable sens à leur vie ?

§

Contrairement à ce que l'on a coutume de penser, Sun Tzu était davantage un conseiller spirituel, un mystique ou un sage qu'un général de l'armée. Il est l'auteur d'un traité inspiré sur des questions liées à la guerre qui se livre dans l'esprit et il a utilisé le véritable combat militaire – qui prévalait à l'époque où l'essai a été écrit – comme une allégorie symbolique pour en parler. De même, bien qu'il ait été profondément dénaturé au fil des siècles, ce traité n'a pas été écrit pour un roi, mais pour les gens ordinaires, avec un message simple : « *le chemin caché vers la paix et la plénitude* ».

*L'Art de la guerre* n'a été attribué à aucun auteur, car cela reviendrait à impliquer l'existence d'un « Moi » ou d'un Soi. Au lieu de cela, ce que les historiens ont transmis à l'époque moderne comme *L'Art de la guerre* écrit par « Sun Tzu » suit la tradition de philosophes tels que Lao-Tseu, Homère ou Vyāsa, l'auteur de *Bhagavad-Gita*[1]. Le seul fait de supposer que Sun Tzu était un homme reviendrait à lui imposer une identité. Pour rester en accord avec la tradition de la paternité symbolique et pour encourager l'idée que nous sommes tous des « maîtres Sun », ce livre se réfère à Sun Tzu en utilisant les pronoms elle/il/elles/ils de manière interchangeable, afin de soutenir son enseignement inclusif, mais aussi pour démanteler les idées préconçues sur cet auteur inconnu.

Ce livre offre une nouvelle interprétation qui explore la sagesse ancienne liée à la découverte de soi en s'appuyant sur les principes du véritable art de la guerre : la lutte pour contrôler l'esprit et les pensées qui le gouvernent. Ces enseignements s'accompagnent d'un ensemble unique d'outils et d'exercices qui peuvent être mis en œuvre de manière progressive. Il sera ainsi permis à chacun de vivre une vie riche grâce à la paix intérieure.

Ce livre est une invitation à vaincre les ennemis qui menacent le royaume de la paix intérieure. Quand on atteint la plénitude, notre état naturel, notre vie prend un sens nouveau. Nous pouvons commencer à vivre avec plus d'harmonie, de gentillesse, d'unité et d'équanimité[2], ce qui se répercute de manière positive dans tout ce que l'on entreprend et fait de notre vie, et de notre monde dans son ensemble, un endroit plus harmonieux.

Voilà le message caché de *L'Art de la guerre*.

Cette approche de la sagesse par la douceur, telle qu'elle était initialement voulue par Sun Tzu, a été entièrement réécrite et présentée sous un jour nouveau dans ce livre.

## LES ORIGINES DU MYTHE DE SUN TZU

Sun Tzu appartenait à une famille d'experts militaires, ou clan familial, en lien avec Ho Lu, roi de la province chinoise Wu, vers le v^e^ siècle av. J.-C. Impressionné par les nombreuses batailles remportées, Ho Lu nomma Sun Tzu général de son armée. D'après ce que l'on raconte, c'est après des années de succès militaires qu'il a rédigé le traité *L'Art de la guerre*.

Ce que l'on ne sait pas forcément, c'est que chaque clan *possédait* les informations ou compétences militaires dans lesquelles il était spécialisé – en l'occurrence, les tactiques et les stratégies de guerre. Il les transmettait ensuite *uniquement* à ses descendants, oralement et par la pratique,

1. Grande épopée fondamentale dans la religion hindouiste qui prend place dans le sixième livre du *Mahâbhârata*. Il s'agit d'un poème dialogué composé de 700 vers répartis en 18 chants.
2. L'équanimité, telle que la présente Sun Tzu, est cultivée comme une expérience de plénitude dans laquelle l'esprit ne vit pas des émotions changeantes, mais émet du calme, uni à l'harmonie et à la perfection.

comme le forgeron à l'époque médiévale apprenait à sa famille à faire fondre le fer d'une manière spécifique et consacrée par l'usage.

Mais pourquoi, si la famille de Sun Tzu possédait – voire *protégeait* – ces précieuses stratégies militaires, ce dernier aurait-il révélé ces secrets dans un ouvrage ?

Si l'on considère que le clan assure la sécurité de l'emploi, partager les informations reviendrait alors à donner l'avantage à la concurrence et, par là même, à sérieusement compromettre ses chances de survie. En tant que général de l'armée, si Sun Tzu avait effectivement partagé ses stratégies militaires, cela aurait pu entraver sa carrière, ternir sa réputation, et même compromettre sa position.

De même, si le roi Ho Lu avait vraiment demandé à Sun Tzu d'écrire le livre de guerre ultime pour qu'il devienne un grand chef, capable de conquérir de vastes territoires, en retour, il lui aurait offert une énorme somme d'argent et un héritage stable, notamment des terres et un titre. En outre, les succès remportés par Sun Tzu auraient été relatés de manière plus détaillée, comme l'ont été ceux d'autres généraux militaires qui ont marqué l'histoire, tel Miyamoto Musashi, rendu célèbre par l'ouvrage *Le Traité des cinq roues*.

S'il avait été un général si reconnu, comment se fait-il qu'il n'existe aucun autre récit sur ses victoires et son héritage ?

Si Sun Tzu n'était pas un général, mais un mystique dans la tradition d'autres maîtres de philosophie, les informations auraient été rédigées et conservées par ses étudiants, capables d'interpréter la sagesse cachée dans un seul but : alléger la souffrance de l'existence humaine en apprenant à dompter cet esprit torturé.

Au fil du temps, la lignée et l'école de Sun Tzu ayant disparu, la plupart des gens en ont perdu le sens profond, jusqu'à ce qu'on le redécouvre, mais en l'interprétant mal – jusqu'à maintenant.

## DES SIÈCLES D'INTERPRÉTATION ERRONÉE

*L'Art de la guerre* de Sun Tzu n'est certainement pas l'unique sagesse inspirée qui a été mal interprétée à travers le temps. Des textes philosophiques codés existent depuis des siècles dans l'histoire humaine et bon nombre d'entre eux ont été réduits au rang de récits superficiels ou de mythes (donc considérés comme faux) sans que l'on prenne le temps de lire entre les lignes pour comprendre leur sens profond[3]. Mais comment peut-on ignorer le sens premier d'un texte dès le départ, et pourquoi le cacher ?

L'idée est que la plupart des textes sacrés renferment deux interprétations : morale et philosophique (sagesse inspirée). D'une manière générale,

3. Quelques exemples de textes philosophiques codés : *Beowulf*, *Mabinogion*, *Les Lois* de Platon, le *Popol Vuh* et l'*Odyssée*.

l'histoire morale est facilement perceptible (exotérique) et compréhensible, car elle se concentre sur l'éthique et les vertus essentielles à la vie de tous les jours. D'ordinaire, le lecteur s'arrête à cette interprétation, bien que, si l'on creuse davantage, on puisse découvrir un second message, allégorique et caché (ésotérique), qui aborde des questions liées aux origines et à l'existence des hommes.

Il est probable que les personnes qui ont écouté ou lu *L'Art de la guerre* au moment où il a été écrit en aient compris le sens profond, au-delà des batailles et des guerres physiques, et qu'elles aient saisi ses stratégies cachées dans le but de vaincre l'esprit troublé, de surmonter les défis intérieurs par la maîtrise de soi et de trouver la paix intérieure[4]. À mesure que les gens se déplacent ou que leurs terres ont été conquises, de nouvelles idées vont et viennent, et les pratiques anciennes peuvent être oubliées avec le temps, ou mal interprétées. Quand on les redécouvre, on ne comprend pas toujours leur sens initial ou leur contexte philosophique d'origine.

Les deux interprétations (ésotérique et exotérique) ont chacune leur signification et leur importance. Elles visent deux types d'étudiants : ceux qui en sont au début de leur cheminement et ceux qui sont déjà pleinement engagés sur ce chemin particulier et cet enseignement. Les enseignants de la sagesse inspirée[5], à l'instar de Sun Tzu, ont identifié et compris la bataille que les individus doivent mener pour découvrir le chemin menant au potentiel illimité qui s'offre à *tous*. Mais plutôt que de fournir aux deux types d'élèves *toutes* les informations à la fois, ce qui pourrait être contre-productif ou conduire à une mauvaise interprétation, ils ont mis au point une série d'étapes pour que le travail soit plus facile à gérer et pour assurer la victoire.

Sun Tzu insiste sur ce point dans le chapitre d'ouverture *Établir un plan d'action* : connaître à l'avance les défis ou obstacles qui les attendent peut avoir un effet dissuasif pour les élèves dits « faibles ».

Le fait d'organiser et de dissimuler l'enseignement sous forme de progression par étapes permettait aussi aux élèves d'apprendre, de pratiquer et de maîtriser son contenu sans se laisser décourager par les obstacles et la peur de l'échec – ou abandonner complètement. En mathématiques, un étudiant ne saurait pas calculer s'il n'apprenait pas d'abord à ajouter et à soustraire. De la même façon, un étudiant de Sun Tzu abordait la pratique de la plénitude de manière méthodique afin d'envisager le succès sur le long terme.

De même, dissimuler les enseignements inspirés permettait de préserver leur pureté, notamment pour les étudiants engagés de manière

4. Pour exemple, les anciens peuples celtiques, qui connaissent les histoires comprenant désormais *Mabinogion*, ont sans doute compris la première phrase du livre, soit *« Pwyll Prince of Dyved was lord of the seven Cantrevs of Dyved »* : *« La sagesse était maîtresse des sept territoires (de l'esprit) »*, malgré le ton épique de l'histoire.
5. Parmi les professeurs de sagesse inspirée, on trouve Pythagore et le pharaon de l'Égypte ancienne Akhenaton, qui est souvent considéré, à tort, comme un adorateur du disque solaire, alors que l'on devrait plutôt comprendre ce dernier comme un symbole de la maîtrise de la conscience ordinaire.

sincère, qui considèrent l'enseignement comme sacré et précieux au regard des bénéfices qu'ils en tireront plus tard, grâce à l'accompagnement du maître aguerri.

Bien évidemment, cela permettait d'éviter que le texte ne soit détruit ou modifié par une religion opposée, une culture ou une approche politique, comme ce fut pratiquement le cas avec *L'Art de la guerre*. Ce dernier n'a survécu que parce que ses vérités spirituelles sous-jacentes ont pris la forme d'un traité de guerre partagé entre les membres de la classe militaire, en pleine expansion. Puisqu'il n'a pas été considéré comme un texte religieux, il n'a pas été brûlé, contrairement à d'autres livres sacrés détruits dans le cadre d'une purge décidée par le gouvernement[6].

## SUN TZU, LE MAÎTRE SUN

L'histoire de Sun Tzu est enveloppée d'allégories qui renforcent l'idée que *L'Art de la guerre* possède une valeur plus inspirée et plus philosophique que militaire. Elle est née sous le nom *Sun Wu*, ou « soleil guerrier », et a obtenu plus tard le titre de Sun Tzu ou maître Sun. Dans *L'Art de la guerre*, être le maître Sun signifie être conscient de soi-même et vivre en harmonie avec une conscience constante pour trouver le chemin vers la paix intérieure et la plénitude :

> Voyager jusqu'au plus haut sommet de la montagne
> au-dessus des nuages
> au-delà du royaume terrestre
> et des mystères de la lune
> qui s'élèvent vers le soleil[7].

Devenir un maître Sun implique pour l'élève de pouvoir surmonter l'existence ordinaire en devenant capable de maîtriser son propre esprit.

Comme la légende l'explique, le maître Sun était au service de Ho Lu, de la province Wu – *wu* signifiant « guerre ». Même si Ho Lu est un personnage de l'histoire, il est utilisé dans le mythe de Sun Tzu pour créer une familiarité avec le public contemporain afin de transmettre de manière allégorique à l'élève que le soleil doit combattre l'esprit guerrier en vue d'atteindre une perception de la vie terrestre. Dans l'histoire, l'époque qui a précédé le règne de Ho Lu, appelée « l'état du Soleil », fut marquée par un traité qui mit fin aux guerres pendant plusieurs centaines d'années.

On pourrait aller jusqu'à dire que même l'époque à laquelle Sun Tzu serait né faisait partie intégrante de l'allégorie : « l'état du Soleil » symbolise l'état parfait ou l'union avec la source de toutes choses, qui descend – au

6. Pour en savoir plus : se référer à la période des Royaumes combattants sous le règne de Qin Shi Huang.
7. Dans diverses cultures anciennes, comme chez les Égyptiens, le peuple maya, les Grecs, etc., le soleil est un symbole allégorique de plénitude (unité consciente, éveil spirituel, non-dualité, union avec un dieu/déesse/divinité...).

sens figuré – dans le corps humain (ou conscience matérielle) de l'illusion, représenté par le règne de l'état de Wu (ou « guerre ») sous Ho Lu.

Pour renforcer le caractère mythologique de Sun Tzu, une histoire bien connue illustre la manière dont il aurait impressionné Ho Lu, qui l'aurait nommé chef de stratégie militaire. Après avoir entendu parler des talents de Sun Tzu, le roi Lu l'a soumis à un test: s'il était capable d'initier les concubines à l'art de la guerre, il ferait de lui son général[8].

Après avoir accepté, Sun Tzu nomma deux concubines pour diriger une grande faction de femmes « soldats ». Il leur ordonna de tourner à droite, puis à gauche, puis vers l'arrière et vers l'avant. Mais les femmes se sont contentées de ricaner. Sun Tzu aurait dit ensuite: « Lorsque l'ordre n'est pas clair et n'est pas compris, c'est le général qui est en tort. » Il essaya encore, mais obtint le même résultat.

Sun Tzu dit: « Si l'ordre est clair et compris, c'est le soldat qui est en tort. » Sur ce, il décapita les deux concubines.

Mais il n'en resta pas là. Sun Tzu plaça à la tête du groupe deux autres concubines, qui exécutèrent ses ordres à la lettre! Le roi Lu, voyant les femmes soldats disciplinées et prêtes à se battre, le nomma général de ses armées.

Cette histoire, plus proche d'une fable que d'un fait historique, explique pourquoi la réputation de Sun Tzu a largement été reconnue parmi les dirigeants militaires au fil des siècles. Pourtant, au cœur de ce texte, il ne s'agit pas d'une bataille physique, mais d'une guerre pour un royaume libre et unifié qui se déroule dans l'esprit.

Derrière ce récit littéral se cache la connaissance qui permet d'atteindre la pleine conscience de soi – ou, pour faire simple, de faire de la conscience ou de la maîtrise de soi un état pérenne. Elle suggère de lever le voile sur une existence perçue de manière dualiste pour découvrir une existence unifiée et entière. Lorsque cette dernière nous est révélée, nous sommes mieux armés pour maintenir notre état naturel d'équilibre mental, libérés du stress, des soucis, des doutes ou de la peur, et pour mener une vie équilibrée, faite de joie et d'unité, car nous ne sommes plus tiraillés entre deux états de conscience ou d'émotions contradictoires. Au lieu de cela, nous nous maintenons et nous installons dans un état d'équilibre constant, la liberté ultime.

Si l'on applique ce concept à l'histoire des concubines, on peut voir que Sun Tzu n'a pas *littéralement* décapité ces femmes; il a simplement sectionné la racine de la dualité de l'ego pour offrir les bases nécessaires pour accéder à la plénitude. Ainsi, Sun Tzu (le maître Sun) prend le contrôle de *toutes les armées* (sens), dans le *territoire en guerre* (esprit). Grâce aux *ordres fermes et aux directions* (volonté) qu'elle donne, le *territoire* (intuition) est en *paix* (plénitude).

8. Cette histoire provient de la découverte de lanières de bambou de Yin-ch'ueh-shan Han, 1985. Elle est également relatée dans le film *L'Art de la guerre* réalisé par David W. Padrusch (NY: A&E Home Video), 2009.

## LE SYMBOLISME DANS L'ŒUVRE DE SUN TZU

Si de nombreux livres traitent aujourd'hui de l'aspect militaire (ou surface) de l'œuvre de Sun Tzu, qui a un impact significatif dans l'histoire du monde, ce livre se concentre uniquement sur l'exploration de la sagesse philosophique, intemporelle et longtemps dissimulée (ésotérique) que le traité de Sun Tzu aborde, loin des batailles physiques pour remporter des territoires et des richesses. Le but est d'atteindre quelque chose de bien plus important : le contrôle de l'esprit.

Ce qui rend ce livre si particulier, c'est qu'il n'est pas lié à une tradition ou un dogme particulier ; il n'est donc pas limité par les restrictions et le séparatisme inhérents à ce dogme ou à cette tradition et prône, au contraire, l'inclusion et l'accessibilité à tous. Tout le monde est le bienvenu ici. Cet enseignement s'adresse à l'élève de toute origine, de tout niveau, de tout milieu. Il a pour but de guider, d'instruire et de soutenir tout au long du chemin vers la découverte de soi.

Grâce à cette liberté intérieure, nous pouvons vivre de manière plus aisée et répondre à notre besoin essentiel : nous fier à notre guide caché (ou guerrier) pour mener une vie paisible, exactement là où nous sommes dans l'instant présent. Si vous avez échoué une centaine de fois auparavant, Sun Tzu vous offre un espace pur et inaltéré qui vous permet d'être vous-même de manière à vous reconnecter et à découvrir votre plus belle partie cachée.

À mesure que nous avancerons dans les treize chapitres, nous lèverons le voile sur le sens de ces codes ou symboles fondamentaux que Sun Tzu évoquait pour parler de l'esprit troublé. Vous serez ensuite capable de définir ce qui est le plus important à vos yeux et de découvrir la manière de l'appliquer directement à votre vie. Ainsi, vous pouvez relire ce livre à l'envi : vous découvrirez un jour un sens, puis, ayant relu le même passage des années plus tard, vous le comprendrez différemment.

Si les enseignants – tels que Sun Tzu – ont cherché à guider et à aider en s'appuyant sur leur expérience individuelle, il revient toujours à l'élève de trouver son propre chemin, unique, mais souvent partagé par les autres.

Pour commencer, je vous propose une interprétation de certains symboles afin de vous aider tout au long de votre lecture. Si Sun Tzu utilise le monde de la stratégie militaire pour explorer l'esprit et la conscience, je vous propose un second sens derrière ces mots.

**L'État :** le Soi en tant qu'entité globale ou unité de la conscience.

**Guerre :** le conflit entre le Soi inférieur et le Soi supérieur ; voir aussi la pratique de l'observation.

**Champ de bataille :** le terrain de l'esprit.

**L'ennemi :** l'esprit troublé ou les pensées, émotions ou perceptions conscientes ; l'ego qui perçoit le monde matériel comme étant *réel* ou immuable. C'est ce qui empêche l'élève de trouver son soleil intérieur. Ce qui implique souvent que le Soi conscient empêche le Soi intuitif (ou supérieur) de parvenir à la liberté, plus préoccupé par ses désirs et ses préoccupations terrestres.

**Le général :** l'étudiant sur le chemin ; sa capacité à discerner et à agir. (Nous ne commençons pas le voyage en tant que simple soldat, mais en tant que général aux commandes ; il s'agit là d'un élément important, qui suggère que notre quotidien et nos objectifs sont entre nos mains.)

**L'armée :** les guerriers prêts à défendre l'esprit, comme la conscience consciente ou l'intuition (déploiement intuitif) menant un combat dans le royaume matériel contre ses « ennemis » (pensées, émotions, perceptions).

**Plans/objectifs :** l'approche douce ou le chemin qui permet d'atteindre l'harmonie dans la perception erronée entre le Soi inférieur et le Soi supérieur.

**Paradis :** Yin, ou conscience supérieure.

**Terre :** Yang, ou conscience inférieure.

## LES NOMBREUX VISAGES DE LA GUERRE

Puisque *L'Art de la guerre* ne nous a pas été transmis sous la forme d'un *Art de la paix*, les lecteurs de ce livre se doivent de reconsidérer et d'élargir leur définition de la guerre pour prendre en compte les divers aspects du conflit que Sun Tzu aurait pu avoir à l'esprit. Comme vous le savez désormais, le terme « guerre » est utilisé de manière métaphorique pour exprimer celle qui se livre dans notre esprit préoccupé. Toutefois, il est également important de comprendre les moyens moins perceptibles par lesquels nous créons des situations de conflit par la pensée et l'action dans notre vie de tous les jours.

Si l'on vous demandait de réaliser un dessin de guerre, vous produiriez peut-être un nuage en forme de champignon sur le point de dévaster une ville qui ne se doute de rien ; une fusillade, des ruines et de nombreux morts ; ou des gens qui se battent avec des armes, des tanks, des drones, voire une cyberguerre, chaque camp pensant qu'il est en train de gagner. Il s'agit d'une guerre physique à grande échelle. Mais quand on nous montre

à quoi ressemble une guerre et qu'on nous l'apprend, nous pouvons ne pas voir la subtilité avec laquelle elle s'insinue dans des situations plus proches de notre quotidien.

La guerre, celle de l'esprit, se produit quand nos pensées créent de la division. Si nous faisons la distinction entre le bien et le mal, la joie et la tristesse, ou que nous y sommes indifférents, nous créons une division entre nous-même et *autre chose*.

Si nous créons de la résistance envers les autres, quelle qu'en soit la forme, nous nous engageons dans une guerre mentale.

Quand nous passons d'un état d'équilibre mental à un état de force, de jugement, de contrôle, voire si nous allons jusqu'à imposer notre volonté aux autres sans considération ou consentement, nous créons alors des miniguerres.

Songez au rôle que jouent nos pensées quand nous campons sur nos positions entre nos croyances et celles des autres plutôt que de respecter ces différences et de leur accorder de la valeur. Nous créons parfois des barrières pour affirmer que nous avons raison et que l'autre a tort ou que nous avons un sentiment de supériorité.

La création de barrières mentales (frontières) devient le champ de bataille de l'esprit dont l'œuvre de Sun Tzu parle.

**Voici d'autres exemples :**

- Un conducteur impatient qui s'emporte facilement, les mains levées, qui coupe brusquement la route, en colère.
- Des disputes avec les autres sur nos croyances qui nous rendent moralisateur, incapable de concilier nos différences.
- Des désaccords avec des voisins ou avec la communauté pour des choses que nous n'aimons pas, convaincu que notre point de vue est le *seul* valable.
- À la caisse d'un magasin, un article est plus cher que nous le pensions et nous imputons l'erreur aux employés.
- Des jardiniers qui ramassent de mauvaises herbes, créant un conflit entre ce qui appartient ou n'appartient pas à la Terre – alors que cette dernière ne voit que des plantes.

La guerre peut être engendrée par nos critiques, nos jugements, notre colère ou d'autres états émotionnels comme la jalousie, la dépression, la tristesse ou l'inquiétude. La discrimination, la haine et le séparatisme suscitent le sentiment de l'altérité, qui, à son tour, peut déclencher un conflit.

De même, le fait de se regarder dans le miroir et de porter un jugement critique à notre encontre (laid, maigre, gros, etc.) nous empêche d'accepter notre beauté intrinsèque. Année après année, notre esprit et nos pensées

nous font croire que notre réalité est toujours changeante et qu'elle nous dicte un avenir incertain sur lequel nous n'avons aucun contrôle. Mais nous pouvons le contrôler. Du moins, selon Sun Tzu.

Dès que nous commencerons à appliquer les préceptes du chemin caché vers la paix et la plénitude, nous verrons que ce ne sont pas les *autres* qui détruisent notre vie, l'environnement, ou qui font du monde un endroit effroyable, mais que nous avons la capacité d'opérer un changement immédiat grâce à un esprit calme et paisible. Par la suite, très rapidement, les gens et les lieux – notre propre esprit – ne sont plus nos ennemis.

Cette réinterprétation unique est une sorte d'itinéraire qui mène à la découverte de notre capacité innée à reprendre possession du pouvoir et de la maîtrise de notre conscience (ou des situations du quotidien), d'atteindre la paix intérieure entre les deux perceptions en conflit avec notre Moi (conscience supérieure et inférieure). Lorsque nous atteignons un état de plénitude, nous percevons notre monde sans barrières, car l'esprit devient silencieux et éternel, tel un œil qui voit tout, symbolisé dans la sagesse grecque antique par le Cyclope. Souvent dépeint comme aveugle, il symbolise la chute dans l'illusion ou la cécité par rapport au Moi entier et singulier.

Cet état de non-guerre, ou de paix, est présent et conscient. Socrate, professeur de sagesse inspirée, l'explique : « Tout ce que je sais, c'est que je ne sais rien. » Cette phrase écrite par Platon, dont beaucoup disent qu'elle démontre l'humilité de Socrate, exprime en réalité l'expérience de l'unité consciente (ou non-dualité) : « savoir » revient à être conscient de soi-même, à être en accord avec sa plénitude intuitive, plutôt que de dépendre de l'esprit rationnel contrôlé par les émotions.

Pour faire court, quand l'esprit ne bavarde plus, il entre dans un état d'équanimité – ou de paix – et il est conscient du moment présent. Il ne peut donc pas (techniquement) « savoir » ni exercer le jugement ou la séparation. Imaginez ce qu'une heure de lucidité et d'ouverture, sans l'interruption de la pensée, pourrait produire. Il s'agit d'un état de quiétude et de paix à la fois très puissant et très doux, qui se déroule lentement, qui nous permet de puiser directement dans notre sagesse, notre vérité et notre connaissance incontestables – que nous n'avons sans doute jamais connues avant.

Dans la sagesse grecque, l'esprit non guerrier prend la forme d'un demi-dieu, tel Héraclès, né avec des aptitudes divines et humaines. D'une manière symbolique, nous sommes tous des demi-dieux, nous avons une conscience divine et une conscience matérielle (Paradis et Terre, Yin et Yang) qui nous accordent du pouvoir (symbolisé par la force physique d'Hercule) sur la matière. L'esprit matériel (conscient) pense qu'il a le contrôle, mais il est limité, car il ne reconnaît pas la nature divine toujours présente, tentant toujours d'atteindre cette perfection.

Sun Tzu nous enseigne que la plénitude s'apprivoise sans lutte ni résistance ; ce qui signifie l'état dans lequel nous ne résistons plus à notre véritable nature et devenons surpuissants, comme Hercule, honorant notre Moi humain et divin dans un équilibre parfait. Nous n'avons pas besoin de lutter contre quoi que ce soit. Nous avons une sorte d'élan intuitif et nous lui faisons confiance au lieu de l'ignorer, ce qui fait que nous commençons à vivre en accord avec nous-même. En parallèle, nos pensées ne doivent pas être éliminées sous la contrainte. D'une certaine façon, il est trompeur de considérer l'esprit troublé comme quelque chose dont il faut se débarrasser. Il peut être utilisé comme un outil, un « œil » qui observe, interprète et nous guide en douceur vers la conscience de notre existence, et il peut être exploité pour servir notre intuition, au lieu d'être en guerre contre lui.

Selon Sun Tzu, lorsque nous cessons de lutter, nous faisons fondamentalement confiance à notre connaissance et vivons en harmonie avec notre véritable nature, sans qu'aucun obstacle ne nous en empêche.

## L'IMPORTANCE DE SUN TZU AUJOURD'HUI

*L'Art de la guerre* a gagné en popularité dans la Chine ancienne des Royaumes combattants, quand la population était largement impliquée dans l'immense complexe militaire. Le préserver était donc d'une importance vitale. Il s'agissait d'un acte altruiste que l'auteur inconnu protégeait dans l'unique dessein d'aider les autres à les libérer de la spirale de souffrance humaine.

Si vous tenez compte des soldats, des chefs et des gens ordinaires impliqués dans la classe militaire et autour d'elle qui auraient pu accéder à cette connaissance, il y a une autre raison essentielle. En montrant à ceux qui sont engagés dans des conflits que la vie importe plus que de tuer des ennemis sur le champ de bataille – qui engendre une immense souffrance des deux côtés – et en les menant vers la liberté par le biais de la connaissance sacrée du chemin vers la paix intérieure, *vous pourriez mettre un terme aux guerres physiques*.

Ces héros pacifiques qui ont retranscrit et préservé *L'Art de la guerre* ont tenté de remettre en question l'état d'esprit dominant de l'époque, qui consistait à faire valoir que le seul moyen d'établir la paix était de s'engager dans une guerre physique. Cependant, grâce à la compréhension de Sun Tzu de la plénitude, nous pouvons apprendre du passé, sachant que *ce qui cause du tort à une personne cause du tort à tout le monde*.

Vus sous cet angle, les préceptes de Sun Tzu peuvent dépasser le texte qui prônait la guerre pour devenir un texte qui offre un avenir où la paix est visible, bien *réelle*, et accessible à tous.

Nous ne saurons jamais combien de personnes ont vraiment entendu les préceptes de Sun Tzu et ont déposé les armes au cours de l'histoire.

Aujourd'hui, nous rejoignons ceux qui sont engagés dans la voie de paix prônée par le maître Sun. Nos idées ne sont pas isolées. En tant que créateurs, nos pensées émettent une sorte de vibration subtile ressentie et perçue partout, par les autres et par l'environnement naturel (par le biais des orages, des catastrophes, etc.). En effet, nous faisons partie intégrante d'une réalité collective. Toutefois, en comprenant cet état d'esprit conflictuel qui engendre souvent (mais pas toujours) la confusion et le désordre, vous comprendrez que vous pouvez recréer un monde nouveau ancré dans l'équilibre et l'harmonie, pour vous-même et pour les autres.

Sun Tzu encourage l'élève à avancer doucement dans son cheminement, sans forcer les choses, lutter ou chercher sans cesse des solutions, mais en laissant la voix intérieure prendre le contrôle des pensées qui créent la discorde et établir un royaume harmonieux. De cette manière, basculer d'une perception de désordre vers une perception d'ordre implique une forme de responsabilité sociale qui nous offre la possibilité d'être bienveillant envers les autres de manière à créer un monde où la paix est toujours présente.

Quand nous nous unissons (notre esprit entier) avec les autres dans cet état d'harmonie collective, nous faisons partie de l'unité partagée accessible à tous les êtres vivants. Cette belle et simple manière de vivre avec les autres est intemporelle et peut se ressentir à tout moment. En réalité, nous ne devrions pas laisser la moindre pensée fugace ou négligente traverser notre esprit afin de ne pas blesser un autre être vivant.

En conséquence, l'amour et la gentillesse règnent sans effort. C'est la promesse de Sun Tzu au bout du chemin caché vers la paix et la plénitude.

Nous allons emprunter ce chemin ensemble ; faisons-le dans un esprit d'ouverture et sans crainte.

Il n'y a pas de retraite possible dans ce genre de bataille.

## COMMENT ABORDER CET OUVRAGE

*Un nouvel Art de la guerre* se compose de treize nouveaux chapitres qui s'appuient sur les enseignements ésotériques qui existaient déjà. Il reprend le système de numérotation utilisé à l'époque dans la traduction de Giles. Chaque chapitre commence par un résumé, suivi de commentaires qui analysent les principales idées de Sun Tzu en offrant des moyens pour mettre en pratique ces enseignements dans votre vie quotidienne. Chaque chapitre propose des réflexions invitant à une exploration approfondie. Certains comprennent des exercices pratiques.

Pour vous donner une idée de ce qui vous attend, voici une explication détaillée chapitre par chapitre.

**Chapitre 1 : Établir un plan d'action**

Réflexion approfondie sur la manière de s'engager à contrôler l'esprit troublé en créant un plan d'action. Aborder les pièges les plus courants associés au contrôle de l'esprit, pour fournir un bon point de départ.

**Chapitre 2 : Mener une guerre (mentale)**

Après avoir pris un engagement sérieux, nous n'envisageons plus le repli et pouvons commencer à observer de manière objective nos pensées, nos actions, nos paroles et nos émotions, afin d'atteindre l'état de plénitude.

**Chapitre 3 : Stratégie offensive**

Première étape de l'observation directe comme moyen stratégique d'interrompre, de diviser, de détourner ou de conquérir les pensées évasives, afin de créer de nouveaux chemins vers la paix et l'harmonie.

**Chapitre 4 : Comprendre la nature de sa pensée**

Réfléchir à la manière dont elle se forme et crée des courants de pensée déformés par notre perception de la réalité. En comprenant cela, nous pouvons reprendre l'avantage sur la conscience grâce à notre soleil intérieur et vivre pleinement.

**Chapitre 5 : Concentration enracinée**

Explorer la première étape de la concentration et apprendre à avoir l'avantage sur les perturbations ou les schémas de pensée récurrents auxquels nous sommes confronté dans notre quotidien afin de guider sans effort notre attention vers l'unité et l'harmonie.

**Chapitre 6 : Équilibrer les points forts et les points faibles**

Avoir une meilleure compréhension de la manière dont notre esprit crée de la dualité et de la division pour maintenir de façon stratégique l'équilibre et l'harmonie de manière plus régulière.

**Chapitre 7 : Pratique de la conscience réfléchie**

Développer notre capacité intrinsèque à *diriger* notre perception vers un état d'attention plus discipliné et plus concentré, qui amènera à une meilleure compréhension de la manière dont nos pensées se multiplient et entravent notre conscience.

**Chapitre 8 : Varier les approches**

La découverte des cinq avantages et de la nature de la pensée à travers des expériences directes : si nous avons conscience de la manière dont les pensées se forment, nous pouvons anticiper leur force ou leur puissance pour passer inaperçues et y répondre de manière appropriée.

**Chapitre 9 : Développement de la conscience contemplative**

Plus nous parvenons à concentrer notre attention pour clarifier notre champ de perception, plus notre état d'équanimité se renforce.

**Chapitre 10 : Territoire de l'esprit**

Maintenant que vous comprenez mieux le fonctionnement de l'esprit, Sun Tzu propose les six façons les plus courantes dont la pensée se forme – ou plutôt comment nous ressentons la pensée à travers le champ de perception illimité.

**Chapitre 11 : Les neuf champs (impartiaux ) de la perception**

Explorer les treize façons distinctes de *ressentir* la manière dont la pensée apparaît. Cette connaissance permettra de maintenir le contrôle de la concentration et de la conscience et d'ouvrir le chemin vers la paix et la plénitude.

**Chapitre 12 : La volonté entière**

Avec une meilleure compréhension du champ de perception, vous pouvez surmonter les obstacles de la pensée et des sens et être en mesure d'anticiper les débordements, afin de restaurer l'équilibre naturel.

**Chapitre 13 : Discerner la fragilité**

L'enseignement fondamental sur la manière de discerner la fragilité présente dans toutes les choses. La connaissance de cette fragilité permet de comprendre que tout dans l'univers est interconnecté – et la lumière du soleil intérieur nous conduit vers la victoire !

Je vous conseille d'effectuer une première lecture complète de l'ouvrage, puis de revenir au début, d'entreprendre une étude approfondie et d'intégrer ce qui est utile pour transformer en outils ce qui vous aidera dans votre pratique quotidienne. Vous pouvez aussi lire tous les chapitres, un à un, puis méditer sur les informations fournies et les mettre en application pendant une période donnée. Une fois que vous en aurez une bonne compréhension, passez au chapitre suivant. Si vous pensez qu'il vous faut une année pour faire une étude approfondie de l'ouvrage, vous pouvez aussi en étudier un chapitre par mois pendant un an (et un mois).

Les commentaires sont destinés à vous aider à intégrer les leçons d'*Un nouvel Art de la guerre*, à les appliquer *dès maintenant* dans votre quotidien, et non à une vague date ultérieure. Les mettre en pratique dans le cadre d'un loisir, d'un savoir-faire ou de votre profession peut être bénéfique. En effet, la répétition d'une seule tâche permet à l'esprit de se concentrer et d'être plus attentif, sur une période donnée, et par étapes, pour en acquérir une bonne maîtrise.

Par exemple, si vous êtes écrivain, alpiniste, danseur, chanteur, acteur, pilote de course, sculpteur, tricoteur, mécanicien, athlète, musicien, inventeur, etc., exercer votre activité peut vous aider à développer la pratique d'observation enseignée par Sun Tzu et bien d'autres préceptes de ce livre.

De même, votre quotidien vous offre de nombreuses occasions d'appliquer les enseignements de Sun Tzu afin de maîtriser votre esprit : nettoyer des toilettes, cuisiner, jouer, laver le linge, jardiner, parler à des clients, remplir des étagères ou faire des cartons, passer le balai ou préparer du thé... Tout cela permet d'apprendre la patience et le calme.

Toute action compte. La clé est de commencer à l'instant présent.

*Rejoignez-moi dès maintenant !*

En vivant chaque journée comme une séance de méditation, une cérémonie ou célébration de chaque instant – une manière d'être unique et ininterrompue dans le moment présent –, vos soucis du quotidien s'estomperont peu à peu. Vous renoncez progressivement à cette lutte contre les pensées incessantes qui vous empêchent de comprendre qui vous êtes vraiment.

En trouvant le moyen de résoudre ce conflit intérieur, nous sommes capables de devenir des maîtres Sun.

*Que la victoire soit vôtre.*

# Réflexions

« Rien ne permet d'affirmer qu'un élève tire profit du prolongement de la préparation et de la mise en application de la pratique. »

## 1

Que représente pour vous une guerre physique ? Dessinez ou écrivez un poème pour l'exprimer.

## 2

À l'inverse, à quoi ressemble une guerre personnelle dans votre vie ? Donnez un exemple de conflit avec les autres que vous vivez en ce moment.

## 3

Citez des exemples de moments où vous avez délibérément fait l'expérience de l'intuition.

## 4

Trouvez-vous simple ou difficile de reconnaître qu'un enseignant intérieur est en vous-même, que cette quête de paix et de sagesse réside également en vous-même, et pas à l'extérieur ?

## 5

Que souhaitez-vous apporter à votre nouvelle vie, maintenant que vous empruntez le chemin vers la paix et la plénitude ?

## 6

Quelle image avez-vous d'une vie de paix et d'harmonie ?

## 7

Quel savoir-faire, métier ou passion peut vous intéresser ?
Et que pouvez-vous appliquer dans le cadre des enseignements de Sun Tzu ? Si rien ne vous vient à l'esprit, qu'est-ce qui vous stimule et vous inspire ?

## 8

Quelle action pouvez-vous entreprendre aujourd'hui pour remettre en question un préjugé sur les autres afin de vous mener vers la paix dans ce miniconflit ?

## 9

Réfléchissez à un aspect de votre vie, ou dans le monde, qui vous a permis d'observer que *ce qui cause du tort à une personne cause du tort à tout le monde.*
Que pourriez-vous faire concrètement pour inverser cette tendance ?

## 10

Quels sont vos centres d'intérêt et comment pourriez-vous leur accorder plus de temps tout en mettant en pratique les enseignements au fur et à mesure que vous les apprenez ?

1

# Établir un plan d'action

**1.** Sun Tzu a dit : « L'art d'observer l'esprit est d'une importance vitale pour le développement du Soi. »

**2.** Atteindre l'unité intérieure est essentiel pour la survie, un chemin vers la sécurité ou le désastre.

**3.** Lorsque nous luttons pour l'unité du Soi, nous devons prendre en compte cinq principes dans nos choix, de manière à atteindre l'unité avec la Source.

**4.** Ils sont : la loi morale ; le Paradis ; la Terre ; le général ; la méthode et la discipline.

**5-6.** La loi morale, ou *voie*, amène l'élève à être en parfait accord avec le Moi supérieur, en la suivant coûte que coûte, sans se laisser inquiéter par le danger. En laissant le Moi supérieur nous diriger, le corps sera en harmonie avec le Soi (esprit) et ne craindra rien du flot de préoccupation terrestre.

**7.** Le Paradis (yin), ou le Moi supérieur, doit être en équilibre afin que l'élève puisse atteindre la conscience, comme la nuit équilibre le jour ou le froid la chaleur, et comme les saisons s'équilibrent les unes avec les autres.

**8.** La Terre (yang), ou l'ego (ou conscience inférieure qui perçoit le corps en tant que forme) devra surmonter de nombreux obstacles, plus ou moins difficiles, et d'autres préoccupations qui vont mettre à l'épreuve son sentiment de sécurité et créer de l'instabilité, car il n'est pas prêt à perdre le contrôle : l'élève doit donc se montrer persévérant. Si vous parvenez à maîtriser l'esprit agité, vous donnez la *vie* au Moi unifié, et la *mort à* l'ego.

**9.** L'élève engagé (le général) sur le chemin de la plénitude saura faire appel aux vertus de la sagesse, de la sincérité, de la bienveillance, du courage et de la rigueur.

**10.** La méthode et la discipline peuvent être décrites comme la capacité à diriger l'armée des sens et des désirs vers des objectifs appropriés et à maintenir son énergie vitale sur les *chemins*[9] à travers le corps, qui alimente la conscience et contrôle la quantité d'énergie dépensée. (L'élève qui s'engage dans la pratique développera la discipline nécessaire pour surmonter ses désirs et contrôler ses sens.)

**11.** Chaque élève doit connaître ces cinq sens (vue, ouïe, goût, odorat et toucher) : celui qui sait comment les contrôler sera victorieux ; celui qui ne le sait pas échouera. L'élève qui continue à succomber aux désirs matériels dérivés des sens (par exemple, le goût peut conduire à la gloutonnerie) n'atteindra pas la plénitude.

**12.** C'est pourquoi, lors de vos réflexions sur le chemin à emprunter pour atteindre l'état de conscience, réfléchissez à ces questions afin de vous aider à réussir :

**a.** Lequel, du Moi supérieur ou du Moi inférieur, a le plus de chance d'emprunter le chemin vers la paix et la plénitude ?

**b.** Des deux, lequel a le plus de chance de réussir ?

**c.** Lequel est le plus équilibré et, par conséquent, a l'avantage quand des obstacles surviennent ? Comment pouvez-vous faire parvenir votre esprit (pensées/désirs) à un état d'équilibre ?

**d.** De quel côté la discipline est-elle appliquée de la manière la plus rigoureuse ?

**e.** Quel côté est le mieux entraîné ?

**f.** Quel côté montre une plus grande capacité à rester impassible quand il est question de récompenses ou de sanctions ?

9. « Chemins » ou méridiens qui répandent l'énergie vitale à travers le corps. Parfois appelés « chakras », du sanskrit *cakra*, qui veut dire « roue », ou « quelque chose qui tourne ».

**13.** À travers ces sept facteurs, l'élève (et l'enseignant[10]) peut prévoir la victoire ou la défaite de l'esprit en atteignant l'unité avec la Source.

**14.** L'élève qui écoute attentivement les conseils de l'enseignant (intuition) et qui les met en pratique saura surmonter l'illusion de la forme du Soi ; cet élève doit maintenir le contrôle. Celui qui ne suit pas les conseils de l'enseignant restera dans un état d'illusion et de non-conscience de son Soi entier. Il doit reprendre le contrôle.

**15.** Au-delà des conseils de l'intuition/enseignant, si vous avez connaissance de vos propres faiblesses, reconnaissez-les et acceptez-les pour pouvoir les surmonter.

**16.** De même, si vous ne progressez pas dans votre pratique, modifiez vos actions en conséquence.

**17.** Tout conflit intérieur – la bataille pour briser ou transcender l'illusion du royaume terrestre – se fonde sur le mensonge[11]. Le Moi inférieur (Terre) va tenter de tromper le Moi supérieur (Paradis). Ce point est simple, mais crucial, car bon nombre de ceux qui s'engagent sur le chemin de la paix intérieure peuvent devenir agités ou s'ennuyer. Le corps, aidé de l'esprit troublé, va tenter de trouver des activités plus stimulantes et, par conséquent, empêcher le Moi d'accéder à la sagesse.

**18.** Ainsi, quand nous avons la capacité de mettre les enseignements en pratique (par exemple, observer l'esprit), nous devons en sembler incapables, ou le faire sans effort. Quand nous utilisons nos forces (l'armée[12]), nous devons paraître inactifs ; quand nos forces se rapprochent, nous devons faire croire à l'*ennemi* (pensée consciente) que nous sommes loin ; et, quand nous sommes loin, nous devons faire comme si nous étions près. Pour atteindre l'état de conscience, il faut trouver la tranquillité de l'esprit. La bataille consiste à diriger l'esprit vers un état d'équanimité – une tâche difficile en soi. L'enseignant (intuition) sait que le corps va résister. L'esprit calme doit donc rester vigilant et se tenir à l'écart des stimulations sensorielles.

10. L'enseignant a des connaissances qui lui viennent de l'intuition, ou une intuition qui lui est intrinsèque. Il ne la trouve pas à l'extérieur. Il suffit d'écouter notre intuition pour *entendre* l'enseignant.
11. Quand nous considérons une situation comme difficile (maladie, douleur, échec, épreuve) à un moment donné, nous créons une division dans la perception de plénitude ; nous pouvons ainsi reconsidérer nos pensées pour nous libérer de points de vue qui limitent notre ouverture d'esprit.
12. Voir Introduction, « L'armée ».

**19.** Grâce à cette vigilance de l'esprit, l'élève peut surmonter l'illusion créée par les sens terrestres. N'essayez pas de lutter contre le corps/les sens, car ils gagneront à coup sûr. L'ennemi est le Soi. L'enseignant (intuition) conseille sur la stratégie à adopter pour que le Soi reste calme et parvienne à un état de conscience plus élevé.

**20.** Si les sens corporels dominent, attendez-vous à fléchir. Prenez des mesures pour éviter de vous laisser influencer par le Soi.

**21.** Au lieu de fuir les émotions telles que la colère, acceptez-les pour pouvoir les comprendre, les surmonter et passer à autre chose. De plus, si ressentez de la colère ou de l'arrogance, évitez toute action et restez calme.

**22.** Quant aux stratégies à adopter pour vaincre vos désirs et vos sens, soyez vigilant et ne les laissez pas gagner du terrain. Séparez-les des autres émotions en vue de les déceler, de les comprendre et de les surmonter plus facilement.

**23.** Par ailleurs, profitez des moments où vous n'êtes pas submergé (ou touché) par des émotions ou désirs intenses pour les étudier, et déplacez-vous là où ils ne peuvent vous contrôler.

**24-25.** C'est à l'enseignant (intuition) de guider l'élève (esprit conscient) vers les niveaux plus élevés de la conscience du Soi (soleil intérieur). Si l'élève vulnérable connaît à l'avance les obstacles qu'il va rencontrer, il risque de se décourager. Pour atteindre la victoire et l'équanimité, l'élève doit se concentrer sur le moment présent et faire abstraction du passé ou de ce qu'il va arriver.

**26.** Si l'élève planifie et se prépare avant de s'engager dans la bataille, il l'emportera sur l'esprit agité. À l'inverse, s'il n'analyse pas en amont, il perdra. Vous pouvez prévoir qui l'emportera ou perdra.

## INTERPRÉTER LA SAGESSE INTEMPORELLE DE SUN TZU

Sun Tzu encourage l'élève engagé sur le chemin caché vers la paix et la plénitude à prendre pleinement conscience des difficultés qu'il devra affronter pour atteindre la liberté face à l'esprit agité. Le lecteur dispose de cinq leçons qui, mise en pratique, peuvent aider le guerrier volontaire à développer une connexion plus profonde avec son intuition innée ou son unité avec le soleil intérieur.

Dès que nous établissons cette connexion avec notre conscience omnisciente, nous observons des changements immédiats dans notre quotidien. Pour autant, Sun Tzu nous met en garde contre les obstacles que nous rencontrons dès que nous nous engageons sur le chemin. Plus nous les anticipons, plus nous saurons mesurer notre succès. Soyez vigilant et déterminé ; l'ennui et l'agitation peuvent vaincre l'élève qui amorce son cheminement, dès qu'il commence à apporter des changements dans sa vie. Résistez à l'envie de forcer les choses ou de faire preuve de rudesse ou d'autorité, et optez pour une approche douce et bienveillante.

En d'autres termes, Sun Tzu nous conseille d'être attentif aux exigences du corps et à l'agitation de l'esprit, et de ne pas nous blâmer pour l'un ou l'autre. Mieux vaut laisser les émotions liées aux sens aller et venir sans lutter que de les laisser nous gouverner.

### Leçon 1 (1-4) : la quête de la paix intérieure et de la plénitude

Sur le chemin de la maîtrise de soi et de la plénitude, Sun Tzu explique que l'engagement de l'élève est d'une importance cruciale. En théorie, une fois que le Soi est à l'unisson avec l'intuition (connaissance intuitive), il n'existe plus de frontière ou de séparation entre les perceptions de la dualité de la pensée (bon/mauvais, chaud/froid, vie/mort). L'esprit, autrefois centré sur lui-même, est réajusté sans l'effet de montagnes russes des émotions ; il peut ressentir la paix, ce qui rend nos choix, nos décisions et nos objectifs plus clairs et plus sûrs.

En préparant votre voyage vers la plénitude, symbolisé par un engagement formel, il est conseillé de ne pas perdre de temps et d'établir immédiatement des stratégies qui vont déblayer le « champ de bataille de l'esprit ». De cette manière, nous pourrons atténuer notre souffrance intérieure (peur, contrariété, méfiance, paranoïa, échec), qui brouille notre discernement dans notre quotidien. Lorsque nos perceptions évoluent, nous sommes moins gouverné par les émotions négatives et nous sommes capables de ressentir la paix intérieure.

Sun Tzu vous prévient que ce chemin mènera vers la sécurité (de l'existence cyclique) ou vers la ruine (renaissance).

**Leçon 2 (5-11) : les cinq principes de la maîtrise de soi**

Les enseignements majeurs de Sun Tzu abordés dans le chapitre introductif s'articulent autour de cinq principes qui permettent de parvenir à la maîtrise de soi : la *loi morale,* le *Paradis,* la *Terre*, le *général*, la *méthode et la discipline.* Chacun a pour vocation d'aider l'initié à emprunter le chemin caché vers la paix et la plénitude. N'oubliez pas : c'est le début du voyage, le moment auquel nous prenons un engagement personnel et « établissons un plan d'action » pour réussir et exploiter pleinement notre potentiel.

Chacun des cinq principes met l'accent sur l'équilibre et l'harmonie. Si la guerre et tous ses composés sont utilisés comme des symboles et présentés dans un contexte de guerre, nous déblayons vraiment le champ de bataille de l'esprit, pour permettre à la paix et à l'harmonie de s'établir en tant qu'état naturel. Confrontés depuis si longtemps au bruit, aux distractions, aux bavardages incessants et au mouvement, nous commençons à observer notre esprit et à voir comment il se comporte à chaque instant. En faisant cela, nous prenons conscience que notre état « naturel » est la tranquillité d'esprit et l'harmonie, et que nous pouvons par conséquent agir de manière plus franche et plus assurée dans nos activités quotidiennes.

• Le premier principe prôné par Sun Tzu est la loi morale, ou le chemin qui permet de rétablir notre capacité à *entendre* cette petite voix intérieure comme étant la vérité ultime (ou la connaissance constante). Le rôle de l'intuition est d'apprendre à l'élève-guerrier à abandonner la peur dans son quotidien – surtout dans l'esprit agité qui a tendance à créer une forme de résistance et à « fuir » en évitant la pratique et l'entraînement – et à trouver le calme !

Réfléchissez aux forces de l'« ennemi », nos pensées et nos perceptions continues, qui vous ont toujours dominé et qui vont être soumises à une « attaque » lorsque nous adopterons une approche qui vise à renoncer à nos anciens comportements, habitudes et schémas. Elles ne se rendront pas facilement et feront tout pour entraver les efforts et la persévérance de l'élève-guerrier. Puisque notre conscience intérieure est pure et omnisciente, elle ne peut être affectée par des pensées et des émotions. Nous pouvons donc nous appuyer dessus pour qu'elle devienne notre état naturel, au lieu de nous laisser dominer par les émotions changeantes qui sont influencées par le monde extérieur.

Nous allons nous engager dans une pratique qui a pour objectif de remettre en question tous nos anciens comportements, habitudes et schémas. Sun Tzu explique que nous devons nous libérer de nos peurs pour laisser la place à cette unité entre la conscience supérieure et la conscience inférieure. Le but est de créer un équilibre sans l'ingérence de distractions extérieures (perçues/ressenties). Il ne faut pas tenter de « détruire » nos pensées, mais faire en sorte que cet état naturel de paix intérieure devienne

la norme. Ainsi, notre individualité et notre caractère unique n'étant plus dominés par le caractère imprévisible des émotions sont davantage en harmonie avec nous-même et nous sommes mieux aligné avec notre véritable objectif et notre connaissance pure.

• Le deuxième principe, symbolisé par le Paradis (ou Yin) explique que la conscience naît de notre capacité à maintenir notre nature yin, ou conscience consciente, *en équilibre* quand nous nous adonnons à nos activités quotidiennes (extérieures). Nous devons d'abord reconnaître que la tranquillité d'esprit est notre état naturel, puis le laisser prendre racine dans notre vie. Par ce moyen, nous commençons à puiser dans notre « ressenti », cette boussole interne qui nous donne le feu vert. Si vous avez déjà su d'instinct ce qu'il fallait faire et que vous l'avez fait – comme prendre un autre itinéraire pour vous rendre au travail, et découvert plus tard que cela vous avait permis d'éviter un retard – alors vous avez vécu une expérience de connaissance intuitive. Imaginez si vous l'aviez en permanence !

Sun Tzu suggère que nous pouvons atteindre cette union en ne laissant pas nos pensées – comme le doute et la contrariété – occuper le devant de la scène dans notre quotidien. Au lieu de cela, nous laissons passer les émotions et les pensées, sans les analyser ou les retenir, et faisons en sorte que l'intuition soit notre seule guide. Pour y parvenir, nous devons avoir la confiance nécessaire et préparer notre esprit à ce que cet état de calme fasse naturellement partie intégrante de notre quotidien.

• Le troisième principe, la Terre (Yang), représente l'ego (ou la conscience inférieure, qui perçoit le corps en tant que forme) qui refuse de renoncer au contrôle ou à sa perception de la forme. La plupart des obstacles seront ressentis dans le monde matériel, dès que vous vous lancerez dans la pratique (ce qui signifie que vous vous engagez dans le processus de conscience afin de ne plus vous laisser gouverner par vos pensées et vos sens). Le Soi se sentira menacé – il aura l'impression de s'acheminer vers l'oubli ou la mort –, mais Sun Tzu affirme que si vous persévérez, le résultat sera une forme de vie éternelle pour le Soi unifié ou la conscience.

• Le général, ou quatrième principe, représente « celui qui voit », observe la bataille et guide les deux esprits (l'esprit intuitif et l'ego) vers l'harmonie qui engendre la sagesse, la sincérité, la bienveillance, le courage et la rigueur. C'est ce qui nous conduira ensuite à l'ordre et à la victoire, ou, dans ce cas, à la conscience de soi et à l'unité avec l'univers (la connaissance constante).

• Le cinquième principe est la méthode et la discipline, les outils qui permettent à l'élève-guerrier de parvenir à l'équilibre, à l'unité et à l'harmonie ultimes avec ses sens, tout en conservant son énergie vitale (qui soutient la pensée consciente). Plus l'élève s'investit dans la pratique, plus il sait utiliser les stratégies et moins il risque d'échouer. L'approche de Sun Tzu est méthodique, car elle anticipe la manière dont l'élève peut échouer et propose une technique capable de contourner l'échec dans l'espoir que l'élève persévère jusqu'à la victoire.

Enfin, dans le chapitre « Établir un plan d'action », Sun Tzu rappelle à l'élève-guerrier le pouvoir des cinq sens (vue, ouïe, goût, odorat et toucher). Si nous ne parvenons pas à les contrôler, nous échouerons forcément. En nous engageant de manière sérieuse et en effectuant les exercices que Sun Tzu propose, nous devons prendre conscience que les sens, qui peuvent susciter des émotions, doivent être maîtrisés pour parvenir à l'accomplissement de soi et à la conscience (ou non-dualité).

Dans ce contexte, le terme « maîtriser » implique de les comprendre et d'en avoir une approche douce, et non de les supprimer ou d'utiliser la manière forte. Un autre terme utile est « capituler », car nous laissons nos pensées aller et venir sans les contrôler. De même, nous pourrions abandonner une habitude, ce qui pourrait susciter un sentiment de passivité ou de faiblesse, alors qu'il s'agit d'un choix délibéré et d'une volonté forte, et non d'une contrainte. En substance, nous renonçons à l'emprise de nos émotions, de nos pensées et de nos sens sur nos actions pour nous en remettre à l'intuition comme autorité ultime.

Supposez que vous souhaitez renoncer au contrôle qu'exerce un aliment particulier sur vous. Vos sens ou vos émotions vont créer un conflit dans votre esprit en indiquant que vous « abandonnez » quelque chose ou que vous allez vous priver. Prenez le temps de vous demander *pourquoi* vous pensez renoncer à quelque chose. Nous pouvons souvent découvrir l'origine de cette habitude et nous libérer de son contrôle.

De même, la douleur et la maladie sont d'autres expériences auxquelles nous répondons en utilisant un langage négatif et une attitude qui se fonde sur la peur. Nous les qualifions de « mauvaises » ou les considérons comme quelque chose dont il faut se débarrasser, car elles sont toutes deux associées à quelque chose de négatif. Mais, en réalité, ce sont des concepts que nous choisissons, que nous percevons et à partir desquels nous créons notre réalité. Par conséquent, nous pouvons les modifier, les déplacer ou les neutraliser afin de nous libérer de la manière dont ils peuvent nous emprisonner.

Pour terminer, nous pouvons maîtriser l'« ennemi » (nos pensées, nos sens) en affichant une volonté inébranlable, comme nous allons le voir plus en détail, sans agressivité ni hostilité, mais de manière clairvoyante et ferme.

### Leçon 3 (12) : considérer les questions difficiles

Sun Tzu demande à l'élève de réfléchir aux questions épineuses – avant que le voyage ne débute – afin de préparer le terrain et de comprendre que la lutte sera difficile. Nous devons d'abord nous demander qui est le plus fort : notre esprit intuitif ou notre esprit conscient ? Lequel a le plus de chances de réussir ?

Selon l'endroit où vous pensez vous trouver sur le « chemin », vous saurez trouver les réponses. Si vous commencez seulement à prendre conscience du fonctionnement de l'esprit, c'est le plus souvent l'esprit matériel qui exerce le contrôle, car il est absorbé par les activités quotidiennes quand les difficultés surviennent. Mais vous allez pouvoir changer cela progressivement.

De plus, Sun Tzu demande comment vous allez réagir lorsque vous serez confronté à une difficulté et que la lutte sera intense. Que vous commenciez tout juste à cultiver la conscience du moment présent ou que vous ayez déjà consacré des années à discipliner l'esprit, l'« esprit pensant » peut toujours interférer et exiger des choses qui vous empêchent d'évoluer vers un état de plénitude. Dans ce cas, la pratique ne se limite pas à une salle de méditation, mais elle s'intègre dans tous les moments de la vie – *c'est la décision suivante que vous allez prendre* qui va essentiellement déterminer la réponse.

Nous pouvons *toujours* essayer de nouveau.

Soyez vigilant sur votre chemin caché vers la paix et la plénitude. Ne remettez jamais à demain ce que vous pouvez faire *maintenant*. Sun Tzu vous encourage à réfléchir à la manière dont chaque côté réagit selon chaque situation. Avec le temps, comme vous changez, vous noterez les progrès au fur et à mesure et remarquerez si l'esprit intuitif *peut* ou s'il est *en train* de prendre le dessus sur les schémas de pensée habituels (et inversement).

Ce qui est crucial, à ce stade initial, c'est que nous avons la capacité de prévoir notre « victoire » ou notre « défaite » sur notre chemin vers l'unité avec l'ensemble.

### Leçon 4 (13-23) : faire face aux obstacles

En relisant les questions que Sun Tzu pose, nous pouvons reconnaître nos faiblesses et nous montrer résolu à apporter des changements, à faire quelque chose de différent, même si le cheminement est difficile. Sun Tzu demande : « Êtes-vous prêt à relever les défis ? » Si nous appliquons les enseignements, nous pouvons changer le cours de notre vie et « vaincre » nos schémas de pensée habituels. Une fois conscient de nos faiblesses, nous devons les affronter pour en apprendre plus sur nous-même et grandir. Et si nous ne progressons pas, nous pouvons facilement évoluer dans ce sens.

De même, Sun Tzu nous apprend que, dans le but de briser l'illusion de notre royaume terrestre (ou l'environnement du quotidien), l'élève-guerrier doit se montrer vigilant quant à sa capacité à nous tromper. Le seul ennemi que vous trouverez sur le chemin est en vous. Même quand les autres semblent vous rendre la vie difficile, vous comprendrez vite que c'est votre esprit qui crée ces perturbations.

Quand nous sommes perturbé par un élément extérieur (un chien qui aboie, une circulation bruyante), nous avons tendance à lui attribuer notre agitation, alors que c'est en réalité la perception que nous en avons qui nous donne cette impression. Ce concept peut être difficile à appréhender, car, instinctivement, nos émotions nous perturbent quand nous entendons un bruit gênant ou que nous entrons en conflit avec les autres. Cela étant, en y réfléchissant, vous pourriez bel et bien vous rendre compte que c'est *votre choix*. En effet, l'émotion qui découle de cette expérience est la source du problème.

Lorsque nous appliquons les enseignements de Sun Tzu, nous nous ouvrons à de nouvelles perceptions et commençons à reconnaître que c'est *notre* esprit et lui seul qui attribue cette irritation à quelque chose, ce qui est *contre nature*. Avec la pratique, plus nous apprenons à discipliner l'esprit et les désirs, plus nous comprenons lequel dérange réellement l'autre. Par exemple, quand nous attribuons nos soucis à des forces extérieures (un mauvais parent, un patron tyrannique, une douleur, etc.). Plus vite nous pourrons accepter que nous sommes responsable de *tout* dans la vie et serons en mesure d'arrêter de blâmer les autres, plus vite nous développerons notre conscience. Nous serons alors capable de vaincre nos difficultés et de procéder à des changements sur le long terme.

Sun Tzu nous prévient par ailleurs que l'esprit troublé tentera de tromper le guerrier qui se lasse facilement. Sans cette vigilance, nous pouvons nous détourner de notre quête de sagesse et retourner à nos vieilles habitudes. La clé pour « remporter » la bataille sur la pensée est de lâcher prise. En effet, notre capacité à travailler sur notre esprit sans courir après un résultat ou un aboutissement est essentielle pour appliquer les principes de Sun Tzu dans nos activités de tous les jours. Le but n'est pas d'être tiraillé d'un côté ou de l'autre, mais de laisser l'esprit expérimenter l'équanimité ou la tranquillité, quelles que soient les circonstances.

Nous ne sommes pas soudainement dépourvu d'objectifs ou d'ambitions, mais nous pouvons apprendre à arrêter d'agir par peur ou par inquiétude et nous détacher progressivement du résultat pour que l'avenir se dessine *naturellement* et en accord avec notre quête de paix intérieure.

Pour cela, Sun Tzu demande à l'élève-guerrier d'aborder chaque moment avec vigilance, surtout quand le corps/les sens commencent à se déconcentrer (fatigue, paresse, anxiété, etc.). Elle prévient : « Fais ce que

tu as à faire pour éviter l'identification avec le Soi. » De plus, l'idée n'est pas de réprimer nos émotions, mais simplement ne pas les laisser nous influencer – les laisser aller et venir comme des nuages dans le ciel ou des voitures qui nous doublent sur l'autoroute. Quand nous sommes en colère, nous devons être capable de l'admettre. Il n'est pas nécessaire de se sentir diminué, mais plutôt de considérer cette émotion comme faisant partie de notre « perfection imparfaite » et d'avancer.

Petit à petit, nous comprendrons que nos réactions prendront une forme d'habitude, qu'elles ne sont plus utile, et nous saurons lâcher prise sans effort pour aller vers un sentiment de profonde harmonie. Si vous traversez un moment « déclenchant une émotion forte », réfléchissez à votre état émotionnel et abordez-le – comprenez-le – jusqu'à ce qu'il ne vous contrôle plus.

### Leçon 5 (24-26) : trouver votre guide intérieur

Le rôle de l'enseignant est de guider l'élève-guerrier et d'anticiper les obstacles à venir. Dans ce contexte, notre intuition (connaissance intuitive) est la seule autorité, le guide intérieur – « caché », mais bien présent – à qui nous pouvons nous en remettre et faire pleinement confiance.

L'expression « quand l'élève est prêt, le maître apparaît », lorsqu'elle est mal interprétée, induit les élèves en erreur depuis des générations dans leur quête d'un guide extérieur particulier, alors qu'elle ne fait que révéler qu'il est bel et bien en nous – caché, mais prodiguant ses conseils de la même manière. « Quand vous êtes prêt, votre guide intérieur – votre intuition – apparaît. »

C'est pourquoi Sun Tzu nous demande de jouer un rôle actif sur notre propre chemin caché vers la paix et la plénitude et de ne pas nous laisser distraire. Nous devons nous préparer, établir des plans, pour prendre conscience des obstacles auxquels nous serons confronté dès le début afin de ne pas faire marche arrière.

Enfin, notre objectif est de vivre dans le moment présent, de travailler sans nous préoccuper du futur ou du passé, afin de pouvoir estimer notre capacité à anticiper notre réussite vers un état permanent de conscience de soi. Notre objectif est de libérer ce guide intérieur afin qu'il nous aiguille sans que nous soyons entravé par les pensées et les émotions.

## DÉCOUVRIR SA VRAIE NATURE

Sur le chemin qui nous permet de découvrir notre véritable nature, il ne suffit pas de lire Sun Tzu. Il faut aussi appliquer ses enseignements au quotidien et évoluer vers un état constant de conscience du moment présent (connaissance constante), qui est notre chemin naturel. Sinon, nos pensées et nos perceptions demeureront dans un état de lutte.

Pour commencer, nous pouvons pratiquer l'« observation directe » de nos pensées de façon à apporter de l'harmonie et de la paix au quotidien. De cette manière, même en réalisant un petit effort, notre monde extérieur va réagir et répondre à l'attention que nous lui portons. La douceur domine et la gentillesse règne quand nous donnons de l'amour et de la perfection à ce que nous faisons. Avec le temps, vous veillerez à ne plus laisser passer une pensée fugace ou négative, de peur qu'elle se matérialise et crée une « guerre » ou un déséquilibre.

*Comment pouvons-nous appliquer ces enseignements au quotidien ?*

Le chapitre 1 fournit les étapes initiales nécessaires pour reconnaître les faiblesses de l'esprit. En tant qu'enseignant aguerri, Sun Tzu est conscient des nombreux obstacles susceptibles d'entraver nos premiers pas sur le chemin caché vers la paix et la plénitude, tout en reconnaissant que l'élève, à ce stade précoce, n'a pas encore les connaissances nécessaires.

Si, au début de votre engagement, vous savez qu'un obstacle va entraver votre progression, mettez-le en lumière pour trouver un moyen de le surmonter. Confrontez-le, mettez-le en évidence et soyez curieux. Le message de préparation de Sun Tzu fait écho à la sagesse du proverbe de Buji : « Avant de grimper à un arbre, il faut commencer par le bas. » Quand nous établissons un plan, commencer « par le bas » permet d'avoir une vue d'ensemble du chemin à parcourir et d'en comprendre chaque étape.

## Exercice : Réfléchissez à vos propres obstacles

Tracez deux colonnes sur votre écran ou sur une feuille. Rédigez une liste d'obstacles que vous connaissez dans l'une et suggérez une ou plusieurs solutions pour les surmonter dans l'autre. Par exemple, si vous essayez d'établir un planning pour pratiquer la marche, mais que vous avez trop de choses à faire dans la journée pour en faire régulièrement, votre liste pourrait ressembler à celle ci-après.

| OBSTACLES | SOLUTIONS |
|---|---|
| **Je manque de temps.** | Se lever une demi-heure plus tôt ou se coucher une demi-heure plus tard pour aller marcher. |
| **Je suis trop fatigué·e dans la semaine.** | Changer mon menu pour intégrer davantage d'aliments énergétiques qui me donneront plus d'énergie ; établir un état d'esprit qui surmonte la fatigue. |
| **Je ne trouve pas d'endroit où aller marcher.** | Chercher les parcs aux alentours. S'ouvrir à de nouvelles possibilités et trouver des endroits faciles d'accès. Déambuler dans un grand centre commercial ou parcourir rapidement les ailes du supermarché. |
| **J'ai réussi trois jours mais quelque chose s'est mis en travers de mon chemin.** | Me faire une nouvelle promesse pour montrer que j'ai la volonté de réussir et de ne pas renoncer. Si quelque chose me bloque, me demander pourquoi je me laisse faire. Si marcher est important pour moi, je dois trouver un moyen de le faire. |

**Exemple de plan d'action**

Quand nous identifions nos limites (celles que nous percevons comme telles) et que nous les mettons en évidence, nous en acceptons la responsabilité sans essayer de les dissimuler ou de les repousser. Nous acceptons qui nous sommes à l'instant présent, tout en reconnaissant que nous voulons faire face à ce qui pourrait nous retenir, les habitudes et les schémas qui nous dominent depuis trop longtemps. Ainsi, si vous savez que quelque chose vous empêche de réussir, Sun Tzu conseille de procéder à quelques ajustements pour éviter l'échec.

Quand nous étudions la nature de ce que nous considérons comme un obstacle, nous sommes également confronté au dualisme de notre pensée. En théorie, il n'y a pas d'obstacles, nous n'en avons que la perception. Par exemple, si vous avez envie de perdre du poids, mais que vous n'arrivez pas à suivre votre régime, ce fait crée un obstacle ou un sentiment d'échec et vous vous sentez « mal ». Le point de départ est le « vous » qui pense qu'il faut réduire votre poids. Pourquoi ? Si vous avez un sentiment de déséquilibre, vous pouvez rétablir l'équilibre avec votre corps en faisant un autre choix l'instant suivant, sans opposer de résistance ni vous dévaloriser parce que vous avez pris du poids (ou trop mangé). Vous pouvez aussi créer une dualité selon laquelle une meilleure version de vous-même, avec un poids moindre, existe ailleurs.

Si nous parvenons à sortir de ces pensées en dents de scie (ici/là-bas, lourd/pas lourd), nous éliminons la nature dualiste de notre perception de la réalité et de notre vie ; nous nous libérons et pouvons manger quand et ce que nous voulons, marcher si et quand nous en avons envie, de manière harmonieuse, et non en adoptant une approche dualiste. C'est votre chemin – vous êtes le général et vous êtes responsable de votre chemine-

ment. Traitez une pensée à la fois avec un état d'esprit d'équanimité ! En parallèle, une fois que vous avez pris votre décision, ne renoncez pas, car le corps et les sens risqueraient de prendre le contrôle, non l'esprit.

C'est à vous. Remplissez le tableau ci-dessous avec la liste des obstacles – que vous percevez comme tels – qui vous empêchent ou vous ont empêché d'emprunter le chemin caché vers la paix et la plénitude. Quelles choses vous empêchent maintenant de rétablir l'équilibre dans votre vie ? Et lesquelles vous en ont dissuadé par le passé ? Dressez la liste et proposez des solutions. Comment pouvez-vous travailler ces obstacles de manière à apporter de l'harmonie à votre vie en trouvant des solutions ? Puis choisissez-en un et partez de là.

Souvenez-vous que la pratique n'implique pas forcément de consacrer un temps précis à une activité, comme la méditation, la prière ou les exercices – même si cela peut s'avérer extrêmement utile. Mais cela signifie aussi que n'importe laquelle vous donne la possibilité de travailler sur votre esprit et vos émotions. Chaque jour, vous affrontez des difficultés et prenez des décisions qui induisent des déséquilibres émotionnels. Et il ne faut souvent pas aller bien loin pour trouver ces batailles.

Vous pouvez commencer par dresser une liste des obstacles que vous rencontrez au cours d'une journée classique. Par exemple, si vous trouvez que votre lieu de travail ne permet pas de maintenir l'équilibre de l'esprit – qui n'est pas constamment un état de bien/mal, bonheur/tristesse, etc., de dualité, mais un équilibre complet ou expérimental. Quels obstacles se présentent et que pouvez-vous faire pour apporter davantage d'équilibre sur le long terme ?

| OBSTACLES | SOLUTIONS |
| --- | --- |
| | |

Identifier les obstacles

La préparation est essentielle – tout comme l'organisation et la discipline – pour s'adonner à une pratique régulière et parvenir à un esprit calme et à la maîtrise de soi. Qu'il s'agisse de la première ou de la millionième étape, nous avons tout à gagner en mettant au clair ce qui nous freine. Plus nous nous engageons dans ce chemin, plus le courage

et la discipline prennent le pas.

Au bout du compte, plus nous nous entraînons, plus nos « ennemis » se révéleront et plus nous serons en mesure de les combattre. Comme Sun Tzu l'explique, connaissant à l'avance les obstacles, nous pouvons établir des plans pour remporter le succès. Nous devenons ainsi un général plein de sagesse sur le champ de bataille de la vie.

## LA PREMIÈRE ÉTAPE SUR LE CHEMIN CACHÉ VERS LA PAIX ET LA PLÉNITUDE

1. Appliquez les enseignements de ce chapitre de la manière qui vous semble la plus appropriée, sans peur ni obstacles.

2. Élaborez un plan en vue d'un nouvel objectif de vie ou d'une nouvelle activité, ou simplement pour faire de la maîtrise de votre esprit la priorité de votre vie.

3. Décrivez vos faiblesses (que vous percevez comme telles) et trouvez des habitudes qui vont créer des obstacles potentiels. Travaillez ensuite pour les éliminer et réussir.

***Établir un plan d'action*** est la première étape sur le chemin caché vers la paix et la plénitude. Dès lors que nous croyons en notre capacité à créer des changements, nous pouvons nous consacrer de manière sincère à un objectif et développer un état d'esprit déterminé pour l'atteindre.

# Réflexions

« L'élève qui planifie et se prépare avant de s'engager dans la bataille vaincra l'esprit agité. »

## 1

**Que vous dit précisément Sun Tzu ?**
N'oubliez pas, c'est votre chemin caché vers la paix et la plénitude, et, pour l'emprunter, il faut commencer par vous fier à votre guide intérieur, puis l'appliquer. Que pourrait vous révéler cette sagesse intérieure au sujet de l'endroit où vous vous trouvez sur le chemin de votre vie personnelle ?

## 2

Des cinq sens, lequel vous empêche le plus de vous concentrer ? Et pourquoi ?

## 3

Quelles craintes vous empêchent d'entamer un voyage intérieur vers la maîtrise de soi ?

## 4

**En étudiant de plus près les questions de Sun Tzu pour établir un plan d'action, répondez aux questions suivantes :**

Lequel des deux Soi, supérieur ou inférieur, est le plus conscient de l'instant présent ? Des deux, lequel a le plus de chances de réussir ?

Lequel est le plus équilibré, et a par conséquent l'avantage, quand des obstacles surviennent ? Comment pouvez-vous amener votre esprit vers un état d'équilibre ?

De quel côté la discipline est-elle appliquée avec le plus de rigueur ? Lequel est le mieux entraîné ? Lequel des deux montre une plus grande capacité à rester impassible quand il s'agit de récompenses ou de sanctions ?

## 5

Pouvez-vous anticiper la victoire ou l'échec ? Que cela révèle-t-il sur votre nature ? Cela vous encourage-t-il ou cela vous décourage-t-il ? Vous sentez-vous prêt pour les défis qui vous attendent ? Pour quelle(s) raison(s) ?

## 6

Dans quelle mesure vous êtes-vous leurré et avez-vous eu le sentiment d'entraver votre chemin vers l'équilibre ? Citez des exemples qui décrivent les occasions où vous avez attribué la responsabilité de vos problèmes à quelqu'un d'autre. Comment pouvez-vous prendre en charge un problème de longue date dans votre vie ? (Pensez à l'exemple du chien qui aboie page 34.)

## 7

Quelles autres opérations pouvez-vous entreprendre avant de préparer votre esprit à une pratique quotidienne ?

## 8

Quelles mesures prenez-vous pour empêcher votre esprit d'avoir des pensées agitées et des désirs tout au long de la journée ?

## 9

Citez un moment où vous n'avez pas été sujet à « une émotion forte ou un désir intense » et pendant lequel vous avez pu réfléchir à cette expérience de manière à progresser vers un état où, désormais, les émotions ne vous contrôlent plus.

## 10

Quelle est votre plus grande faiblesse (perçue comme telle) et comment pouvez-vous en prendre conscience, afin de la « vaincre » ou de la surmonter ?

## 11

Quelles activités pourriez-vous intégrer dans votre chemin quotidien vers la paix et la plénitude – qui vous poussent à faire quelque chose de nouveau et de différent – pour parvenir à une meilleure compréhension de vos schémas habituels ?

## 12

Quel petit changement pouvez-vous apporter aujourd'hui pour progresser vers votre propre plénitude et un avenir meilleur ?

2

# Mener une guerre (mentale)

1. Sun Tzu a dit : « Le coût d'une guerre mentale contre l'esprit agité revient à renoncer à un millier de pièces d'or ; l'élève doit être prêt à en payer le prix pour progresser dans son cheminement. » Dans une guerre physique, nous engagerions un millier de chars de combat, un millier de soldats blindés et les provisions nécessaires pour soutenir l'armée chez elle et sur le terrain. Dans un combat qui se livre au sein de l'esprit agité, tout cela équivaut à nos pensées, nos désirs, nos habitudes et nos distractions – un fardeau qui nous empêche de réussir.

2. Quand l'élève pratique le contrôle de l'esprit, si la victoire sur la maîtrise de l'esprit prend du temps, il risque de se démotiver. Si vous tentez d'en faire trop à la fois, vous allez épuiser vos forces.

3. Plus vous repousserez le moment où vous allez passer à l'action, plus vos ressources – y compris votre énergie vitale – vont s'émousser et créer un déséquilibre qui entravera votre réussite.

4. Quand vous sentez que vous avez épuisé vos forces et vos ressources, que vous avez perdu votre enthousiasme et que vous êtes démotivé, des situations (désirs/pensées/personnes/événements) vont survenir et tirer profit de vous. Et même les personnes les plus avisées auront du mal à éviter leurs conséquences.

5. Par conséquent, ceux qui agissent de manière précipitée pour passer à l'action (en vue de contrôler l'esprit) risquent de rencontrer des retards importants. En revanche, ceux qui font preuve d'ingéniosité et prennent le temps de se préparer peuvent éviter ces retards.

6. L'expérience montre qu'aucun élève n'a jamais eu quelque chose à gagner en prolongeant son temps de préparation avant de passer à l'action.

7. Seule une personne qui connaît bien la nature de son esprit et les obstacles susceptibles de se présenter peut vraiment comprendre la manière la plus bénéfique de procéder.

8. Une personne expérimentée n'a pas besoin de s'engager une seconde fois dans la mesure où elle l'a fait de manière sincère la première fois. Elle n'a pas non plus besoin de raviver son intérêt, car elle a pris les devants pour le maintenir.

9. En conservant votre énergie vitale pour votre pratique, vous apprendrez à puiser dans l'« ennemi », ce qui veut dire que vous commencerez à vaincre ou apaiser les pensées, les désirs et les habitudes qui nuisent à votre progression vers l'état d'équanimité. Vous aurez ainsi besoin de moins, ce qui vous permettra de persévérer et de réussir.

10. Si votre esprit est agité, si vous êtes affaibli par des désirs et des besoins récurrents et tenaces, vous aurez l'impression de ne jamais avancer. Au même titre qu'une guerre physique menée à distance épuise les ressources financières, persister dans des habitudes et des schémas malsains peut vous épuiser, physiquement et mentalement.

11. En revanche, si vous êtes sur le point de discerner vos faiblesses quand vous travaillez avec votre esprit agité et que vous faites en sorte de les contrer, vous renforcez votre résilience et votre vitalité.

12. Quand votre énergie vitale s'épuise, vos sens s'émoussent et deviennent plus exigeants.

13-14. Si la perte d'énergie vitale persiste, vous allez renforcer l'« ennemi » (les pensées et les désirs tourmentés), mais aussi affaiblir votre corps et votre endurance. C'est comme une armée épuisée qui s'engage dans une bataille : elle fera face à une fatigue extrême et à des blessures continues, à un épuisement des ressources, voire à la mort.

15. En conséquence, un élève plein de sagesse (ou général) s'efforce d'apaiser les pensées et les désirs agités de l'esprit. Maîtriser une pensée, c'est comme une armée qui reçoit une grande quantité de provisions : elle nourrit et renforce le corps et l'esprit.

16. Afin de poursuivre cette « attaque » et de reprendre le contrôle de l'esprit, l'élève doit prendre conscience des avantages qu'il obtient en maîtrisant les pensées et les désirs parasites et les bénéfices qu'il peut en tirer.

17. Par conséquent, en remplaçant une pensée, un désir ou une habitude nuisibles par de nouveaux schémas positifs, votre perception de la réalité évolue aussi de manière positive. Vous devez remplacer ces pensées et ces habitudes négatives par de nouveaux schémas d'une manière douce et bienveillante, comme l'on traite de manière équitable un soldat qui a été capturé.

18. On appelle cela utiliser les pensées vaincues pour accroître sa force.

19. Dans une guerre de l'esprit, votre grand objectif doit être la victoire, non la procrastination.

20. Vous avez donc le choix du cours de votre destinée : la paix ou la détresse de l'esprit.

## INTERPRÉTER LA SAGESSE INTEMPORELLE DE SUN TZU

En poursuivant notre parcours sur le chemin caché vers la paix et la plénitude, Sun Tzu nous invite à réfléchir aux implications de nos actions pour prendre le contrôle de l'esprit agité. Le type d'action que nous devons envisager nous prépare à la « bataille » vers la plénitude[13]. Nous devons nous préparer comme si nous nous préparions à la guerre : nourrir l'armée, mais aussi entretenir les chars, et prendre soin de ceux qui nous soutiennent chez eux. Un seul petit détail nous échappe et toute l'opération en souffre.

L'échec est l'un des plus grands freins à une guerre longue pour parvenir à l'équilibre de l'esprit. Nous devons être attentif aux pensées perturbatrices qui nuisent à notre concentration – ou à nos réactions habituelles aux situations – lorsque nous traversons une « bataille » (difficultés, conflit personnel). Sinon, nous pourrions, dès le début, manquer d'énergie ou de volonté pour faire face sur le long terme. Nous finirions alors épuisés, mentalement et physiquement, au point d'abandonner.

Même si nous ressentons ces sentiments négatifs, nul besoin de nous réengager ; selon Sun Tzu, il n'est pas nécessaire de repartir de zéro, mais de reprendre là où nous en étions en abandonnant ce sentiment de défaite et de recommencer. Nous n'aurons pas le sentiment d'avoir perdu la guerre, mais simplement une bataille. Et, dans la mesure où nous nous sommes engagé de manière sincère, nous pouvons continuer avec assurance.

Parallèlement, le contrôle de l'esprit troublé peut avoir certains avantages. Dans ce cas précis, le contrôle signifie être conscient de ce que nous pensons. Nous avons le choix de ne plus nous laisser dominer par l'esprit agité et de gagner la « guerre » en analysant nos pensées de manière objective.

Par exemple, si nous avons l'habitude de vivre avec notre esprit agité, nous avons tendance à nous y fier en toute circonstance, ou à croire que si nous n'avons pas de pensées, nous serons dépourvu d'émotions ou nous perdrons notre identité. Au contraire, nous gagnons en liberté en permettant au discernement et à l'intuition de se développer. Cette connexion plus profonde et omnisciente devient notre boussole interne.

De plus, Sun Tzu nous dit qu'il est inutile de faire de gros efforts pour avoir de grands résultats. Remplacer une pensée ou une habitude ancienne par une nouvelle, d'une manière douce, peut avoir un impact positif sur notre conscience à long terme. Si nous pouvons devenir maître de nos pensées et de nos habitudes, et amorcer des changements avec calme, nous mettrons le cap vers la réussite.

13. Cette phrase doit être interprétée au sens figuré, car même si nous sommes conscient du moment présent, nous percevons cette conscience comme étant entravée.

## Exercice : Préparez votre esprit

Sun Tzu nous demande de préparer le corps et l'esprit aux changements qui vont survenir progressivement, tant sur le plan physique que sur le plan de notre perception, ce qui nous mènera, grâce à des efforts constants, vers la victoire (l'union avec notre soleil intérieur). Écrivez vos réponses pour les avoir bien à l'esprit. Pour vous engager pleinement dans cette aventure, demandez-vous :

**Est-ce que je prends suffisamment soin de mon corps pour qu'il tienne l'aventure sur le long terme ?**

**Puis-je me libérer de choses qui ne me sont plus d'aucune utilité, tant sur le plan matériel qu'émotionnel ?**

**Suis-je toujours confronté à des cycles de stress, d'inquiétude et de fatigue, pour répondre aux exigences, en compromettant constamment mes chances de parvenir à la maîtrise de soi ?**

**Suis-je prêt à prendre soin de mon esprit en vue de la « longue guerre » ? Qu'est-ce que cela implique pour moi ?**

**De quelle manière mes pensées agissent et soutiennent les mêmes schémas de pensée, en créant une fausse impression de mes limites ?**

En connaissant les réponses à l'avance, vous saurez vous préparer à affronter les obstacles que vous allez rencontrer sur votre chemin. Ils déclencheront tout un panel d'émotions et de réactions. Vous passerez des sensations de progrès et de joie à celles de frustration, de défaite et d'épuisement. Si vous savez à quoi vous attendre, vous aurez la détermination nécessaire pour avancer.

### Leçon 1 (1) : s'engager sur le chemin caché vers la paix et la plénitude

Quand nous nous engageons à atteindre la maîtrise de soi, Sun Tzu explique que nous devons avoir la volonté de renoncer à notre « or » pour avancer. En d'autres termes, cet engagement doit avoir de la valeur pour nous. Pour faire court, qu'êtes-vous prêt à sacrifier pour vous libérer de cet esprit agité ? Vous devez être pleinement engagé, car il sera très facile de revenir à vos anciennes habitudes et à ce qui vous semble rassurant.

Si vous avez la volonté de renoncer à tout votre or, nous n'aurez pas besoin de vous « remotiver » en chemin. Si vous n'y mettez pas tout votre cœur, vous risquez de perdre la bataille, car vous savez que vous pouvez battre en retraite. Vous empruntez alors le chemin le plus simple, en rentrant « chez vous », c'est-à-dire en retournant à vos anciennes habitudes.

L'or symbolise aussi le renoncement à la croyance dans la valeur du monde matériel. Quand nous nous engageons pleinement, nous abandonnons ou modifions notre perception du monde extérieur (l'« or », qui n'est qu'une illusion) et nous renonçons à nos anciennes façons de faire. Nous

lâchons prise sur notre manière de penser pour nous libérer et ouvrir la porte à de nouveaux horizons. Tout cela est motivé par la volonté qui se manifeste pleinement dès lors qu'elle est libérée des pensées superflues et qu'elle agit librement avec l'intuition d'accomplir n'importe quoi, sans jamais se fatiguer.

Enfin, quand nous renonçons à l'illusion du monde matériel, nous accédons à la « richesse » intérieure qu'offre l'état de plénitude éternel.

**Leçon 2 (2-3) : l'art de laisser faire les choses naturellement**

Quand nous sommes sur le point d'apporter des changements, en particulier ceux qui nécessitent une pratique régulière, Sun Tzu nous prévient que notre enthousiasme risque fort de s'étioler. Nous pourrions alors avoir tendance à lutter ou à forcer les choses, ce qui ne ferait que fatiguer l'élève et lui faire perdre l'énergie vitale (la volonté) qui lui permet d'avancer.

Souvenez-vous, il s'agit d'une guerre « douce », qui nécessite que l'élève trouve en lui la manière dont l'esprit fonctionne. C'est une bataille qui ne nécessite aucune action, le contraire de ce que l'on nous a toujours appris : laisser les choses se produire naturellement. Si l'élève-guerrier *pousse* à faire plus, attend plus ou lutte davantage, il va s'affaiblir et se décourager, et il risque de se laisser influencer par les circonstances extérieures, les gens et les événements, vont profiter de sa volonté affaiblie, et freiner son avancée.

Quand nous nous lançons dans quelque chose de nouveau, nous débordons toujours d'énergie et d'enthousiasme. Au fur et à mesure, nous pouvons perdre notre élan ou trouver que les résultats n'arrivent pas assez vite ; ou faire face à des obstacles extérieurs, rencontrer des gens qui risquent de nous faire douter et de freiner notre avancée. Au lieu de progresser, nous pouvons finir par ressentir une sorte de lutte entre notre nouvelle vie et l'ancienne que nous nous efforçons d'abandonner.

Plus nous luttons, plus nous avons tendance à perdre notre énergie et notre détermination, d'autant que notre cerveau est littéralement programmé pour répéter les schémas, ce qui fait que la « bataille » pour en créer de nouveaux nous semble impossible. Pendant ce temps, le monde extérieur – notre quotidien – continue. Il nous renvoie à ce qui nous est familier et nous pousse à abandonner.

Sun Tzu explique que même un soldat bien entraîné aura du mal à reprendre son entraînement s'il est épuisé et qu'il éprouve un sentiment d'échec. En réalité, quand nous travaillons dur pour atteindre un objectif, nous partons de l'illusion qu'il existe un endroit parfait où nous ne lutterons plus à l'avenir ; mais cet endroit n'existe que dans le moment présent, libéré des pensées agitées. Le paradoxe auquel nous sommes confronté avec la pratique de Sun Tzu, c'est que nous cessons notre lutte intérieure en atteignant la tranquillité de l'esprit.

Nous ne pouvons l'atteindre si nous parvenons à contrôler les soldats des sens. Mais si nous passons notre temps à nous donner des ordres, nous risquons de passer à côté de cette croissance venue de ce changement de notre perception qui nous permet de voir la réalité telle qu'elle est : ni *ci*, ni *ça*, mais qui est. Il s'agit d'un état de conscience du présent qui évolue en permanence, que nous pouvons ressentir, et non que nous contraignons à apparaître.

Grâce au calme intérieur, nous découvrons qui nous sommes vraiment.

**Leçon 3 (4-7) : anticiper et mettre en œuvre**

Pour prévenir l'échec, Sun Tzu conseille à l'élève d'être conscient, en amont, de ce qui peut se passer si des problèmes surviennent. Mais planifier ne suffit pas : il faut aussi passer à l'action, ce qui conduit inévitablement à des obstacles. En connaissant vos faiblesses et les problèmes qui peuvent en découler, vous pouvez mettre en place une stratégie afin d'éviter l'échec et de progresser vers la victoire.

Supposez que vous êtes accro au chocolat et que vous voulez contrôler votre consommation. Vous pouvez ne plus en acheter, sachant que si vous en voyez, vous allez craquer. En adoptant cette approche, vous avez toutes les chances de réussir. De même, si les fêtes approchent et que quelqu'un risque de vous offrir une boîte de vos chocolats préférés, vous pouvez anticiper et agir en expliquant aux gens que vous ne voulez plus en manger, et ainsi éviter de craquer.

Sun Tzu nous inculque cette sagesse qui consiste à être honnête et sincère dans notre préparation initiale. Si nous sommes trop attaché à nos pensées ou à nos habitudes, nous aurons du mal à faire confiance à une nouvelle idée ou à un moyen d'aller de l'avant. De même, nous risquons de procrastiner si nous mettons trop de temps à nous préparer, à planifier une tâche. Prenez ce risque en compte quand vous êtes sur le point de passer à l'action.

Nous pourrions nous fixer un objectif, le préparer pendant des semaines, voire nous projeter dans sa réalisation – et quand arrive le moment de passer à l'action, nous repoussons au lendemain. Nous pouvons nous trouver un tas d'excuses et, sans nous en rendre compte, nous sommes paralysé par l'échec et l'inertie sans même avoir commencé.

Sachant comment les pensées procèdent pour entraver la réussite d'un objectif, nous pouvons anticiper ce risque de procrastination. Il faut l'éviter pour réussir, plutôt que de battre en retraite et de revenir à nos vieilles habitudes. Nous devons nous investir sans réserve, nous engager, anticiper et passer à l'action.

Une fois notre engagement pris, peu importe la perspective de l'échec, nous essayons, mais nous n'abandonnons pas, nous avançons. C'est de cette manière que nous verrons les résultats.

### Leçon 4 (8-9) : identifier les obstacles

Lorsque nous sommes confronté à des obstacles dans notre cheminement vers la maîtrise de l'esprit, nous avons l'impression d'être mis au défi et d'échouer. Mais c'est faux. Ils font partie intégrante de notre développement et de notre apprentissage ; ils permettent de mieux comprendre le fonctionnement de l'esprit agité.

L'échec est une illusion construite : quand un obstacle surgit pour défier nos résolutions, nous pouvons nous sentir perdu, surtout quand les choses ne se déroulent pas comme prévu. En nous recentrant sur nos objectifs avec l'esprit tranquille, nous reconnaissons petit à petit que tous nos efforts n'en sont qu'un seul et que notre engagement est un processus continu.

Pour illustrer ce propos, revenons à votre souhait de contrôler votre consommation de chocolat. Vous pourriez passer un mois sans en manger, puis, lors d'une soirée entre amis, décider de vous accorder un dessert au chocolat, pour vous réveiller le lendemain avec le sentiment de vous être égaré et d'avoir échoué. Il ne s'agit que d'une autre perception de l'esprit que vous pouvez réévaluer en faisant un autre choix.

Avec le temps, votre perception évoluera encore : que vous mangiez ou non du chocolat n'a pas d'importance. À partir du moment où le désir et l'émotion liés au chocolat ne vous contrôlent plus, c'est gagné.

Quand nous tentons de surmonter les difficultés, chaque fois que nous revenons au point de départ, nous n'avons pas besoin d'un second engagement si nous avons déjà décidé de nous investir de manière sérieuse. Si vous poursuivez votre objectif avec sincérité, quand bien même vous avez l'impression d'avoir échoué, vous pouvez continuer – ce que vous allez tirer comme leçon de cet obstacle est en réalité ce qui vous fait avancer. Vous ne le ressentez peut-être pas de cette manière, mais si vous êtes sincère, votre volonté ne faiblira pas et elle vous encouragera à avancer.

En pratique, la difficulté est le chemin qui nous permet d'agir en collaboration avec l'intuition pour nous débarrasser des perceptions et avancer. Chaque bataille nous donne l'occasion de vaincre ou de refréner nos habitudes. Une fois l'obstacle surmonté, nous nous sentons plus fort et progressons dans notre cheminement. Nous remarquons des changements dans la manière dont nous gérons notre quotidien, libéré des émotions fluctuantes ou des pensées impulsives et sous le commandement de l'esprit unifié.

Avec le temps, en apprenant à contrôler nos pensées et en comprenant la manière dont elles nous emprisonnent, nous aurons moins de besoins et de désirs, ce qui nous aidera à mieux nous concentrer sur notre pratique. Quand un élève fait face à un mur (métaphorique), il risque de faire demi-tour, mais le maître le longera jusqu'à trouver un moyen de le contourner. Notre objectif est de ne pas nous décourager et de travailler avec nos pensées pour nous libérer de leur emprise.

**Leçon 5 (10-17) : une approche déterminée**

Tout comme une armée épuisée qui s'engage dans une bataille, si nous sommes incapable de nous concentrer et affaibli par la récurrence des besoins ou des désirs, nous serons toujours confronté à la fatigue, aux blessures, au manque de ressources, etc. Si nous laissons tout cela prendre le dessus, nous risquons de développer ou de renforcer des schémas négatifs qui risquent à leur tour de nous épuiser physiquement et mentalement, et de freiner notre élan.

Notre objectif est de devenir un soldat plein de sagesse et d'apaiser rapidement l'esprit agité submergé d'émotions et de désirs qui fragilisent notre équilibre. Si nous ressentons de la colère, nous devons y être ouvert et la comprendre pour pouvoir retrouver notre équilibre, au lieu de nous emporter et de renoncer. Selon Sun Tzu, « maîtriser une pensée équivaut à une armée qui reçoit un chargement de provisions; elles vont nourrir et renforcer l'esprit et le corps, au lieu de les affaiblir ».

Nous devons soutenir nos efforts et comprendre les avantages que nous pouvons tirer en développant une pratique qui renforce la volonté. Ainsi, nous pouvons améliorer nos qualités personnelles et renforcer notre santé physique et mentale. Nous risquerons moins de nous épuiser, nous aurons l'énergie nécessaire et la volonté de continuer. En voyant ces efforts récompensés, nous serons davantage déterminé à aller de l'avant.

Parallèlement, si nous sommes capable de passer d'anciens schémas négatifs à des pensées positives, nous expérimenterons un « changement de perception gratifiant » de la vie au quotidien. Nous le faisons d'une manière douce « comme nous traitons correctement un soldat fait prisonnier ».

**Leçon 6 (18-20) : décider de son avenir**

La méthode préconisée par Sun Tzu consiste à utiliser les pensées que nous avons maîtrisées pour augmenter nos chances de remporter la victoire sur l'esprit et ses schémas habituels. En agissant ainsi, nous pouvons surmonter la procrastination, la fatigue, la confusion, la déception, etc., afin de prendre le contrôle de notre destinée et progresser vers la « paix de l'esprit » et la conscience de soi.

En théorie, si vous libériez votre esprit de ne serait-ce que la moitié des milliers de pensées qui y surgissent par jour, vous libéreriez en même temps l'énergie nécessaire pour les maintenir. Cette énergie que nous ne gaspillons plus pour chasser les anciens schémas de pensée peut être utilisée à des fins qui en valent la peine. Comme Sun Tzu l'explique, « chaque instant et chaque pensée déterminent la direction que vous allez prendre pour votre avenir – la paix ou le péril ? » Chaque pensée qui surgit vous amène à faire un choix délibéré sur la direction que vous allez prendre pour remporter la victoire.

Sans vraiment nous en rendre compte, nous façonnons continuellement votre avenir. La plupart des gens, pour tout ce qui leur arrive, rejettent la faute sur les circonstances, les autres, le gouvernement – sur tous, sauf sur eux-mêmes. Mais c'est à vous de décider de ce qui va se passer juste après, même si vous avez déjà essayé et échoué un millier de fois. Avec vos nouvelles décisions, l'avenir peut être différent.

Suivez les étapes proposées par Sun Tzu pour trouver la paix intérieure.

## REFUSER DE BATTRE EN RETRAITE

Chaque fois que vous choisissez d'être plus attentif à vos pensées, vous affirmez votre engagement vers la maîtrise de soi. Instaurez dès maintenant un exercice d'observation quotidienne à travers une activité (marcher, rester assis, courir, méditer, cuisiner...). Commencez par une par jour, puis passez à une par semaine, une par mois, une tous les trois mois et enfin une par an.

Donnez-vous sans retenue.

Planifiez, mais ne procrastinez pas.

Chaque jour, trouvez le temps de revoir ce qui a fonctionné ou non. Demandez-vous quelles pensées vous ont empêché d'avoir l'esprit apaisé. Au lieu de vous forcer ou de vous débarrasser de ces pensées, essayez d'y réfléchir – suffisamment pour découvrir quelque chose de plus profond qui aurait besoin de changer en vous.

Lorsque vous commencez à apporter des changements dans votre vie, vous commencez aussi à voir les obstacles qui pourraient vous empêcher d'atteindre votre objectif personnel. En devenant conscient de la façon dont vous pensez, vous allez ressentir une profonde sérénité qui va vous transporter dans l'instant d'après, pour créer un nouvel avenir.

Nous décidons de notre avenir; nous décidons de notre engagement; nous décidons de renoncer ou non face aux obstacles. Mais plus nous pouvons planifier, préparer, agir et nous encourager, plus nous pourrons opérer des changements graduels – et ces petits pas mèneront à la grande victoire.

## Renouvelez votre engagement

Rien n'est plus naturel que de se sentir enthousiaste et plein d'énergie quand nous nous lançons dans la pratique du contrôle de l'esprit. Mais, dès que nous nous heurtons à un obstacle – comme si quelqu'un ou quelque chose tentait de nous dissuader –, nous pouvons nous sentir rapidement découragé. Mais nous sommes responsable de nos choix. C'est à ce moment-là qu'il faut se recentrer et essayer encore. Soyez toujours prêt à franchir un autre cap vers vos objectifs.

Pour commencer, vous pouvez reprendre l'engagement que vous avez pris sur le chemin caché vers la paix et la plénitude. Posez-vous les questions qui suivent et examinez les éventuels contretemps du quotidien. En écrivant vos réponses, vous pourriez avoir une meilleure idée.

Existe-t-il des aspects de votre vie qui vous empêchent de réaliser vos objectifs ? Citez-les et tentez de trouver un moyen de surmonter ces contretemps que vous percevez comme tels.

Quelles démarches pouvez-vous entreprendre pour renoncer à l'« or » (voir page 50) et vous engager pleinement ?

Quels petits efforts êtes-vous prêt à fournir pour prendre soin de votre corps et de votre énergie vitale, ainsi que pour affronter les rigueurs sur ce chemin ? Répondez de manière intuitive pour comprendre ce dont vous avez besoin afin d'agir en conséquence.

Pourriez-vous adopter un régime alimentaire plus naturel ou qui soit en phase avec votre moi de manière intuitive ? Ou pourriez-vous commencer une activité qui favoriserait votre vitalité, comme marcher, peindre ou jardiner ? Quels obstacles physiques surviennent ? Comment pouvez-vous renoncer à votre manière habituelle de penser et repartir de zéro ?

Réfléchissez-vous ou faites-vous suffisamment le point pour comprendre ce que vous pourriez améliorer ? Commencez un journal. À la fin de chaque journée, examinez attentivement les batailles que vous avez dû mener, les moments où la sagesse l'a emporté sur les difficultés, et la manière dont vous avez apporté quelques changements. Cette introspection vous permettra de planifier et de mieux anticiper afin d'augmenter vos chances de réussite le lendemain.

Peu importe les défis qui se présentent, considérez-les comme une chance de progresser et persévérez. Tant que vous essaierez, vous ne serez jamais vaincu.

## LA DEUXIÈME ÉTAPE SUR LE CHEMIN CACHÉ VERS LA PAIX ET LA PLÉNITUDE

1. Appliquez les enseignements de ce chapitre de la manière qui vous semble la plus appropriée, sans retenue.
2. Réfléchissez aux choses énergivores qui vous distraient ou qui vous incitent à renoncer et élaborez un plan pour dire « oui » à ce qui contribue à votre cheminement et à votre réussite sur le plan mental.
3. Réfléchissez aux efforts consentis dans la journée et restez attentif à tout ce qui pourrait vous empêcher d'exercer votre contrôle sur l'esprit (par exemple, à votre perception des circonstances ou des interactions extérieures).

***Mener une guerre (mentale)*** est la deuxième étape sur le chemin caché vers la paix et la plénitude. En identifiant ce qui épuise notre énergie vitale, causant un sentiment de défaite et de souffrance, nous pouvons nous investir pleinement de manière à les éviter, en disant « non » aux distractions ainsi qu'aux personnes ou aux circonstances qui nuisent à nos objectifs dans la vie. Vous aurez ainsi la force de maintenir le cap et de développer un esprit inébranlable et invincible.

# Réflexions

« Ceux qui se précipiteront pour agir [et prendre le contrôle sur l'esprit] connaîtront de longs retards, mais ceux qui feront preuve d'ingéniosité et qui prendront le temps de réfléchir avant d'agir atteindront plus facilement leur objectif. »

## 1

Sun Tzu nous conseille de ne pas trop en faire à la fois. Comment pouvez-vous alléger votre « charge » quotidienne afin d'appliquer les enseignements par étapes ?

## 2

De quelle manière prolongez-vous et retardez-vous la préparation d'un objectif ? Quelles améliorations pourriez-vous apporter pour avancer sur votre chemin caché vers la paix et la plénitude ?

## 3

Citez un exemple qui montre que vous avez tenté d'en faire trop d'un coup. En tenant compte des conseils de Sun Tzu, que pourriez-vous faire de manière différente la prochaine fois ?

## 4

Décrivez une période où vous vous êtes senti épuisé au point d'avoir eu envie de renoncer à votre objectif, ou pendant laquelle votre force et vos ressources étaient si basses que vous avez eu le sentiment de ne pas pouvoir continuer. Comment pourriez-vous éviter ce genre de situation à l'avenir ?

## 5

Sun Tzu nous demande de choisir entre la paix et le péril de l'esprit. Quels engagements importants à vos yeux avez-vous rompus ?

## 6

Sun Tzu nous dit que « nous n'avons pas besoin de nous engager une deuxième fois, puisque nous l'avons déjà fait de manière sincère ». Que pouvez-vous faire pour aller de l'avant, renoncer au sentiment d'échec et continuer en douceur de manière sincère ?

## 7

Nous n'avons pas besoin de faire de grands efforts pour obtenir de grands résultats. Quelle petite chose pouvez-vous entreprendre pour que votre journée soit réussie ?

## 8

Que signifie, pour vous, « prendre soin de soi » ? Comment pouvez-vous accorder un temps particulier dans la journée pour méditer ou profiter de moments de calme ?

# 9

Sun Tzu nous dit qu'une ancienne pensée ou habitude remplacée par une nouvelle est un pas vers la maîtrise de soi. Quel ancien schéma de pensées pouvez-vous remplacer et quels changements pouvez-vous apporter pour aller dans ce sens ?

# 10

Quelles pensées vous affaiblissent et vous harcèlent en permanence avec des besoins ou désirs qui vous empêchent d'avancer vers la victoire ?

# 11

Si vous pouviez changer une perception à propos de vous-même pour progresser vers un avenir différent, quelle serait-elle ?

# 12

Décrivez un moment où vous avez tenté d'apporter des changements dans votre... et réussi. En toute honnêteté, que savez-vous aujourd'hui à propos de vous-même que vous pourriez utiliser pour atteindre la victoire ?

3

# Stratégie offensive

1. Sun Tzu a dit : « Il est préférable de reprendre le territoire de l'esprit dans son intégralité, plutôt que de laisser l'ignorance briser notre attention. » De même, l'objectif est de prendre le contrôle total des pensées, plutôt que de leur permettre de s'enraciner, de se fragmenter ou de se multiplier, et de les rendre difficiles à apaiser et à surmonter.

2. Par conséquent, il est conseillé de confronter la résistance de votre esprit quand vous travaillez sur les schémas de pensée, sans adopter une approche critique envers vous-même, mais plutôt en les examinant de manière constructive.

3. Ainsi, la meilleure des disciplines consiste à ne pas vous laisser emporter par les pensées, mais plutôt à les intercepter à mi-chemin vers une autre pensée, puis à les supprimer à la racine. La pire des choses à faire est de céder à la colère si vous ne parvenez pas à les contrôler.

4. La règle est de ne pas y céder si vous ne parvenez pas toujours à exercer ce contrôle mental. La mise en condition de l'esprit peut prendre jusqu'à trois mois, puis trois de plus pour faire taire une pensée.

5. L'élève qui fait preuve d'irritation ou d'impatience quand il ne parvient pas à contrôler son esprit va s'attaquer à ses pensées avec colère, ce qui va générer un autre flux de pensées négative et de frustration. Par conséquent, votre enthousiasme et votre motivation vont diminuer et votre esprit va continuer d'être agité. Tels sont les effets désastreux de la colère et de l'impatience.

**6.** Par conséquent, l'élève aguerri sait réprimer ses pensées sans résistance ; il en prend le contrôle et les surmonte sans colère ni frustration, et ne prolonge donc pas son avancée.

**7.** Si l'esprit est concentré, l'élève peut continuer à affirmer sa maîtrise dans tous les aspects de sa vie et, sans se perdre, il finira par triompher. L'idée est d'adopter une approche stratégique pour contrôler l'esprit.

**8.** C'est la règle, quand nous sommes dans un état de lutte intérieure : si les pensées sont agitées, nous pouvons les entourer, les diviser, puis en prendre progressivement le contrôle.

**9.** Lorsque nos pensées sont agitées, qu'elles font tout pour nous distraire et qu'elles ne nous laissent pas atteindre un état de concentration, nous pouvons persister dans nos efforts pour en reprendre le contrôle. Si nos pensées ont l'avantage, il vaut mieux les éviter temporairement : n'entreprenez rien et essayez une prochaine fois.

**10.** Ainsi, si vous vous obstinez et que vous tentez de reprendre le contrôle sur les pensées qui exercent une grosse influence sur vous, vous risquez d'échouer et de vous sentir submergé.

**11.** Si l'élève est le gardien de l'esprit, s'il a le contrôle et parvient à maintenir sa concentration, son intuition (connaissance intuitive) va se développer et se renforcer. Mais s'il présente des faiblesses, son manque de concentration risque d'affaiblir son interaction avec l'esprit.

**12.** Il existe trois manières d'entraver le cheminement et la pratique de l'élève :

**13.** (1) – en tentant de *commander* ou de forcer l'esprit agité à agir d'une certaine façon, ignorant qu'il ne peut pas céder sous la force ;

**14.** (2) – en tentant de *gouverner* l'esprit agité de la même manière qu'il gère sa vie matérielle, ignorant que la force réside dans le *non-faire* plutôt que dans l'action ;

**15.** (3) – en agissant sans discernement, ignorant que l'esprit agité peut s'adapter à de nouvelles situations, ce qui va affaiblir davantage sa confiance en soi.

**16.** Toutefois, quand les pensées de l'esprit sont hors de contrôle, elles peuvent susciter les sens, qui engendrent un état de désordre dans tout l'être, et la victoire devient impossible.

**17.** Par conséquent, il existe cinq paramètres essentiels pour remporter la victoire sur l'esprit agité. Il aura ainsi davantage de chances de réussir :

**a.** – l'élève qui sait quand agir et quand résister ;

**b.** – celui qui sait comment gérer les pensées supérieures et inférieures, mais aussi les distractions ;

**c.** – celui dont l'esprit et les sens sont alignés vers un objectif commun ;

**d.** – celui qui se prépare, attend avant de prêter attention à ses pensées et ne leur accorde aucun pouvoir ;

**e.** – celui qui a un corps sain[14], qui sait faire face à la pratique nécessaire et qui ne freine pas sa progression.

La victoire sur l'esprit agité réside dans la connaissance de ces cinq points.

**18.** D'où cette citation : « Si vous vous connaissez vous-même et comprenez la nature de votre esprit (et ce contre quoi vous luttez), vous n'aurez pas peur d'affronter tous les obstacles. » Si vous vous connaissez vous-même, mais que vous ne maîtrisez pas la nature de votre esprit, vous connaîtrez autant la victoire que la défaite. Si vous ne vous connaissez pas vous-même et que vous ne comprenez pas la nature de votre esprit, vous échouerez à chaque entreprise.

14. Par « corps sain », on entend aussi le contrôle du flux d'énergie vitale vers le « troisième œil », un alignement qui amène vers la conscience globale. De même, on entend aussi par là le fait de maintenir le corps en bonne santé pour prolonger la durée de vie nécessaire à son accomplissement.

## INTERPRÉTER LA SAGESSE INTEMPORELLE DE SUN TZU

Sun Tzu encourage l'élève à adopter une approche stratégique réfléchie pour devenir lui-même un maître Sun. Pour remporter la victoire, il faut faire confiance au guide (intuition). Nous ne recevons pas d'instructions compliquées et nous ne nous laissons pas séduire par la promesse d'un entraînement spécifique censé changer notre vie. Nous avons simplement accès à une connaissance intemporelle que nous devons mettre en pratique dans notre quotidien.

Plus important encore, à mesure que nous développons cette nouvelle conscience, elle peut devenir une manière naturelle de vivre et d'agir comme un moyen d'échange entre nos perceptions (par exemple, le dualisme de la pensée et les émotions) pour accéder à la plénitude (la connaissance constante) à tout moment.

Si nous sommes résolu, Sun Tzu nous montre la manière de retrouver la capacité de contrôler l'esprit entier, et non une seule partie. Il est facile de se tromper soi-même, une fois que nous avons apporté un petit changement, et de croire que nous avons terminé. Mais il s'agit d'une bataille continue qui nécessite une vigilance de tous les instants sur nos pensées : c'est une manière de vivre qui n'a pas de fin, un cycle qui se répète.

Comme les « armées » de concentration sont envoyées mener une bataille contre les pensées agitées, nous pouvons apprendre à les contrer dès le début pour les empêcher de se multiplier. Par ce moyen, nous encerclons les pensées pour limiter leur progression (ou le fait de créer plus d'émotions à leur passage) et nous atteignons un état de paix ou de calme qui nous aide à avancer vers la victoire.

Cela dit, Sun Tzu nous recommande d'être prudent quand nous commencerons à canaliser les pensées négatives, car nous risquons de ressentir de la colère et de la frustration ; nous aurons l'impression que ces pensées (ou armée de l'ennemi) sont plus fortes, mais il ne faut ni les restreindre ni utiliser la force pour tenter de les supprimer. Nous risquerions de rendre les choses plus compliquées ou de chercher une échappatoire parce que nous ne nous sentons pas à l'aise. Plus nous luttons, plus nous faisons face à notre faiblesse, et plus nous nous obstinons ; d'où un risque accru d'échec.

C'est un peu comme dans une école de l'esprit : il faut pratiquer avant d'acquérir une compétence. En parvenant à maîtriser l'esprit et à amener les pensées vers un état de concentration immuable, vous parvenez au Moi authentique et « savez » qui vous *êtes*. Non qui vous *étiez* ou qui vous *serez*, ce qui crée une limite, mais qui vous êtes *maintenant*.

**Leçon 1 (1-6) : maîtriser les pensées**

Selon Sun Tzu, notre bataille consiste à prendre le territoire entier ou, dans ce cas précis, *notre esprit dans son intégralité*. Comme sur un champ de bataille, si vous attaquez une armée et que vous ne parvenez pas à en prendre entièrement le contrôle, elle peut se diviser et se reformer. Sur le champ de bataille de l'esprit agité, Sun Tzu nous demande d'utiliser la concentration en guise d'arme pour réprimer la pensée entière. Sans cela, elle continuera à se multiplier et sera difficile à surmonter.

Nous devons agir de manière proactive pour faire face à ce à quoi l'esprit est confronté et le remettre en question sans jugement négatif, mais avec un esprit d'analyse. Supposez que vous pratiquez la course à pied, que vous partez courir un après-midi et que vous vous froissez le muscle ischio-jambier. Votre esprit va aussitôt se lancer dans une « bataille de pensées » sur ce qu'il va se passer ensuite. Vous allez perdre le contrôle. D'abord, le corps va se concentrer sur la sensation de douleur et obtenir votre attention. Ensuite, l'esprit va générer une multitude de pensées sur ce que vous devez faire. Si vous les laissez errer sans contrôle, telle une armée rebelle, elles envahiront l'esprit de manière continue.

Sun Tzu vous demande de réprimer les pensées avant que cette lutte sans relâche ne survienne. Elles peuvent se multiplier en quelques secondes. Notre objectif est d'arrêter la pensée « à l'intersection vers une autre pensée ». C'est l'endroit parfait. Car entre l'interruption des pensées se trouve le calme, et c'est dans ce calme, notre état naturel, que nous sommes capable d'affirmer notre pouvoir mental pour rediriger nos ressources vers notre intuition (ou soleil intérieur), l'œil omniscient toujours en alerte et qui sait ce qu'il va se passer ensuite.

Nous avons *toujours* le pouvoir de choisir la sérénité et de calmer nos pensées pour « écouter » les conseils de notre intuition profonde sur ce qu'il va se passer ensuite.

Le coureur qui s'est froissé un muscle et craint de se blesser à nouveau peut maintenir une discipline mentale pour ne pas laisser la peur d'une nouvelle hypothétique blessure l'envahir. Sur le fond, quand nous imaginons des scénarios, nous les vivons inutilement comme s'ils étaient réels. Au lieu de cela, quand nous ressentons une difficulté ou un obstacle, plutôt que de laisser nos pensées s'engager dans une lutte nourrie par l'inquiétude, la peur et le sentiment de défaite (dans ce scénario, renoncer à courir), nous pouvons interrompre ce schéma de pensées et rétablir l'équilibre.

Sun Tzu nous encourage à essayer et, en cas d'échec, à recommencer. Tout au long de ce processus, vous parviendrez petit à petit à prendre conscience que le summum de la maîtrise de soi et de la discipline consiste non pas à vous laisser dominer par vos pensées, mais à se les approprier et à reprendre le contrôle à l'intersection d'une pensée à l'autre. Et un guerrier aguerri sera capable d'arrêter une pensée à la source, avant même

qu'elle ne survienne. Sans action, nous pouvons perdre la guerre ou, plutôt, perdre notre capacité à contrôler nos pensées, submergé par nos émotions.

Si vous vous mettez en colère parce que vous ne parvenez pas à maîtriser votre esprit dans votre quotidien, vous allez créer une « nuée d'autres pensées et de frustrations » qui va vous faire perdre votre élan. Sun Tzu propose une chronologie : trois mois pour préparer l'esprit et trois autres pour faire taire une seule pensée !

Six mois, ce n'est pas si long pour acquérir une nouvelle compétence. Imaginez que vous pourriez peindre un chef-d'œuvre en un après-midi ou réaliser un tir de basket-ball parfait en cinq minutes. Même après avoir réalisé de nombreuses peintures ou un millier de tirs parfaits, nous n'avons jamais fini d'apprendre.

La maîtrise de l'esprit est un processus continu, une manière de vivre, un art de la maîtrise sans résistance intérieure, qui ralentirait votre progression.

### Leçon 2 (7-11) : développer sa concentration

Selon Sun Tzu, si nous parvenons à atteindre un état de concentration, nous pourrons acquérir la maîtrise de l'esprit et du corps. Ainsi parviendrons-nous progressivement à l'état de plénitude. Nous pouvons réussir en planifiant nos objectifs et en régulant l'esprit au lieu d'adopter une approche passive. Peu importe dans quelle situation nous nous trouvons, nous pouvons aborder une pensée à la fois et reprendre le contrôle.

En évaluant et en élaborant des stratégies pour maîtriser nos comportements, nous pouvons commencer à agir dès que l'esprit s'égare. Quand il fait tout pour nous détourner de notre objectif, nous devons regagner notre concentration. C'est un processus. Sun Tzu fournit les étapes pour retrouver l'état d'équanimité :

– si une pensée vous détourne de votre attention, ne lui accordez pas d'importance ;

– si une pensée prend le contrôle ou détourne votre concentration, ne tentez pas de l'arrêter ou de lutter contre elle et réessayez plus tard.

C'est comme si vous perdiez vos clés ou votre portefeuille : vous commenceriez peut-être par paniquer, puis vous vous inquiéteriez. Les pensées peuvent facilement se multiplier et conduire à l'hystérie, la colère ou le reproche. Si vous laissez passer ce flux de pensées et recommencez quand vous êtes calme, vous retrouvez souvent les clés ou le portefeuille quelques minutes plus tard et vous comprenez que votre première réaction était démesurée.

Ce type de situation vous donne la possibilité d'interrompre la pensée « à la racine » en laissant votre sagesse intuitive trouver une solution. Vous pouvez retrouver votre calme et chercher en vous la réponse, sans faire d'efforts. Toutefois, si votre esprit est particulièrement agité, il sera difficile

de reprendre le contrôle. Vous pourriez ressentir davantage de colère et de frustration et finalement vous décourager.

Nous sommes le gardien de l'esprit et nous avons le choix : nous laisser dominer par nos faiblesses ou développer notre concentration pour les surmonter.

### Leçon 3 (12-15) : les trois obstacles à la concentration

Sun Tzu enseigne à l'élève-guerrier les trois écueils courants qui risquent de lui créer des ennuis s'il est détourné de sa concentration. Le premier se manifeste lorsque vous tentez de « commander » ou ordonner à votre esprit tourmenté d'agir d'une certaine manière. Vous faites tout pour l'arrêter, mais, comme le dit Sun Tzu, l'esprit ne peut être dominé par la force.

Le deuxième se produit lorsque vous essayez de le « gouverner » de la même manière que vous gérez votre quotidien et qui peut impliquer de négocier et de dicter de manière stricte ce que l'esprit peut ou ne peut pas faire. Là encore, il s'agit de ne pas intervenir, de laisser les choses se dérouler naturellement pour apaiser l'esprit.

Le dernier écueil consiste à « agir » sans discernement, de laisser la pensée contrôler le corps et dicter nos actions sans réfléchir aux conséquences. Ce détachement peut vous donner une sensation de liberté trompeuse, car il est impossible à maîtriser. Un détachement sans discernement ne devient qu'un schéma habituel de plus.

### Leçon 4 (16-18) : les cinq stratégies du succès

Pour retrouver l'état de concentration et de conscience, Sun Tzu nous propose cinq stratégies éprouvées visant à prendre le contrôle sur les sens qui tendent à riposter et à engendrer plus de conflits et de ravages, au point de conduire à un état de désordre et de confusion incontrôlable. Dans cet état en guerre, la victoire semble impossible.

D'abord, nous devons être conscient de la manière dont notre esprit nous trompe, puis apprendre à choisir le bon moment pour agir ou non. Au cours de ce processus, nous commencerons à voir nos pensées comme un champ de bataille et à distinguer celles qui découlent de notre intuition (le pont vers le soleil intérieur) et celles qui sont « inférieures » ou qui, sous l'impulsion des sens et des émotions, nous emmènent vers les ténèbres de l'illusion. L'une détourne votre attention, l'autre non. Pour pouvoir les distinguer, nous devons faire preuve de discernement et garder à l'esprit que c'est à notre objectif unifié de nous guider.

Supposez que vous vous entraînez pour un marathon et que votre objectif est de courir quarante-deux kilomètres sans vous arrêter : il faut unifier l'esprit et le corps vers ce résultat. Si des obstacles vous empêchent d'atteindre votre objectif, vous pouvez discerner ce que sera votre prochaine action, et la corriger afin de réussir. De même, vous devez maintenir

l'équilibre des sens pour ne pas vous éloigner du but d'un point de vue émotionnel ; faire en sorte de ne pas laisser les pensées guidées par les sens ou les émotions prendre le dessus.

Sun Tzu nous rappelle que nous devons nous maintenir en bonne santé physique pour maintenir cette pratique sur le long terme afin que les limites du corps ne nous dissuadent ni ne nous distraient davantage. Avec un corps en bonne santé, nous ne serons pas découragé par une maladie.

Plus précisément, nous devons réfléchir à l'énergie vitale que nous dépensons quand l'esprit est agité. Chaque pensée génère et absorbe de l'énergie. Plus nous sommes activement relié à nos pensées, aux gens, aux lieux, aux activités qui sollicitent notre esprit, plus nous dépensons d'énergie et finissons par l'épuiser. Même les objets que nous possédons sont reliés à de l'énergie. Et plus vous en dépensez, plus vous êtes fatigué ; plus vous affaiblissez votre corps, plus vous mettez en danger votre santé ou favorisez des déséquilibres, plus votre corps exigera du repos. Vous aurez alors du mal à maintenir votre volonté pour surmonter les problèmes et vous battre.

Sun Tzu propose des stratégies pour réduire la dépense d'énergie mentale, pour la garder en réserve, voire la renforcer, et maintenir votre volonté et votre endurance. L'énergie « s'achemine » ensuite dans le corps en transportant cette force vitale et vous donne une sensation de légèreté qui vous permettra d'accéder à un niveau de conscience (et de soleil intérieur) élevé, ainsi qu'à une plus grande clarté d'esprit.

Les cinq stratégies présentent ce qui entrave notre réussite. Elles illustrent en outre que l'on peut apprendre de ces échecs pour se diriger vers la victoire. En d'autres termes, Sun Tzu dit que si nous comprenons la nature de notre esprit, nous saurons exactement ce qui peut nous faire flancher et que nous ne devons pas craindre les obstacles.

Nous pouvons faire face à n'importe quelle situation si l'esprit est stable et capable de contrôler les pensées, et que rien ni personne ne peut le perturber.

## VERS UN ÉTAT DE PLÉNITUDE

Notre capacité à maîtriser l'esprit débute ici. Elle commence par chaque pensée nouvelle qui va tenter de mobiliser notre attention. Au début, nous aurons l'impression de céder facilement à la distraction, à la négligence, à la frivolité et aux caprices simplement parce que nous commençons à remarquer à quel point notre esprit se laisse aisément emporter par nos pensées. Mais nous ne devons pas juger ces comportements ou la façon dont nous vivons ; nous devons simplement trouver de nouvelles stratégies afin de développer une prise de conscience qui favorise la concentration et la confiance en soi.

Il est nécessaire que nous nous acceptions pleinement, que personne ne nous impose de faire mieux et que nous cessions de nous juger. Au contraire, nous devons célébrer notre beauté intrinsèque et notre état intérieur unique – nous sommes rempli d'amour pour ce que nous sommes vraiment et pour nos compétences en appréciant tous les aspects de notre vie, même si nous sommes encore loin du chemin que nous avions prévu. Nous pouvons alors commencer à poser les bases qui permettent de créer un nouvel avenir dans lequel nous prenons conscience de notre potentiel et de notre plénitude.

Il faut commencer par prendre conscience qu'existe une pensée capable d'observer et de surprendre l'esprit en train de multiplier les pensées. Les émotions, qui découlent de nos sens, vont aussi faire en sorte de nous distraire davantage. Mais rien n'est perdu : nous pouvons faire cesser le flux de pensées quand nous sommes en son centre. Nous pouvons devenir très habiles pour interrompre l'esprit en anticipant à la fois ce que nous allons dire, comment nous allons le dire et quelle en sera la conséquence, tout en veillant à ne pas lui accorder de pouvoir. Le fait est que nous sommes très prévisibles. Par conséquent, nous pouvons introduire de nouveaux schémas de pensée à travers la concentration et nous demander pourquoi nos pensées actuelles nous empêchent de réussir.

Sun Tzu dit que nous pouvons nous engager dans un processus qui nous permet de déjouer les pièges de l'esprit en réfléchissant aux cinq principes conçus pour nous aider à développer la sagesse et la discipline. Nous pouvons les utiliser en guise de « questions de révision » à nous poser au début et à la fin de chaque journée. Si nous estimons que nous n'avons pas respecté ces principes, ce n'est pas grave ; nous pouvons aborder nos revers dans un esprit d'ouverture et de curiosité, et non sous la contrainte. Nous pouvons revenir aux leçons des précédents chapitres et analyser la manière dont nous pouvons rediriger nos efforts.

Plus nous sommes conscient de ce que nous pensons et du moment où nous le pensons, plus nous pouvons amener l'esprit vers un état de paix au lieu de vivre une lutte perpétuelle avec notre environnement immédiat, notre corps et notre monde. Nous pouvons atteindre un endroit

dans lequel nous sommes conscient de nos pensées au lieu de les laisser nous submerger. Plus nous gagnons du terrain, plus l'esprit est apaisé et plus notre soleil intérieur, notre centre intuitif, est libre de nous guider.

C'est le pont entre les niveaux de conscience supérieure et inférieure : l'une s'appuie sur une connaissance profonde et intuitive, l'autre est dictée par l'environnement, les sens et les émotions. La maîtrise de l'esprit par le biais de la concentration apaise l'une et donne pouvoir et liberté à l'autre. De cette manière, vous pouvez traiter l'inquiétude et la peur à la source. Si l'esprit s'emballe et que les pensées se multiplient, vous pouvez reprendre le contrôle grâce à la concentration. À cet instant, votre esprit est déjà le maître Sun, la partie éclairée. Alors, n'ayez pas peur de l'utiliser et de renforcer votre pouvoir de concentration, pas seulement quand vous consacrez du temps à la méditation, mais à tout moment.

N'oubliez pas : chaque instant de votre existence se vit comme une cérémonie et vous donne l'occasion de pratiquer. Si vous avez l'habitude d'alterner entre conscience et inconscience, entraînez votre esprit à retrouver son état de conscience concentrée de manière régulière. Au bout du compte, puisque nous nous connaissons, nous connaissons nos réactions et notre tendance à résister. Nous pouvons donc continuer à planifier et à agir de manière à éviter l'échec et à maintenir le cap vers la paix et la plénitude.

Apprenez dès maintenant à être attentif à ce qui épuise votre énergie vitale et coupez court à ce qui vous nuit. En arrêtant de considérer ces éléments qui sont extérieurs à votre bien-être intérieur, vous pouvez « rappeler » à vous votre charge vitale pour vous régénérer. Ne vous sentez pas coupable si vous arrêtez de penser à certaines personnes ou à certaines situations comme vous en avez l'habitude. Plus vous « coupez les ponts » avec tout ce qui épuise votre endurance et votre volonté, plus vous aurez la vitalité nécessaire pour tendre vers vos objectifs et votre avenir.

Essayez. Commencez par faire le point sur votre journée en prenant en compte tous les moments où vous avez pensé à des choses qui vous font perdre du temps. Profitez de ce moment pour réfléchir tranquillement ou choisissez une activité susceptible de vous ressourcer, comme la marche ou un travail manuel, qui favorise le calme et la concentration.

## LA TROISIÈME ÉTAPE SUR LE CHEMIN CACHÉ VERS LA PAIX ET LA PLÉNITUDE

1. Utilisez le chemin caché vers la paix et la plénitude de la manière qui vous convient le mieux, sans résister au changement, en ayant un plan d'action conscient.
2. Adoptez des stratégies pour accéder à la source de vos pensées de manière à les maîtriser et pour atteindre un état plus souvent unifié que divisé. Vous préserverez ainsi votre énergie et maintiendrez votre contrôle mental afin d'atteindre vos objectifs dans la vie.
3. Maintenez votre esprit dans un état de conscience à chaque instant afin de renforcer votre volonté et d'éviter d'être submergé. Si vous ressentez un état de désordre, rétablissez le calme en vous.

***Adopter une approche stratégique*** est la troisième étape sur le chemin caché vers la paix et la plénitude. Quand nous planifions nos actions de manière consciente, nous pouvons anticiper notre réaction et maintenir l'équanimité.

L'esprit peut être éduqué : la mise en œuvre de stratégies nous prépare à renforcer notre volonté et nos efforts.

Le fait de planifier nous donne l'avantage sur ceux qui laissent leur esprit vagabonder avec insouciance ; par conséquent, nous pouvons remporter nos propres victoires en toutes circonstances.

# Réflexions

« Faites face à la résistance de l'esprit quand vous travaillez avec les pensées ; faites-le sans vous juger, mais plutôt dans un souci de compréhension. »

## 1

Dans votre approche quotidienne pour apprendre à contrôler les pensées ou les émotions, pensez-vous faire preuve d'obstination pour apporter des changements ? Comment pourriez-vous aborder les pensées, les émotions récurrentes ou négatives d'une manière plus douce ?

## 2

Sun Tzu souligne que le simple fait de préparer l'esprit peut prendre jusqu'à trois mois – et trois de plus pour faire taire une pensée. Cela vous encourage-t-il à vous entraîner ou à renoncer ? Dans ce dernier cas, comment envisagez-vous de travailler sur vos attentes pour progresser ?

## 3

Selon les préceptes de Sun Tzu, quelles stratégies pouvez-vous intégrer dans vos activités quotidiennes pour vous aider à surmonter la frustration ou la colère sans être dur envers vous-même ?

## 4

Sun Tzu suggère de diviser nos pensées et de travailler avec elles de manière progressive, une à la fois, pour prendre le contrôle. Donnez trois exemples de situations dans lesquelles vous savez comment vous allez réagir et comment vous envisagez d'interrompre la pensée avant qu'elle ne se multiplie afin d'améliorer votre concentration et votre épanouissement.

## 5

Par quels moyens concrets pouvez-vous faire preuve de discernement dans votre quotidien à chaque nouvelle pensée ou action, au lieu de vous laisser emporter par les sens ?

## 6

Lisez la liste des cinq stratégies du succès et réfléchissez à celle qui vous semble la meilleure approche pour le moment ; pourquoi ? Laquelle vous semble la plus difficile ; pourquoi ?

## 7

Pourquoi vous sentez-vous impatient ou irrité quand vous ne parvenez pas à contrôler vos pensées ?

## 8

Décrivez un moment où vous avez perdu le contrôle de votre esprit et de vos émotions au point que vous ne vous sentiez plus vous-même. Comment revivriez-vous cette situation aujourd'hui, en vous aidant des stratégies de Sun Tzu ?

# 9

Selon Sun Tzu, le summum de la discipline consiste à ne pas céder à l'impulsion de vos pensées. Décrivez un moment où vous avez su faire preuve de ce type de maîtrise de soi.

# 10

Quand avez-vous ressenti que votre esprit tout entier était dans un état de paix et d'équanimité ? Qu'est-ce qui vous empêche en ce moment même d'éprouver ce sentiment ?

# 11

Comment pouvez-vous améliorer votre santé physique afin de maintenir une pratique sur le long terme et atteindre ainsi vos objectifs de toute une vie ?

# 12

Que ressentiriez-vous si vous ne craigniez pas la conséquence d'une multitude d'obstacles ?

# 4

# Comprendre la nature de sa pensée

1. Sun Tzu a dit : « Les maîtres d'antan ont commencé par atteindre un état mental qui les plaçait au-dessus de toute possibilité d'être vaincus ou découragés (dans la lutte pour le contrôle de l'esprit agité), puis ils ont cherché à éliminer toutes les distractions, sachant qu'ils n'échoueraient pas. »

2. L'invulnérabilité face aux pensées ou émotions incontrôlées tient de notre capacité à comprendre l'esprit.

3. Par conséquent, l'élève moyen est capable de rester impassible face aux pensées ou émotions négatives, mais il ne peut pas être certain de réussir sur le long terme.

4. D'où la citation : « La victoire sur l'esprit peut être anticipée, mais pas imposée. »

5. Vous pouvez prendre des mesures pour assurer votre réussite, qui dépend de votre capacité à contrôler l'esprit.

6. Quand un élève a une volonté forte, il fera tout pour apprendre à contrôler l'esprit agité ; si sa détermination est trop faible, il sera submergé par ce dernier.

7. L'élève qui n'a pas suffisamment de volonté aura tendance à se réfugier dans le monde matériel, au lieu de tout faire pour disloquer l'ego ; l'élève déterminé entreprendra le chemin vers la plénitude. Le premier ne progressera pas ; le second se rapprochera du succès.

**8.** La passivité ne vous aidera pas à mieux comprendre votre esprit.

**9.** Le fait de recevoir des éloges ne représente pas un signe de grandeur.

**10.** De même, rester attaché au bien-être que vous ressentez lors d'états élevés de conscience ne constitue pas un signe de maîtrise.

**11.** Selon les Anciens, un élève accède à la sagesse lorsqu'il est capable de maîtriser son esprit au-delà de toute distraction, et qu'il y parvient sans effort.

**12.** Par conséquent, les victoires de l'élève (sur l'esprit) ne sont ni une marque de sagesse ni une preuve de courage.

**13.** Un élève réussit grâce à ses efforts constants. Ils lui apportent de la confiance en soi et de la certitude (ou compréhension) pour maîtriser l'esprit : *conquérir l'esprit revient à comprendre qu'il n'y a rien à conquérir.*

**14.** Par conséquent, l'élève aguerri reste vigilant ; il ne se laissera pas entraîner dans une situation qui risquerait de le distraire et de compromettre sa réussite. De même, il persévérera dans sa pratique jusqu'à ce qu'il acquière une parfaite maîtrise.

**15.** Voici ce que l'on observe : l'élève qui réussit ne se concentre pas uniquement sur un résultat ; celui qui échoue se concentre uniquement sur un résultat précis et s'efforce d'y parvenir à tout prix.

**16.** L'élève complet (ou entier) cultive la conscience et s'en tient uniquement à l'organisation et à la discipline (dans sa pratique) ; il a donc le pouvoir de contrôler l'esprit et de réussir.

**17.** En ce qui concerne l'organisation mentale, nous devons premièrement évaluer notre esprit ; deuxièmement, estimer nos faiblesses ; troisièmement, calculer nos forces ; quatrièmement, maintenir l'équilibre et l'harmonie entre nos perceptions des mondes intérieur et extérieur ; cinquièmement, devenir maître de son destin.

**18.** Chacune de ces étapes est considérée comme un pas vers un niveau plus élevé de conscience : pour atteindre la suivante, l'élève doit d'abord maîtriser la première.

**19.** Un élève soigneusement organisé est comparable au poids d'une livre de farine sur une balance par rapport à un seul grain.

**20.** En effet, le flux de pensées et d'émotions dans l'esprit est comparable au débordement des eaux enfermées dans un gouffre de deux mille mètres de profondeur. Ainsi se conclut notre réflexion sur l'évaluation de notre nature.

## INTERPRÉTER LA SAGESSE INTEMPORELLE DE SUN TZU

Sun Tzu nous invite à suivre l'exemple des maîtres qui ont atteint un état de conscience élevé en protégeant l'esprit et en anticipant leurs pensées. Si vous évaluez votre propre nature, vous saurez faire en sorte qu'elle ne vous trompe pas. Toutefois, ne vous laissez pas berner par cette idée d'état de conscience élevée. Cela signifie simplement un esprit calme et stable, que nous pouvons atteindre de nombreuses façons, notamment par la concentration, comme cela a été évoqué dans les chapitres précédents.

Plus nous comprenons notre esprit troublé, plus nous pouvons anticiper ce que nous allons faire et décider d'arrêter le flux de pensées négatives dès qu'il surgit. Les pensées habituelles et inconscientes ont tendance à se multiplier – quand nous sommes contrarié ou inquiet, nous avons déjà ressenti cette impression de décalage dans le temps : il peut s'écouler dix minutes avant que nous nous rendions compte que nous sommes toujours en train de ressasser le problème, nous demandant ce que nous aurions dû faire ou dire. Sun Tzu souligne que si vous êtes capable de comprendre votre propre nature, vous pouvez en reprendre le contrôle.

Plus nous sommes structuré et honnête sur notre situation actuelle, plus nous sommes en mesure de surmonter les difficultés. Sun Tzu explique que notre évaluation est nécessaire pour rester concentré et réaliste. Si nous devenons une sorte de général qui, après avoir remporté une bataille, se complaît dans les éloges, nous perdons notre pouvoir de concentration – ainsi que notre objectif. Il n'est plus de « remporter » la bataille, mais d'obtenir les éloges qui en découlent.

Sun Tzu termine sur une note décourageante, soulignant qu'il est rare que l'élève tienne la distance. Mais elle peut être interprétée comme un défi à relever : « Qui seras-tu, le grain ou la livre de farine ? »

### Leçon 1 (1-6) : anticiper les pensées

Sun Tzu nous demande de faire de notre esprit notre meilleur allié. Connaître l'esprit revient à *se connaître soi-même*, ce qui fait écho à la sagesse unique transmise par l'oracle de Delphes dans la Grèce antique. Il s'agit d'un message pérenne destiné à nous pousser vers la découverte et la réalisation de soi. En anticipant le moment suivant, nous nous préparons mentalement à livrer la bataille – c'est-à-dire la conversation ou la pensée suivante qui va infiltrer notre esprit.

Que vous le croyiez ou non, consacrer une heure, ou même cinq minutes par jour à la concentration peut vous aider à réduire les distractions provoquées par les sens. Vivre des moments de silence, observer le monde sans penser, en ressentant simplement le moment présent, peut constituer une expérience libératrice. Et cette capacité de concentration n'est pas l'apanage des maîtres. Quiconque adopte des stratégies pour comprendre l'esprit peut y parvenir.

Le quotidien nous offre un nombre infini d'occasions pour analyser l'esprit. En allant au supermarché, vous pouvez analyser votre nature ; à l'aide de la technologie, avant de dormir ou de manger, en travaillant – où que vous soyez, vous pouvez amener l'esprit vers un état de calme et anticiper ce qu'il va faire ensuite pour pouvoir passer à l'action.

Par exemple, si vous avez eu un invité particulier ou un parent chez vous à dîner, vous avez réfléchi à votre nature. Vous avez dressé la table avec soin, fait en sorte que les plats soient prêts à temps et pas trop cuits afin que votre invité se sente à l'aise et passe un bon moment. Vous avez réfléchi à votre tenue, à vos paroles ou à vos gestes ; tout ce que vous avez fait a été pesé avec soin. Vous vous êtes gardé de dire ou de faire quelque chose d'inapproprié et vous avez agi de manière respectueuse.

En analysant notre nature de cette manière, nous pouvons vivre les moments du quotidien avec ce type de conscience afin d'être en accord et en harmonie avec nous-même dans toutes les situations. Nous avons la capacité de nous connecter à notre esprit le plus élevé et à notre vraie nature, celle qui est authentique et ne se cache pas, ne se sent pas sûre d'elle ou prend de grands airs. Nous pouvons être authentique, parler et agir d'une manière bienveillante, calme et paisible.

C'est de cette manière que nous protégeons l'esprit.

Ainsi, nous ne gaspillons pas notre énergie vitale, mais nous renforçons notre volonté. Elle nous pousse à nous améliorer et à tendre vers la perfection, qui, dans ce contexte, sous-entend que nous agissons à partir de notre Moi unifié. Nous ne nous précipitons pas et nous ne nous laissons pas distraire, mais nous sommes parfaitement impliqué dans notre environnement immédiat. En agissant avec de l'amour et une pleine conscience, rien ne peut nous échapper. Nous agissons dans un souci de perfection, d'harmonie et d'équilibre. Par conséquent, nous ne nous sentons jamais submergé, et, si nous redoutons d'en arriver là, nous pouvons nous adapter, réfléchir à notre nature et anticiper la pensée ou le moment suivant.

### Leçon 2 (7-12) : éviter de se dissimuler

Sur le chemin caché vers la paix et la plénitude, l'élève risque d'être affaibli par l'incapacité de l'esprit à remporter des batailles. Il court le risque d'être perpétuellement indiscipliné, de rester en conflit et d'être distrait. Si vous manquez de détermination, vous allez vous « réfugier » dans le monde matériel. En d'autres termes, nous pouvons être vaincu et trouver la lutte si difficile que nous pouvons facilement reprendre nos vieilles habitudes et laisser les circonstances extérieures prendre le dessus.

Sun Tzu conseille de ne pas renoncer et de ne pas devenir arrogant sous prétexte que nous commençons à voir des progrès, que nous avons accompli quelque chose de spécial ou réalisé une action mieux que d'autres. En effet, cela amènerait un sentiment de suffisance. Nous pouvons être

satisfaits de ces changements, mais, dès que nous commençons à en faire cas, nous risquons la dualité – ou l'idée que nous avons fait quelque chose, que nous sommes allé quelque part, que nous avons surmonté quelque chose et que nous encensons nos efforts. Sun Tzu nous dit que les anciens maîtres estimaient qu'un élève parvenait à la sagesse lorsqu'il était capable de transcender les distractions de l'esprit avec peu d'efforts. C'est là une affaire délicate : vous savez que vous avez changé, alors que, en réalité, vous ne faites qu'évoluer, vous passez à l'étape suivante de l'expérience humaine.

Comme je l'évoquais plus haut, vous pourriez avoir l'impression d'avoir franchi un palier, comme dans un jeu vidéo dans lequel vous avez trouvé la clé du donjon qui vous permet de passer au niveau supérieur. Vous pouvez fanfaronner ; vous avez peut-être une meilleure perception des choses ou expérimenté des « merveilles » en amenant l'esprit vers un niveau de conscience supérieur. Vous êtes fier d'avoir surmonté vos limites – mais peut-être trop, au point de vous vanter de cette réussite, même si ce n'est pas vraiment votre intention. La vie est une relation réciproque avec votre guide intérieur, ce qui signifie que tout ce que nous disons ou pensons est transmis à notre intuition, qui agit en conséquence.

Le dicton « Prends garde à ce que tu souhaites, car cela risque d'arriver » prend tout son sens dans ces exemples quand nous façonnons un nouvel avenir avec un nouveau schéma de pensées. Un coureur qui remarque qu'il ne s'est jamais blessé jusqu'à ce que cela lui arrive, ou une personne qui a arrêté de manger des cookies, qui affirme fièrement qu'elle n'en mangera jamais plus – et qui craque dans un restaurant ! De même, une personne qui a perdu beaucoup de poids peut se féliciter de sa discipline mentale ; sûre d'elle, elle jette ses vêtements trop grands, pour reprendre finalement tout le poids perdu.

Ces moments de vantardise qui se retournent contre nous nous rappellent qu'il faut rester humble. En effet, nous sommes contraint de ramener à nouveau le corps sous le contrôle de l'esprit discipliné. Si nous y parvenons, nous aurons tendance à continuer de faire profil bas par la suite, conscient qu'il est difficile de parvenir à l'équilibre. En fin de compte, nous sommes toujours sur le point – à une pensée près – de « basculer » dans l'arrogance. De même, ces expériences nous font ressentir de l'empathie pour ceux qui, autour de nous, affrontent les mêmes difficultés.

L'objectif est de reconnaître cette relation réciproque, ce guide intérieur qui nous amène sans effort vers l'étape suivante de notre développement, notre état naturel. Plus nous considérons chaque moment – difficile ou non – comme une occasion de faire évoluer notre conscience, plus nous restons centré, au lieu d'arrêter et de recommencer, d'avancer et de lutter sans cesse. Comme Sun Tzu le souligne, « les victoires de l'élève [sur l'esprit] ne sont ni une marque de sagesse ni une preuve de courage ». En d'autres termes, vous n'êtes pas plus spécial ni plus courageux parce que

vous régulez votre esprit. Vous devenez simplement conscient de celui-ci et évoluez vers le moment suivant.

**Leçon 3 (13-20) : le cycle des batailles**

La confiance que nous avons en nos capacités vient du fait que nous sommes constant et « infaillible ». Quand nous persévérons malgré les difficultés et les obstacles, notre nature intuitive se révèle, *toujours là, toujours présente*, et nous donne accès à un flux continu de connaissances pures. En évaluant notre nature, nous écoutons davantage notre intuition et commençons à agir en fonction de ce qu'elle nous dit : nous avons de plus en plus d'assurance. Nous devenons capable de prendre des décisions ; notre intuition (connaissance intuitive) devient la voix la plus forte. Le doute, l'inquiétude, la peur, s'estompent lorsque nous sommes en équilibre et que nous agissons à partir de ce centre, et dès que nous prenons conscience des résultats, nous faisons abstraction du monde extérieur – qui fait tout pour attirer notre attention – et plongeons plus profondément en nous-même.

Quand vous parvenez à tout cela, vous comprenez qu'il n'y a rien à conquérir, car vous n'êtes en compétition ni avec les gens ni avec les situations extérieures. Vous reconnaissez que vous êtes en guerre avec la manière dont votre esprit perçoit votre vie. En vous concentrant sur vous-même, en remportant des batailles sur l'esprit, vous éliminez l'ennemi en vous et vous pouvez atteindre un état d'harmonie. Ainsi, lorsque vous agirez ou que vous entreprendrez quelque chose, vous ne chercherez pas le résultat à l'extérieur, mais en vous, machinalement. Et vous verrez, une fois encore, que faire confiance à votre intuition vous incitera à accomplir vos efforts avec calme.

La bataille est cyclique. Souvenez-vous que, une fois que vous avez éliminé un schéma, vous passez naturellement au suivant jusqu'à ce que votre esprit soit moins perturbé tout le temps. Par conséquent, si vous transformez ce manque d'estime de soi en courage et que vous avez la possibilité de « vaincre » ce sentiment en vous, la victoire est là. Il s'agit toutefois d'une seule bataille, et il faudra saisir chaque nouvelle occasion d'être courageux, jusqu'à ce que cela devienne une seconde nature.

Plus vous contrôlez l'esprit, plus vous développez une relation avec un guide invisible – le *guerrier de l'ombre* en vous – qui vous permettra d'utiliser votre temps de veille consciente afin de surmonter vos faiblesses, jusqu'à ce que vous deveniez le maître Sun, celui qui est entier, qui a atteint la plénitude avec l'Univers, au lieu d'être en guerre contre lui. Nous avons la possibilité de développer nos « armées » internes pour venir à bout des schémas de notre vie. Si nous parvenons à en vaincre un, nous aurons la possibilité, au cours d'un autre, de parvenir à nouveau à cette plénitude.

Quand nous parvenons à « vaincre » notre ennemi intérieur, nous libérons une quantité d'énergie dans le corps qui nous permet de retrou-

ver une énergie vitale perdue, ou jusque-là contenue, qui devient notre nouvelle ressource pour avancer et livrer une autre « bataille » un autre jour. De même, vous commencerez à remarquer des répétitions ou des schémas qui semblent vous mettre à l'épreuve et vous donner l'occasion de prouver que vous êtes plus fort que vos limites physiques. (Les remarquer est un exemple d'analyse de l'esprit !) Quand nous parvenons à maîtriser ces schémas répétitifs, notre volonté devient plus forte que nos limites habituelles et nous acquérons une base solide qui nous donne l'impression de progresser dans notre apprentissage. Nous gravissons les échelons, en quelque sorte. Dans notre esprit, en tout cas, notre perception du monde est simplement plus en phase avec notre véritable nature.

Sun Tzu insiste sur le fait que nous ne devons pas lutter ou forcer le résultat. Dans le monde matériel, on nous apprend à cultiver l'esprit de compétition, mais comme nous travaillons en harmonie avec notre nature profonde, nous pouvons accéder à cette sagesse qui va nous parler et nous guider, afin de surmonter nos obstacles plus facilement.

Supposez que vous acceptez un travail qui ne vous convient pas parce que vous avez besoin d'argent. Cela pourrait signifier que vous n'aviez pas assez confiance en vous pour trouver un meilleur travail ou que vous avez accepté par peur de ne pas trouver autre chose. Mais vous avez fait ce choix, et, même si ce n'était pas le bon, parce que vous avez manqué de courage, vous garderez ce travail. Il peut s'écouler des mois, voire des années, avant que vous n'y mettiez un terme, avant de comprendre cette leçon : *si seulement j'avais eu la force de croire que j'étais capable de trouver un travail qui me convenait mieux, je n'aurais pas vécu cette expérience.*

Ce que Sun Tzu nous enseigne, c'est que peu importe que vous acceptiez ou non ce travail : les défis ou les obstacles que vous rencontrez vous aideront à progresser. Et de telles situations se reproduiront jusqu'à ce que vous y parveniez. Plus vous serez conscient de vos choix – en anticipant vos réactions –, moins vous commettrez d'erreurs. En percevant ces difficultés comme une source d'apprentissage, vous parviendrez d'autant plus vite à dépasser vos limites. Dans l'exemple ci-dessus, si vous aviez refusé ce travail qui, vous le saviez, n'était pas fait pour vous, parce que vous faisiez confiance à votre intuition profonde, vous auriez eu ce courage. Vous vous seriez tourné plus rapidement vers un choix plus approprié.

Enfin, Sun Tzu propose à l'élève-guerrier une vue d'ensemble du cycle qui se déroule dans l'esprit quand nous commençons à affirmer notre *leadership* pour le contrôler. Quand l'esprit est structuré, nous pouvons l'analyser, identifier nos faiblesses et nos forces, puis ajuster le tout pour atteindre l'harmonie. Mais comme il est en perpétuel mouvement, il faut souvent répéter ce processus.

## DÉFINIR SA VRAIE NATURE

Sun Tzu nous fournit des étapes spécifiques de manière à être « infaillible » dans notre détermination à atteindre l'état de plénitude. À mesure que nous développons notre intuition, nous devons rester vigilant en évaluant *constamment* les faiblesses et les forces de l'esprit, tout en tentant de réduire les conflits qui perturbent l'harmonie naturelle et l'unité de l'existence. Quand vous évaluez vos efforts, essayez de remarquer si vous nourrissez votre ego en vous félicitant de votre progression ou en recevant les éloges des autres. Vous concentrez-vous sur un résultat spécifique, ou pratiquez-vous sans contrainte ?

Parcourez attentivement toutes les étapes de « l'organisation mentale » (voir page 80) pour évaluer votre nature et revenez de temps en temps à ce chapitre, pour vérifier votre progression.

De même, Sun Tzu propose un moyen de maîtriser vos pensées en évaluant sans cesse votre nature. Vous êtes le guerrier engagé dans un voyage, celui de toute une vie, au cours duquel la quête de la maîtrise de soi est un devoir. Quand vous commencerez à réguler l'esprit agité, votre conscience fera partie intégrante de votre vie. Même un petit effort régulier peut avoir un impact positif, de sorte que la notion de « toujours » n'est autre qu'une évolution naturelle, et non quelque chose que vous arrêtez et recommencez, ce qui créerait davantage de divisions dans votre schéma de pensées. Être conscient devient aussi important que respirer, et vous ne pourrez plus vous passer de cette clarté mentale.

Si nous analysons notre nature sans effort, avec compréhension et pratique, nous comprenons que notre bataille ne se livre pas contre les autres ou contre les circonstances extérieures, mais en nous : nous sommes responsable envers nous-même et nous pouvons déterminer qui nous sommes et ce que nous sommes en train de devenir.

Nous avons tendance à établir des comparaisons avec les autres quand nous commençons à apporter et à vivre des changements dans notre vie. Sun Tzu nous conseille d'être prudent dans nos jugements, car ils n'apportent rien de significatif (même s'ils peuvent en donner l'impression). Il préconise plutôt de respecter notre nature. Quand notre vraie nature se dévoile, elle devient notre soutien dans toutes les situations. Un peu comme un mentor qui nous guide en permanence pour agir en harmonie, avec gentillesse, perfection, unité, coopération et amour.

En agissant de cette manière, nous déterminons notre avenir et nos pensées futures. Nous réorganisons notre vie selon la manière dont nous pensons et agissons, à chaque instant. Notre envie de conquérir et d'être en rivalité avec les autres se dissipe et nous découvrons un sens plus profond à nos actions. Nous nous sentons plus léger et plus enthousiaste à l'idée de continuer.

Les cycles se répètent et nous allons une fois encore partir « en guerre ». Nous allons continuer à analyser, en connaissant nos faiblesses et nos forces, ce qui nous permet d'établir une harmonie et un équilibre intérieurs, pour atteindre la victoire.

## LA QUATRIÈME ÉTAPE SUR LE CHEMIN CACHÉ VERS LA PAIX ET LA PLÉNITUDE

1. Appliquez les enseignements du chemin caché vers la paix et la plénitude de la manière la plus appropriée pour atteindre l'harmonie et l'équilibre.
2. Analysez votre nature pour pouvoir anticiper vos faiblesses. Faites l'analyse des difficultés qui se présentent afin de parvenir à surmonter les obstacles.
3. Une fois que vous avez remporté une victoire, continuez à analyser vos faiblesses et vos forces afin d'apporter plus d'harmonie et d'équilibre à votre vie de tous les jours.

***Comprendre la nature de sa pensée*** est la quatrième étape sur le chemin caché vers la paix et la plénitude. Lorsque nous prenons conscience de la force de notre nature intérieure pour diriger notre vie, nous avons davantage de foi et de certitude dans tout ce que nous faisons, pour parvenir à l'harmonie et à la paix.

Plus nous laisserons notre intuition nous guider, plus nous voudrons être en phase avec notre véritable nature, et ne jamais rien laisser nous l'enlever.

Tout comme les marées de l'océan montent et descendent, les leçons vont et viennent, et nous progressons sans effort vers la victoire.

# Réflexions

« L'invulnérabilité face aux pensées ou aux émotions incontrôlées réside dans notre capacité à comprendre l'esprit. »

## 1

Dans quelle mesure pensez-vous que l'esprit tente de se dissimuler ou de se protéger ? Quelles stratégies pouvez-vous appliquer dans votre quotidien pour que vos peurs s'estompent ?

## 2

Quelles mesures avez-vous prises pour protéger l'esprit et renforcer votre confiance en vous ainsi que votre volonté ? Comment faites-vous pour rester ouvert et humble face à votre progression ?

## 3

Quand avez-vous eu l'impression de revivre une situation ou un problème ? En avez-vous tiré des leçons, ou a-t-il refait surface (surtout lorsque vous vous êtes attardé sur lui) ?

## 4

Si vous deviez évaluer les faiblesses ou les limites actuelles qu'il vous serait bénéfique de surmonter, lesquelles choisiriez-vous et pourquoi ?

## 5

Quelle est, selon vous, votre plus grande force – peut-être quelque chose que vous ressentez comme un don ou votre véritable nature ? Pourquoi ? Et comment comptez-vous l'utiliser et la développer davantage ?

## 6

Quelle activité pourriez-vous instaurer dans votre vie pour vous aider à évaluer votre esprit, vos schémas de pensée et vos habitudes de manière régulière ?

## 7

Décrivez un moment où vous avez forcé le résultat, et ses conséquences. Que vous aurait-il fallu pour faire davantage confiance à votre intuition ?

## 8

Avez-vous l'impression d'être structuré et d'interagir activement avec votre esprit ? Quelles méthodes pouvez-vous améliorer ?

## 9

Décrivez un moment où vous avez été particulièrement vigilant (envers vos pensées ou vos émotions) et que cela a porté ses fruits. Ou décrivez une situation où vous auriez aimé être plus attentif à ces émotions ou à ces pensées. Que pouvez-vous faire la prochaine fois pour obtenir un autre résultat ?

## 10

Décrivez un moment où vous avez fait confiance à votre intuition, et les résultats de cette disposition.

## 11

De quelle manière vous connectez-vous à votre intuition et dans quelle mesure lui faites-vous confiance ?

## 12

À quoi ressemble votre quotidien dans le monde extérieur quand vous êtes parfaitement en phase avec votre intuition ?

5

# Concentration enracinée

1. Sun Tzu a dit : « Le contrôle des pensées/émotions/sens intenses est fondamentalement comparable à celui des pensées plus faibles : c'est une question de séparation. »

2. S'engager à apaiser les pensées ou les émotions intenses n'est absolument pas différent que d'apaiser les plus faibles : c'est une question d'organisation et de sélection.

3. Pour que l'esprit entier ou la conscience puisse résister à l'assaut des pensées/émotions/sens et rester impassible, il est nécessaire d'entreprendre des actions directes ou indirectes.

4. C'est en identifiant les points forts et les points faibles de chaque pensée ou de chaque émotion que nous pouvons la comprendre.

5. Lors du processus de maîtrise de l'esprit, les actions directes peuvent être utilisées pour coopérer avec les pensées ; les actions indirectes sont nécessaires pour assurer le succès.

6. L'élève capable d'appliquer des actions indirectes est aussi illimité que le ciel et la Terre. Les actions indirectes permettent aux pensées d'aller et venir, sans entrave : de manière continue, comme le flux d'une rivière ou d'un cours d'eau. Comme le Soleil et la Lune qui répètent inlassablement leur cycle chaque jour, ou comme les saisons qui passent, mais reviennent toujours.

7. Les notes de musique sont peu nombreuses, mais leurs combinaisons donnent lieu à de multiples mélodies uniques.

8. Il existe très peu de couleurs primaires ; pourtant, leurs combinaisons offrent un panel de teintes infini.

9. Il existe peu de goûts fondamentaux, mais leurs combinaisons génèrent une multitude de saveurs uniques.

10. Dans le débat philosophique, il n'existe que deux méthodes pour apprendre à l'esprit à se concentrer – directe et indirecte ; pourtant, leur combinaison peut donner lieu à une infinité de pratiques.

11. Les actions directes et indirectes se succèdent de manière cyclique. C'est comme un mouvement circulaire : on n'en voit jamais la fin. Qui pourrait épuiser toutes les possibilités offertes par la combinaison des deux ?

12. L'action indirecte peut même dissiper les pensées les plus intenses de l'esprit – tout comme le flot d'un torrent charrie de lourdes pierres sur son passage.

13. La décision d'utiliser l'action directe ou indirecte est comparable à l'attitude du faucon lorsqu'il attend le bon moment pour saisir et tuer sa proie.

14. Ainsi, un bon élève prendra le temps nécessaire pour adopter une approche, mais il saura prendre rapidement une décision.

15. L'action (ou l'esprit pleinement concentré) peut être comparée à la tension d'un arc et la décision à la libération de la corde pour atteindre la cible.

16. Même si l'esprit est agité et chaotique et qu'il donne une impression de désordre, en réalité, il peut ne pas y en avoir ; au milieu de la confusion, votre équilibre mental peut sembler chamboulé, mais il saura résister à la défaite.

17. En simulant le désordre, on développe une discipline parfaite ; en simulant la peur, on développe du courage ; en simulant la faiblesse, on développe la force.

18. Dissimuler l'ordre sous l'apparence du désordre est un choix délibéré : celui qui cache le courage derrière la timidité dispose d'une immense énergie vitale pour agir. Dissimuler sa force sous l'apparence de la faiblesse montre notre capacité à adopter des stratégies.

**19.** Par conséquent, l'élève capable de maintenir son esprit actif peut adopter des apparences trompeuses et permettre à ses pensées de revenir en arrière et de riposter ; il sacrifie alors quelque chose dont ses pensées vont se saisir.

**20.** En leurrant l'esprit pour qu'il se concentre, il le maintient occupé et actif ; il offre ainsi aux flux de pensées un moyen de se frayer un chemin dans l'esprit.

**21.** L'élève intelligent réfléchit aux conséquences du contrôle cumulé de l'esprit et de ses actions et ne compte pas uniquement sur ses actions individuelles. D'où sa capacité à choisir le bon moment pour utiliser une action combinée.

**22.** En utilisant l'action combinée, l'élève peut combattre l'assaut des pensées ou des émotions. En effet, par nature, la pensée reste immobile, à moins d'être incitée à apparaître, d'être autorisée à circuler librement, avant de se dissiper naturellement.

**23.** Par conséquent, le contrôle développé grâce à une bonne concentration est comparable à l'élan d'une pierre ronde qui dévale une montagne de plusieurs centaines de mètres. Cette phrase clôt le chapitre sur la concentration enracinée.

## INTERPRÉTER LA SAGESSE INTEMPORELLE DE SUN TZU

Pour maîtriser l'esprit agité, Sun Tzu fournit les outils qui permettent de développer la concentration en vue d'atteindre l'état d'équanimité et de rester impassible face aux pensées, aux sens et aux émotions. Si nous utilisons et renforçons notre concentration naturelle, les pensées vont aller et venir à la manière des vagues de l'océan : la marée sera parfois puissante, d'autres fois plus faible. Mais pendant *toutes* les saisons, nous pouvons maintenir notre endurance mentale grâce à la concentration enracinée afin de ne pas nous sentir submergé.

Sun Tzu explique les différentes formes de pensées qui surviennent et la manière dont elles *se fragmentent* et semblent nous encercler, si bien que nous avons tendance à être submergé et à abandonner, à l'instar d'une armée qui bat en retraite.

Plus nous atteignons un état de concentration profonde, plus nous sommes capable de discerner la vérité de nos pensées et ne plus les percevoir sous l'angle de la dualité, mais plutôt comme une seule et même expression, une perception unique que nous appelons « la vie », « notre voyage ». Si nous changeons notre manière de penser, nous pouvons considérer toutes les expériences comme égales, plutôt que de les considérer à travers le prisme de la dualité. Nous seul pouvons décider et interpréter la réalité ; par conséquent, nous sommes aussi les seul à pouvoir nous libérer.

### Leçon 1 (1-14) : combattre la dualité des pensées

Pour développer un état de concentration enracinée et durable, nous pouvons commencer par comprendre comment nous fragmentons nos pensées pour créer de la dualité (bien/mal, mauvais/bon, heureux/triste, beau/laid, possibilité/difficulté). Cette dernière crée une hiérarchie dans notre esprit et détermine la manière dont nous allons agir face à une situation donnée. Habitué à percevoir et à ne vouloir que de « bonnes » pensées, lorsqu'une « mauvaise » surgit, nous nous sentons dépassé et pouvons ressentir une diminution de notre volonté en raison du flux d'émotion qui accompagne tout ce que nous jugeons difficile ou désagréable.

Nous avons le pouvoir d'évaluer les pensées. Nous pouvons donc exercer un contrôle sur elles face à une situation donnée. Sun Tzu nous demande d'être *conscient* de la manière dont nous catégorisons nos expériences par le biais de la polarité et de distinguer les pensées faibles des pensées fortes. L'objectif est de pouvoir les analyser activement et définir leur vérité ainsi que leur pouvoir sur nos émotions afin de les vivre de manière égale. Traiter toutes les expériences de manière égale favorise l'harmonie et permet de reprendre le contrôle sur le moment présent.

Pour combattre la perception dualiste de l'esprit, Sun Tzu propose une stratégie qui vise à maîtriser la conscience directe et indirecte du contrôle d'une pensée sur le corps, l'esprit et les émotions. Si nous sommes attentif,

nous sommes capable de remarquer la manière dont une pensée va en déclencher d'autres, à l'instar d'une armée qui vous a tendu un piège et vous encercle pour vous mener à la défaite. Sun Tzu veut que nous encerclions la pensée afin d'en apprendre un peu plus sur l'ennemi de la pensée (et sa nature évasive ou indirecte). Ainsi, nous aurons moins tendance à nous laisser emporter par elle.

Pour illustrer ce concept : si vous faites des courses et que vous perdez trente minutes à la caisse à cause de la queue, vous pourriez facilement céder à la frustration et à la colère. C'est la pensée directe que vous pouvez immédiatement chasser. Mais, le plus souvent, sans concentration fixe, nous sommes désarçonné et laissons d'autres pensées tortueuses se former à partir de la première. Dans cet exemple, la pensée initiale pourrait être la colère ou la frustration, voire l'impatience.

Puis la pensée tortueuse, sans crier gare, va vous donner le sentiment de ne pas avoir de chance, ou que le monde est contre vous – *de toutes les caisses, tu as choisi la plus lente !* Vous risquez de chambouler votre journée et de déclencher des émotions qui vont vous faire penser que vous n'êtes pas assez bien pour mériter une journée où tout va bien, et vous devenez la cible de cette difficulté. Mais, devinez quoi ? C'est vous qui décidez de la pensée qui va vous faire dire : « C'est une bonne journée » – ou non. C'est votre esprit qui décide que l'attente est frustrante ou que le monde est contre vous.

Si, comme Sun Tzu le conseille, vous deviez analyser vos pensées en les encerclant, vous découvririez qu'elles ne sont pas réelles ou concrètes, mais passagères, changeantes, selon la prochaine pensée qui survient. Vous pourriez simplement faire la queue et considérer cette attente comme une aubaine. Vous pouvez en profiter pour faire une pause et prendre le temps de respirer, discuter avec quelqu'un, ou, sans le savoir, éviter un accident ailleurs. Cette attente peut alors devenir un moment agréable qui vous fait vous sentir en vie et capable d'attendre debout.

Ainsi, vous pouvez et devez toujours avoir conscience de la nature circulaire de la perception dualiste de manière à guider l'esprit vers la victoire de l'équilibre. C'est vous qui déterminez la manière dont vous percevez chaque situation, qui n'est pas bonne ou mauvaise, selon ce que vous décidez, mais qui n'est pas entravée par des émotions négatives. Seule la pensée dicte l'émotion et c'est la pensée suivante qui détermine un changement ou une nouvelle réalité, avec la conviction d'une volonté qui n'est pas suffisamment affirmée. Plus nous créons et voyons le monde de manière dualiste, plus nous allons osciller entre les deux et créer notre propre souffrance, présente et future. En effet, nous luttons mentalement d'un côté – et de l'autre sur le champ de bataille des émotions.

Nous avons toujours le choix de libérer une émotion ou une pensée en guerre avec son environnement. Sun Tzu nous demande d'encercler

la pensée pour l'empêcher de se déployer ou d'envahir notre royaume habituellement paisible. Il ne faut pas la laisser dicter nos actions ou nos réactions. Si nous affrontons chaque moment avec équilibre, sans balancer d'un côté ou de l'autre, la pensée va suivre son cours sans créer ou susciter plus d'émotions.

**Leçon 2 (15-23) : modifier sa perception**

Lorsque nous prenons conscience des deux approches – la conscience de la pensée directe, qui commence par nous déstabiliser, et celle de la pensée indirecte, qui nous encercle et nous submerge –, nous pouvons choisir une stratégie pour découvrir la vérité derrière la « bataille », la vérité de la pensée qui nous fait croire que nous sommes désarmé. Sun Tzu explique que toutes nos actions nous relient à un cercle infini : bonnes ou mauvaises, c'est nous qui décidons de la manière dont nous allons interpréter le moment suivant.

Si vous avez déjà dit : « Voilà, c'est reparti », c'est que vous avez certainement créé une longue chaîne de schémas de pensée et de situations récurrentes qui semblent délibérément vous contrarier. Si vous pouviez ancrer votre concentration suffisamment longtemps pour analyser pourquoi ces pensées déclenchent des émotions et pourquoi vous considérez cette situation comme « négative », vous pourriez remporter la bataille. Il s'agit de changer votre perception et de comprendre que vous seul et votre esprit en décident ainsi. Les pensées étant neutres, si nous parvenons à comprendre comment nous favorisons le jugement et l'objectivité qui leur est associée, nous pouvons surmonter leur pouvoir.

Nous tournons en rond, car notre esprit, influencé par les émotions, détermine notre réaction. Par exemple, quand nous remportons une victoire avec un objectif précis, nous pouvons regarder en arrière et nous rendre compte que chaque obstacle, chaque situation ou pensée (inquiétude, peur, courage), chaque conversation a contribué à l'ensemble de l'expérience. Ce que nous percevions comme de la résistance, de la difficulté ou de l'échec, c'étaient des moments où nous avons choisi de nous sentir incapable de quoi que ce soit. Nous avons considéré qu'ils étaient difficiles, au lieu de les considérer comme une étape dans cet ensemble.

C'est la sagesse qui se cache derrière ce proverbe populaire attribué à Lao Tzu : « Un voyage de mille lieues commence toujours par un premier pas. » Il signifie qu'une seule action conçue par l'esprit est reliée à des centaines d'expériences qui se sont déroulées au fil du temps, voire chez d'autres personnes ; elles ne peuvent pas toutes être comprises ou expliquées dans la conscience ordinaire. Par exemple, le simple fait de préparer une tasse de thé (une étape) est relié à tout dans l'univers. De même, une pensée induite par l'esprit peut faire naître une chaîne de pensées sans fin.

Pourtant, quand l'esprit est en paix, vous ne percevez plus la réalité

en séparant les choses, vous la laissez se déployer naturellement. Puis les pensées vont et viennent, et tous les phénomènes, tous les moments deviennent un seul moment. Cette pleine conscience permet de vous détendre : vous n'êtes plus pressé, vous n'avez pas à lutter ou à être ailleurs. Vous renoncez à l'idée d'un *là-bas* meilleur ; vous reconnaissez que l'attente dans le magasin est parfaite et vous maintenez le contrôle. Détaché du flux de pensées, ancré dans la concentration, vous êtes en mesure de décider, de rester tranquillement dans l'instant présent.

L'action ne nécessite aucun effort, car peu importe la direction que vous allez prendre, vous savez que l'issue sera parfaite. Vous ne faites plus de distinction entre l'ordre et le désordre : vous considérez que la confusion et le chaos font partie du chemin détourné vers la paix intérieure. Votre pratique vous a mené à un état d'équilibre et vous ne luttez plus contre vous-même. Tout ce qui se présente dans votre vie est une nouvelle chance de tendre vers la perfection. Chaque nouvelle expérience devient une occasion de développer une plus grande discipline, un plus grand courage et une plus grande force.

Cela dit, soyez vigilant. Sun Tzu nous rappelle que nous pouvons faire croire que nous maîtrisons nos pensées et nos émotions, alors que, en réalité, nous les dissimulons ou les supprimons sans vraiment changer ; c'est le sujet du prochain chapitre.

Tout peut se passer pour le mieux, mais si vous dissimulez vos émotions ou si vous feignez l'humilité alors que vous faites en réalité preuve d'arrogance, vous vous mentez à vous-même et l'esprit (votre Moi intuitif) va continuer de tourner en boucle. D'autres pensées surgiront pour vous mettre à l'épreuve. Au lieu d'expérimenter la plénitude, vous continuerez à livrer des batailles, que vous pouvez gagner ou perdre, dans l'espoir d'atteindre un état de paix intérieure.

## CULTIVER SA CONCENTRATION ENRACINÉE

Comment instaurer une concentration enracinée ? Selon Sun Tzu, en ayant une pensée à la fois. Nous pouvons facilement observer qu'une pensée peut créer un désordre ou un déséquilibre qui peut durer des heures, des jours, des semaines, voire toute la vie. Cela dit, avec un peu de pratique, quand vous commencez à développer votre concentration, c'est-à-dire une conscience bienveillante et une présence de chaque instant, ce processus deviendra naturel. Vous aurez envie d'y revenir et vous y parviendrez sans effort.

Les jugements que nous attribuons à nos pensées façonnent les situations qui se présentent dans la vie. Au début, il peut paraître difficile de comprendre comment notre esprit remporte des batailles pour nous faire croire que nos émotions et nos perceptions des choses sont fermes et

font loi. Pour autant, la seule loi est notre capacité à affirmer notre pouvoir mental sur le moment suivant. Rien ne permet d'exercer un contrôle mental, mais nous sommes esclave de l'illusion que notre esprit crée quand il forme une opinion sur quelque chose.

Par exemple, le fait de perdre son emploi peut être une occasion pour changer de voie au lieu de quelque chose de négatif. Plutôt que de considérer une blessure comme un revers, on peut y voir un moment propice pour éprouver de la compassion pour soi-même – et permettre de prendre enfin le temps de se reposer. L'échec peut parfois nous rediriger vers de nouvelles opportunités auxquelles nous n'aurions peut-être jamais pensé. Dans ces trois exemples, nous pouvons parvenir à un état d'équilibre qui ne laisse plus place à la dualité, mais à un état de neutralité ou de plénitude. Pour ce faire, il faut vivre le moment sans les fluctuations mentales, sans être perturbé par les circonstances extérieures, et être immergé dans un état de parfaite concentration (notre soleil intérieur) que rien ne puisse distraire.

Nous avons tous un parcours de vie et des expériences différentes, et ce que nous apprenons, en changeant notre perception des choses, peut varier d'une personne à l'autre. Chaque moment nous donne l'occasion d'adopter une stratégie pour comprendre nos limites individuelles (perçues comme telles), de les mettre en lumière et d'apprendre à les surmonter une par une. Chaque pensée ou émotion étant souvent reliée à d'autres, Sun Tzu nous demande d'en tenir compte aussi quand nous les abordons individuellement, sans nous cacher ou nous laisser tromper.

En observant votre esprit et en comprenant quelles pensées vous limitent, vous pouvez les analyser afin de vous libérer de cette dualité et rétablir votre plénitude intérieure. Ce processus ne prend pas beaucoup de temps tant que vous avez cette volonté d'être honnête – de reconnaître quand vous campez sur vos positions et considérez qu'un point de vue est le seul possible, et que, par conséquent, vous créez votre propre lutte et des efforts inutiles.

Pendant une journée ou une semaine, écrivez tous les moments pendant lesquels vous avez éprouvé une difficulté. Essayez d'analyser pourquoi vous vous êtes senti en difficulté. Ayez à l'esprit la pensée initiale et celles qui ont ensuite gravité autour ou qui sont ancrées dans le passé. Que vous disent-elles sur les choses que vous avez choisi de croire sur vous-même et sur la vie en général ? Quelle stratégie pouvez-vous mettre en œuvre pour voir la totalité de chaque situation ? Si vous choisissez d'être content, ce sera « content » ; si vous avez choisi d'être triste, ce sera « triste ». Mais il n'y a ni l'un ni l'autre, seulement un moment entier qui évolue vers un autre.

Nous ne devons pas être influencé par un côté ou par l'autre, pas plus que nous devons penser que nous serons dépourvu d'émotions si nous

vivons pleinement dans le moment présent sans lui attribuer une étiquette. Au contraire, nous évoluons et nous nous développons : nous commençons à vivre de manière fluide, en harmonie avec ce qui nous entoure, sans attendre un résultat. C'est de cette manière que nous pouvons remporter une victoire. En devenant immuables face aux situations, nous pouvons découvrir une nouvelle forme de paix et d'unité.

La concentration enracinée est essentielle pour atteindre le succès. Elle renforce notre volonté de participer à une forme de conscience constante, de créer le moment suivant et, que nous le percevions ou non, elle façonne activement le monde qui nous entoure.

Ainsi notre conscience, notre capacité à atteindre un état de profonde concentration impliquent que chaque situation peut être abordée avec résilience et maîtrise. Elle ne doit pas nous pousser à être « submergé par des émotions », mais nous rappeler de rester en harmonie, de manière à vivre le moment suivant avec le même état d'esprit.

## LA CINQUIÈME ÉTAPE SUR LE CHEMIN CACHÉ VERS LA PAIX ET LA PLÉNITUDE

1. Appliquez les préceptes du chemin caché vers la paix et la plénitude de la manière qui vous correspond le mieux afin de développer une concentration enracinée dès maintenant.

2. Identifiez, à chaque moment, des opportunités de maintenir ou d'établir une concentration ancrée dans le présent, en laissant les pensées aller et venir, comme les marées. Si votre concentration diminue, ne soyez pas trop dur envers vous-même et ne cédez pas au sentiment d'échec: vous ne feriez que renforcer l'« ennemi de la pensée ».

3. Décrivez des moments pendant lesquels vous contenez ou dissimulez vos émotions en laissant croire que vous les maîtrisez. Au lieu de cela, mettez-les en lumière et confrontez-les. Ne vous laissez pas gagner par l'arrogance dans votre progression, car elle pourrait vous donner la fausse impression d'avoir remporté la victoire.

***La concentration enracinée*** est la cinquième étape sur le chemin caché vers la paix et la plénitude. Ne renoncez jamais ou ne vous lassez jamais de maintenir une profonde concentration dans tout ce que vous faites. Plus vous dirigez votre volonté vers la perfection et l'harmonie, plus elle vous entourera.

# Réflexions

« Un bon élève prendra le temps d'adopter une approche, mais il prendra rapidement une décision. »

## 1

Décrivez un moment pendant lequel vous avez ressenti une émotion négative (comme la colère, la frustration ou la peur) et analysez l'autre côté afin de percevoir le côté positif ou neutre. C'est comme lorsque deux camps s'affrontent dans une guerre : les deux pensent avoir raison. Comment pouvez-vous mieux comprendre qu'il n'existe pas deux côtés, mais un seul (plénitude) ? Servez-vous de vos expériences et analysez les conséquences.

## 2

Réfléchissez à une situation survenue dans la journée et décrivez-la en détail, en mettant l'accent sur ce que vous avez pensé et la manière dont vous avez réagi. Ensuite, passez en revue toutes les fois où vous avez perçu cette situation de manière dualiste. À l'avenir, comment pouvez-vous percevoir votre expérience dans sa totalité ?

## 3

Quelles stratégies pouvez-vous mettre en place pour parvenir à une concentration plus profonde ? Par exemple, si vous prévoyez de rendre visite à un membre de la famille qui suscite en vous le sentiment de ne pas être à la hauteur, comment pouvez-vous analyser cette émotion pour voir qu'elle vient de l'intérieur et qu'elle vous fait perdre le contrôle ?

## 4

En fin de journée, prenez le temps de repenser aux moments où vous avez laissé vos pensées aller et venir naturellement et que vous avez continué sans tenter de vous en débarrasser. Comment vous êtes-vous senti après cela ?

## 5

Aujourd'hui, quelles pensées/ émotions ne vous ont pas dominé, mais sont revenues régulièrement pour tenter d'attirer votre attention ? Comment les avez-vous gérées ? Êtes-vous resté concentré ou avez-vous senti que vous perdiez votre contrôle (mental) ?

## 6

Décrivez un moment où votre pensée ou votre émotion initiale (directe) a engendré un nombre écrasant d'autres pensées ou émotions. Que faisiez-vous avant pour désamorcer la situation ou atténuer le sentiment d'être dépassé (ou impuissant) ? Que pouvez-vous faire à l'avenir ?

## 7

Parmi les pensées qui vous affectent directement ou indirectement, lesquelles sont les plus faciles à identifier ? Comment pourrez-vous intégrer ces deux types de pensée au sein d'une approche unifiée afin de maintenir votre concentration ?

## 8

Réfléchissez à ce que signifie pour vous une action qui se déroule de manière douce et fluide, à la manière d'un arc qui se courbe. Comment pouvez-vous créer moins de résistance face aux situations ?

## 9

Ayant regardé en arrière après un moment de chaos et de confusion, avez-vous déjà ressenti une forme de reconnaissance pour cette expérience, ayant pris conscience qu'elle a été finalement bénéfique pour vous (et peu importe combien elle vous a d'abord semblé « mauvaise ») ? Comment pouvez-vous continuer à remporter des victoires en considérant les difficultés comme une occasion d'avancer ?

## 10

Sun Tzu nous rappelle qu'il est important de ne pas nous laisser tromper par les schémas de pensée circulaires et de ne pas laisser notre esprit être submergé ; il ne faut pas non plus nous « accrocher » à une pensée digressive. Décrivez et assumez la responsabilité d'un moment de la journée ou de la semaine où vous vous êtes trompé en pensant que vous aviez des pensées proactives alors que vous ne faisiez finalement que prolonger la « bataille ».

## 11

En fin de journée, écrivez les pensées qui vous préoccupent toujours. Sun Tzu nous rappelle que lorsque nous nous accrochons à une pensée (en l'immobilisant), elle continue de tourner en boucle et déclenche une guerre. En revanche, si vous pouvez lâcher prise, elle passera. Essayez maintenant et écrivez les résultats.

## 12

Sun Tzu compare une bonne concentration à « une pierre ronde qui dévale une montagne de centaines de mètres ». Dressez une liste des moments où vous êtes parvenu à une concentration profonde en laissant les pensées glisser.

# 6

# Équilibrer les points forts et les points faibles

**1.** Sun Tzu a dit : « L'élève dont l'esprit est déjà prêt quand l'ennemi de la pensée survient dispose de toute l'énergie pour la surmonter ; celui qui s'engage trop tard dans la bataille mentale sera épuisé. »

**2.** Par conséquent, l'élève judicieux impose sa volonté mentale sur l'ennemi de la pensée, mais ne permet pas à la pensée/sens/émotion de s'imposer à lui.

**3.** Ainsi, l'élève qui contrôle le flux de pensées ne se laisse pas dominer par elles.

**4.** Si l'esprit (volonté) est paresseux, l'élève judicieux peut facilement remédier au désordre grâce à la concentration et empêcher le flux d'aller plus loin (ou de se multiplier) ; même si l'esprit est constamment distrait, l'élève est capable d'éviter le flux mental de pensée.

**5.** Affirmer une volonté forte et une profonde concentration tout en laissant passer les pensées sans y prêter attention permettra à l'esprit de rester fluide, en évolution, à la manière d'une armée sur la brèche qui ne parvient pas à trouver une position avantageuse pour attaquer le royaume.

**6.** L'esprit qui se trouve dans un état de calme, de flux naturel, qui ne s'attarde pas sur les pensées, ne se laissera pas emporter par les idées ou les émotions qui risqueraient de perturber, de décourager ou de faire souffrir l'élève.

7. L'élève sera assuré de réussir s'il maintient son équilibre mental (équanimité) et laisse ses pensées circuler sans entrave. Doté d'une volonté forte, soucieux de préserver la plénitude, l'esprit est comparable à une armée qui défend sa position et rend toute attaque de l'ennemi impossible.

8. Ainsi, l'élève est capable d'identifier les pensées faibles qui peuvent être facilement laissées de côté, tout en étant prêt à reconnaître quand une pensée commence à prendre racine (attaque) et à exercer une emprise mentale.

9. *Oh, l'art de perturber et de distraire l'esprit!* À travers vous, nous apprenons à faire en sorte de rester calme et impassible face aux émotions, et ainsi de maîtriser notre destin!

10. Vous pouvez progresser et vous multiplier dans notre esprit, au point qu'il devient impossible de ne pas penser, surtout quand vous vous concentrez sur nos points faibles, nos émotions et nos désirs. Vous pouvez progresser si rapidement que nous nous laissons submerger sans pouvoir vous capturer.

11. Si l'élève souhaite mettre un terme au flux de pensées – l'agitation et le désordre de la pensée –, il peut instantanément faire appel à sa concentration, peu importe à quel point il se sent submergé. Il suffit de concentrer son attention ailleurs, de dévier le train de pensées vers une autre direction, et l'esprit conscient suivra.

12. Si l'élève est trop épuisé pour retrouver son pouvoir de concentration, il peut empêcher l'esprit de continuer sa « bataille », ou diatribe mentale – ces moments où il semble impossible de penser à autre chose –, en lui présentant quelque chose de nouveau ou de déroutant afin de le ralentir et de détourner son attention.

13. En découvrant la nature de l'esprit et en maintenant une concentration profonde et stable, nous pouvons maintenir notre attention centrée tout en fragmentant les flux de pensées.

14. L'élève peut utiliser sa concentration pour aborder la chaîne de pensée qui retient son attention et commencer à les diviser en catégories. La concentration étant forte et stable, elle peut gérer le flux de pensées fragmenté, et par conséquent affaibli, de manière à reprendre l'avantage.

**15.** Et si l'élève est capable de conquérir les pensées « insignifiantes » ou sans conséquences grâce à sa profonde concentration, en les laissant circuler sans entrave, il progresse vers la paix intérieure ; l'ennemi de la pensée ne gagnera pas.

**16.** L'esprit qui se développe naturellement sans abandonner sa position – qui ne s'attarde pas sur le passé et ne regarde pas vers l'avenir – saura maintenir un état calme et paisible, car il ne laissera pas une pensée s'attarder trop longtemps pour lui laisser le temps de se multiplier et de créer un désordre mental.

**17.** En effet, si l'esprit s'attarde trop longtemps à un endroit, l'élève prête le flanc à un assaut de pensées. De même, si l'esprit reste flexible en ne s'attardant jamais trop longtemps sur une pensée, l'élève renforce sa volonté entière. Si, à n'importe quel moment, l'esprit est envahi par un flux de pensées, l'esprit conscient aura du mal à maintenir sa conversation. Cette dernière agit en quelque sorte pour renforcer la détermination et elle risque de le laisser entraîner dans une guerre mentale chaotique.

**18.** Si l'élève-guerrier est capable de dissiper le trouble de l'esprit conscient, il saura maintenir l'équanimité au lieu de laisser les pensées affaiblir sa volonté.

**19.** Connaissant notre esprit et sachant qu'il peut rapidement se laisser entraîner dans une guerre mentale avec ce qui nous entoure, nous pouvons ancrer notre concentration sans jamais avoir à nous impliquer.

**20.** Toutefois, soyez vigilant : si l'esprit se déplace rapidement d'un lieu à l'autre sans contrôle et que, malgré vos efforts, il se déplace vers un autre endroit, puis un autre, votre concentration mentale sera affaiblie dans divers aspects de votre vie. Il est préférable de maintenir votre équilibre mental et d'attaquer chaque pensée qui surgit !

**21.** Par l'expérience, l'élève doit savoir que, même si les pensées ou les émotions suscitées par les sens semblent dépasser le pouvoir de sa concentration enracinée et paraissent impénétrables, ce n'est pas le cas ; la victoire sur l'esprit conscient et agité *est* possible.

22. Même si les flux de pensées paraissent plus nombreux, vous pouvez les empêcher de se multiplier davantage. Il faut faire preuve de ruse et d'astuce pour ne pas se laisser mentalement submerger et éviter, en les analysant, que les pensées se multiplient et s'intensifient.

23. Stimulez votre esprit agité afin de comprendre clairement ce qui perturbe votre concentration ; trouvez parmi leurs faiblesses celles qui n'ont pas de réelle emprise sur vous.

24. Comparez attentivement l'esprit désordonné avec celui qui est ancré dans la concentration, car les deux cohabitent, et vous verrez lequel est fort et lequel est naturellement faible.

25. En analysant la nature de l'esprit, prenez conscience que votre pouvoir réside dans votre capacité à recentrer votre esprit, votre concentration profonde et inébranlable. Quand vous restaurerez la paix et l'équilibre, l'esprit sera plus clair et les nouvelles pensées auront plus du mal à se frayer un chemin.

26. La victoire passe par ces « batailles » qui consistent à interrompre les pensées et les émotions sensorielles. Ces dernières vont et viennent sous forme de cycles que vous pouvez conquérir si vous ne voulez pas vous sentir submergé, en continuant d'apprendre à les maîtriser.

27. Tous les élèves-guerriers connaissent la façon dont l'esprit tente de créer un déséquilibre mental en conquérant l'esprit conscient et en l'emprisonnant. Mais ce que personne ne comprend, c'est que la connaissance du fonctionnement de l'esprit (et des batailles) est exactement ce qui va vous mener vers la victoire et la plénitude.

28. Ne retournez pas à vos anciennes habitudes une fois que vous les avez identifiées, surtout si vous les avez vaincues. Au contraire, appliquez la méthode qui vous a permis de remporter cette victoire sur vous-même dans toutes les situations qui se présenteront.

29. Les batailles mentales sont comme l'eau qui s'écoule naturellement de l'amont vers l'aval, sans entrave.

**30.** Dans la bataille qui a pour but de parvenir au calme intérieur, le moyen d'éviter d'être submergé par des pensées puissantes est donc de les laisser circuler librement afin qu'elles ne s'intensifient pas et qu'elles ne fassent que passer, sans s'enraciner ni se multiplier.

**31.** De même que l'eau adapte son chemin selon la nature du sol sur lequel elle s'écoule, l'élève-guerrier établit une victoire durable grâce à un effort continu rendu possible par sa capacité à maintenir le calme et l'harmonie dans son esprit, quels que soient les obstacles.

**32.** Par conséquent, de même que l'eau n'a pas de forme constante, l'esprit entier (unité consciente) n'a ni restrictions ni limites ; il n'a pas de frontières.

**33.** L'élève capable de changer ses habitudes et d'affirmer sa volonté de vaincre l'esprit agité et troublé réussira à atteindre un état de plénitude et à maintenir un état d'équanimité ; il sera en harmonie avec son soleil intérieur.

**34.** Attention : l'esprit conscient est en perpétuelle évolution. De même que les saisons ne sont pas permanentes et qu'elles changent d'une année à l'autre, les perceptions de l'esprit peuvent évoluer, se développer. L'élève qui détient la sagesse devra faire preuve de souplesse et de flexibilité, quelles que soient les circonstances.

## INTERPRÉTER LA SAGESSE INTEMPORELLE DE SUN TZU

Sun Tzu nous demande de reconnaître qu'il est important de maintenir un esprit flexible. Au moment même où nous tenterons de réduire le flux de pensées qui doit circuler naturellement, elles commenceront à prendre racine. La bonne nouvelle, c'est ce que si nos pensées agitées s'enracinent et qu'elles se multiplient, créant ainsi une chaîne de pensée infinie, nous pouvons malgré tout reprendre le contrôle, grâce à la concentration, et amener l'esprit vers un état d'équilibre, même dans les situations difficiles.

Nous connaissons tous les circonstances, les personnes et les situations qui risquent de déclencher nos réactions. Mais nous pouvons prévoir la manière dont nous allons réagir dans chaque situation. Au lieu de nous laisser submerger, Sun Tzu nous conseille d'interrompre le flux de pensées avant qu'il ne s'enracine ; nous pouvons détourner notre attention vers quelque chose d'inhabituel ou de ridicule pour arrêter la progression de ces pensées, telle une armée qui établit un camp et continue d'assiéger notre paix intérieure et notre calme mental.

Plus nous analyserons nos pensées, plus nous les disséquerons et plus nous les fragmenterons, plus elles perdront de leur puissance. Mais nous devons rester vigilant : si notre esprit papillonne d'un endroit à l'autre, nous risquons de nous sentir submergé, épuisé mentalement, et d'abandonner. Même si nous avons l'impression que nos pensées négatives prennent le dessus, elles nous permettent en réalité de mieux comprendre notre manière de penser et, en les régulant, elles deviennent notre moyen de nous libérer.

Plus nous adopterons une approche souple, en laissant les pensées circuler naturellement et sans obstacle, plus nous saurons restaurer cet état d'équanimité et le maintenir.

### Leçon 1 (1-8) : préserver la fluidité de l'esprit

Sun Tzu nous livre des conseils précieux sur la manière d'équilibrer les points faibles et les points forts de l'esprit. Pour commencer, nous pouvons accueillir chaque moment qui se présente d'une manière douce, sans restriction ou jugement (qui crée de la dualité) afin de rester ouvert et flexible. Si nous sommes prêt, en observant nos pensées, en les laissant circuler activement et sans contrainte, nous aurons suffisamment d'énergie pour nous adapter au moment suivant. Néanmoins, si nous l'affrontons trop tard (de manière réactive), nous ressentirons une fatigue mentale, nous ne serons pas aussi flexible et nous risquons de perdre notre calme intérieur.

Si nous affirmons notre volonté et si nous sommes capables d'établir une concentration profonde et ancrée *dans le moment présent*, les déviations de nos pensées ne parviendront pas à perturber notre paix intérieure, à l'instar d'une armée qui attaque la frontière d'un royaume. Plus notre esprit sera dans un état de fluidité, moins nous serons obsédé

par une pensée et moins nous la laisserons nous dominer. Notre réussite dépend de notre capacité à laisser nos pensées circuler librement : si vous vous focalisez sur l'une d'entre elles, elle « attaquera » ou perturbera votre équilibre mental.

Nous apprendrons donc à distinguer les pensées faibles des pensées fortes, ou à comprendre lesquelles nous perturbent et deviendront suffisamment puissantes pour nous déstabiliser. Notre objectif est de maintenir constamment cet équilibre afin qu'une pensée faible ne puisse pas gagner en intensité et envahir notre esprit.

**Leçon 2 (9-16) : identifier ses points faibles et ses points forts**

Quand l'esprit est agité, il fait preuve d'une grande subtilité pour nous distraire. Pour commencer, nous avons tendance à penser que nous pouvons pointer du doigt nos pensées, dans notre tête (ou cerveau), alors que, en réalité, elles sont illimitées et surviennent dans le « champ » de perception. En parallèle, notre intuition, tout aussi infinie, fait partie intégrante de ce champ (abstrait). Vous pouvez sentir que votre intuition est illimitée, ou en avoir une idée, quand vous « entendez » ou que vous sentez en vous que quelqu'un est sur le point de vous appeler, ce qui démontre à quel point il est facile de se connecter à l'énergie d'une autre personne dans le champ abstrait, où elle circule librement au-delà de l'esprit et du corps.

Qui plus est, l'émergence des pensées est un processus naturel qu'il ne faut pas nécessairement dénigrer ou chercher à éliminer. Les pensées surviennent spontanément et nous pouvons rester ouvert à ce processus en cherchant à le comprendre et en y étant attentif. Chaque pensée nous donne la possibilité de maintenir notre état d'équanimité, de rester détaché et calme en créant une nouvelle forme de conscience qui n'est plus asservie – à la manière d'un prisonnier de guerre – par des perturbations mentales.

Progressivement, notre esprit (ou conscience) se vide, le bruit cesse, et nous ressentons une présence intérieure... Au début, vous pourriez avoir tendance à interrompre ce calme et ce silence, en remarquant que vous avez tout simplement arrêté de penser ! Mais, cette paix est notre véritable nature.

Cependant, s'il n'est pas entraîné, l'esprit réagit de manière automatique et cède aux schémas habituels. Selon Sun Tzu, plus vous serez capable de calmer votre esprit agité et de « conquérir » ses schémas, plus son pouvoir va s'amenuiser et progressivement renoncer au contrôle pour céder la place à la sérénité.

Si vous avez déjà eu l'impression que votre esprit « vous échappe » ou qu'il « prend le contrôle », vous comprendrez à quel point il est difficile de résister à l'envie de répéter et de jouer le même schéma de pensées encore et encore – sans forcément remarquer que cela se produit. Si c'est le cas, Sun Tzu conseille d'attirer votre attention ailleurs, et, quelle que soit la

force de cette pensée, de « dévier sa trajectoire vers autre chose ». Si vous y parvenez, la pensée va s'interrompre et l'esprit conscient va suivre cette nouvelle direction.

Si votre esprit agité est constamment accaparé par les pensées, concentrez-vous par exemple sur la respiration (une technique d'apaisement classique), et l'esprit conscient fera de même. Il faut parfois plusieurs tentatives avant de réussir à détourner l'esprit de l'emprise d'un fil de pensées, mais vous pouvez y parvenir avec la concentration. Vous pourriez même lui proposer quelque chose d'insolite ou de déroutant pour le ralentir.

De cette manière, vous parviendrez à comprendre vos points faibles et vos points forts. Vous instaurerez l'équanimité dans votre esprit, qui retrouvera sa vraie nature. Après avoir recouvré votre concentration, vous reviendrez vers ce fil de pensées et vous serez capable de le défaire, une pensée après l'autre, jusqu'à ce qu'il perde de sa puissance et que vous repreniez les commandes. Si vous pouvez gérer les petites pensées insignifiantes en les laissant passer sans vous y accrocher ou si vous leur accordez davantage de pouvoir, vous aurez toutes les chances de maintenir votre calme intérieur.

**Leçon 3 (17-24) : la flexibilité des pensées**

Sun Tzu nous montre que l'esprit agité qui génère les pensées au lieu de privilégier la paix peut rester suffisamment flexible pour maintenir son état de liberté ou de vide à chaque nouveau moment qui se présente. Toutefois, dès que nous laissons l'esprit s'accrocher à une seule pensée, nous provoquons une « invasion des pensées ». Ces dernières peuvent facilement se multiplier, générant alors une myriade de pensées digressives qu'il sera quasiment impossible de contrôler et qui pourraient créer une situation chaotique dans votre esprit.

Il revient à l'élève avisé de rétablir l'équilibre de l'esprit conscient. Plus vous connaissez votre esprit – la manière dont il crée des miniguerres en boucle, ressassant un schéma de pensées –, plus il entravera votre paix intérieure. En réalité, si l'esprit saute d'une pensée à l'autre, sans concentration, vous risquez d'être submergé. Elles ont tendance à se fragmenter et à provoquer du désordre pour s'emparer de l'esprit ; vous devrez donc rapidement réaffirmer votre concentration pour rétablir l'équilibre.

Sun Tzu conseille de ne jamais laisser l'esprit aller aussi loin, mais plutôt d'« attaquer », de rétablir votre concentration enracinée dès que les pensées puissantes surgissent. En effet, même si la pensée ou l'émotion semble très puissante, vous *pouvez* reprendre le contrôle. Il faut une certaine habilité pour voir clairement chaque pensée, et pour l'empêcher de se multiplier et de prendre le dessus.

En identifiant les pensées faibles et les pensées fortes qui circulent

facilement ou qui s'enracinent, nous pouvons agir en conséquence et remporter des victoires.

**Leçon 4 (25-28) : les cycles de pensée**

Nous avons toujours la capacité d'affirmer la nature de notre esprit et de restaurer notre équilibre intérieur grâce à une concentration profonde. Elle permet à l'esprit de retrouver son équilibre et sa force et, d'une manière générale, de réduire le flux de pensées. Comme l'esprit fonctionne sous forme de cycles, en cultivant la conscience de soi, vous renforcez votre capacité à écouter votre intuition, votre soleil intérieur, qui vous guide pour avancer dans la vie et vous amènera à vivre des situations susceptibles de vous aider à dépasser vos propres limites.

Par exemple, si vous manquez de courage ou si vous n'aimez pas la confrontation, avec le temps et du recul, vous saurez identifier ces petits accrochages extérieurs qui surviennent et qui vous inciteront à faire preuve de courage ou à les esquiver. Même si vous avez été toujours un peu timoré, vous pourrez apporter de profonds changements et agir avec courage en apprenant à prendre conscience de vos pensées. Et ces « leçons » ou « tests » se présentent souvent sous forme de cycles qui révèlent un schéma.

C'est pourquoi Sun Tzu souligne que ce sont précisément les pensées qui nous libèrent. En effet, les batailles mentales n'ont rien à voir avec le monde extérieur : elles se déroulent en nous. Elles nous permettent de dépasser ce sentiment de vulnérabilité et d'enfermement dans un corps. Grâce à l'unité et à la plénitude, nous sommes en réalité sans limites et invincible. Plus nous sommes attentif aux signes, aux symboles et aux événements qui se présentent dans nos cycles de pensée, plus nous devenons conscient de ce que nous devons faire pour nous en libérer.

En comprenant mieux la manière dont l'esprit crée ces fils de pensée qui façonnent notre perception de la vie, en prenant conscience du fait que nous les laissons partir, nous serons capable de modifier notre façon de voir les choses et de nous rapprocher de notre véritable nature. Si vous prenez conscience que vous vous trouvez souvent dans des situations qui nécessitent du courage, vous saurez anticiper les suivantes. Comme Sun Tzu le souligne en début de chapitre, quand une situation similaire se reproduit, vous attendrez avant d'interagir avec la pensée et réagirez en faisant un choix différent pour remporter une nouvelle victoire.

La difficulté se transforme ainsi en opportunité ; nos pensées agitées deviennent le moyen de prendre conscience de notre potentiel infini dès que nous abandonnons nos schémas de pensée habituels pour accéder à un niveau de conscience supérieur. Ou, plutôt, un esprit qui ne s'éparpille plus et qui ne se laisse plus influencer, mais qui le dirige, comme un général ! Nous exploitons ce potentiel grâce à notre concentration bien ancrée.

Selon Sun Tzu, peu d'élèves prennent le temps de comprendre le fonc-

tionnement de l'esprit, alors que c'est précisément le véritable moyen de remporter la victoire et d'atteindre la plénitude. Toutefois, l'élève capable de prendre conscience de l'harmonie intérieure et des grands cycles d'obstacle à surmonter sera mieux préparé pour la prochaine « bataille ».

En d'autres termes, quand votre vie semble se répéter, que vous dites et faites les mêmes choses encore et encore, vous pouvez affirmer un nouveau *leadership* sur l'esprit et ouvrir la voie à de nouvelles perspectives.

Ne répétez pas le schéma de pensées dès lors que vous l'avez identifié. Exercez votre concentration pour qu'il ne vous déstabilise plus, de sorte que, lorsqu'une situation identique se représente, vous soyez prêt à l'affronter sans risquer d'être perturbé.

### Leçon 5 (29-34) : laisser les pensées circuler librement

De même que l'eau s'écoule sans obstacle le long d'une pente, les pensées qui envahissent le territoire de l'esprit doivent pouvoir suivre leur cours de manière naturelle. Lorsque nous nous attardons sur une pensée et que nous tentons de la supprimer ou de l'arrêter, nous lui accordons de l'attention et la rendons plus réelle et plus puissante. Plus nous la laisserons circuler librement, plus nous maintiendrons notre état naturel de concentration, libres de toute distraction.

En réalité, Sun Tzu suggère que plus nous laissons circuler les pensées librement, plus nous parvenons à un état naturel d'harmonie *la plupart du temps* et, au bout du compte, *tout le temps*. L'inverse est également vrai : si vous freinez le flux de pensées, vous serez perturbé. Pour parvenir à un état de calme et d'équilibre, nous pouvons modifier notre façon de penser – la manière dont les cycles de l'esprit exercent une forte emprise sur notre conscience –, celle qui perturbe notre calme naturel.

Sun Tzu clôt le chapitre en invitant l'élève à comprendre ces cycles, les périodes pendant lesquelles il va progresser, modifier sa perception des choses et surmonter ses propres limites, ainsi que celles pendant lesquelles il sera dans un état de transition, à la manière des saisons. En tant qu'observateur attentif, nous sommes en mesure d'identifier ces cycles de manière à pouvoir demeurer dans un état d'unité consciente et de maintenir un équilibre constant.

## ÉQUILIBRER SES POINTS FAIBLES ET SES POINTS FORTS

Sun Tzu nous enseigne que même si l'esprit s'enracine dans un fil de pensées, même s'il le répète à maintes reprises et même s'il est difficile d'y résister et de ne pas se laisser emporter par lui, vous *pouvez* surmonter cette difficulté. Il n'est pas nécessaire de se déplacer ou d'accorder un temps spécifique pour réfléchir à ces leçons et à la manière de les mettre

en pratique. Le travail débute maintenant. Nous pouvons facilement analyser nos pensées de manière à identifier ce qui nous préoccupe ou non: pensées faibles et pensées fortes.

Les premières sont celles que nous pouvons laisser circuler sans grands efforts; les secondes sont le plus souvent reliées à une émotion qui remonte à loin; elles peuvent nous entraîner dans d'interminables ramifications de pensées. Dressez un inventaire de vos pensées dès maintenant et distinguez celles qui vous semblent insignifiantes et celles qui ont une plus grande emprise sur vous. (Dans les chapitres suivants, nous apprendrons à analyser la manière dont les pensées faibles et les pensées fortes apparaissent dans le champ de perception et à les « combattre » afin de maintenir l'harmonie de votre soleil intérieur.)

Sun Tzu nous montre qu'il y a de l'espoir pour l'esprit vulnérable. *Toujours.* Peu importe qui vous êtes, peu importe vos expériences, peu importe à quel point votre esprit vous semble submergé, perturbé ou chaotique, vous *pouvez* être le vainqueur. Il nous encourage à être présent à chaque instant, *prêt, conscient et flexible,* de manière à laisser les pensées circuler grâce à la force de notre concentration.

Si nous réussissons, devinez quoi? En réalité, nous générons une sensation de fluidité et de liberté en créant un nouveau chemin qui devient une manière de vivre plus douce. Même en ayant une faible conscience de la manière dont une pensée forte peut vous accaparer, vous pouvez faire la différence. Même un petit effort pour rediriger en douceur votre attention, en laissant passer la pensée, peut favoriser un état calme, naturel et constant.

Que se passe-t-il si nos pensées se laissent emporter (au sens figuré)? Sun Tzu nous donne accès à des connaissances que nous pouvons mettre en œuvre immédiatement afin d'interrompre le flux de pensées et le fragmenter. Dès que vous l'interrompez, il arrête de proliférer. C'est exactement comme lorsqu'une personne vous interrompt et que vous ne souvenez plus de ce que vous alliez dire. Si ce n'est que c'est vous qui allez interrompre le flux de pensées dans votre esprit, maintenir votre attention et conserver votre état de concentration profonde et de calme.

Supposez que vous êtes chez vous devant un bon repas maison un dimanche midi paisible et que, au moment où vous allez savourer votre première bouchée, votre voisin décide de faire un bruit assourdissant en tondant sa pelouse. Cela provoque un sentiment de frustration et sème la panique dans vos pensées. L'émotion va s'intensifier et continuer de tourner en boucle, car vous pensez que le bruit extérieur du voisin envahit votre calme intérieur.

Sun Tzu montre la facilité avec laquelle l'esprit vous pousse à réaffirmer vos limites – le sentiment que quelqu'un vous cause du souci –, car il s'agit de l'une des perceptions les plus fortes. Pourtant, une fois que vous avez

identifié la cause de cette émotion, vous pouvez la surmonter et créer une sensation de liberté intérieure. En théorie, une personne tond sa pelouse. Seuls l'esprit et la pensée décident de cette perturbation. Vous êtes peut-être la seule personne qui remarque ce bruit (et celle qui tond la pelouse gère certainement son propre flux de pensée !). La véritable maîtrise de l'esprit ne consiste pas à lutter contre le monde extérieur (perçu comme tel) et à générer des émotions qui vont créer un effet de montagnes russes, mais à rester flexible et à maintenir votre esprit parfaitement concentré pour favoriser un état de plénitude.

Bon nombre de nos émotions (surtout quand nous commençons à devenir conscient de nos fils de pensée) sont enracinées dans le passé : elles sont liées à des épisodes que nous avons vécus. Si, enfant, nous étions timoré et calme, nous le sommes sans doute encore aujourd'hui. Dans l'exemple du voisin bruyant, l'observateur peut diriger son attention vers l'intérieur, et non vers l'extérieur. Ce qui se passe à l'intérieur crée ce que nous percevons à l'extérieur. En théorie, il n'y a ni intérieur ni extérieur ; seul l'observateur les perçoit comme deux entités distinctes. Notre objectif, en s'appuyant sur la sagesse dictée par Sun Tzu, est d'interrompre le flux de pensée avant que nous ne soyons entraîné dans un tourbillon d'émotions et de pensées stériles qui emprisonnent vraiment votre perception.

Si le scénario de la tondeuse à gazon se reproduisait la semaine suivante, le fil de pensées se répéterait et se renforcerait sans doute. En vérité, vous pouvez certainement trouver des situations ou des personnes dans votre vie qui déclenchent instantanément en vous un fil habituel de réactions mentales. Sun Tzu affirme que si vous pouvez anticiper la manière dont vous allez réagir, vous pouvez interrompre le flux de pensées et fragmenter le fil réactif afin de maintenir votre concentration. Nous avons tendance à croire que nos pensées sont justifiées, ce qui pourrait être le cas ; toutefois, ce que nous avons tendance à ignorer, c'est que nous contrôlons réellement le monde extérieur, nos expériences, à travers nos pensées (profondes).

Si votre esprit cessait ses ruminations et devenait silencieux, à quoi ressemblerait le monde extérieur ? Imperturbable, *calme* et en paix.

Si nous considérons qu'un voisin est une nuisance, il le sera et nous continuerons à affirmer que cette opinion est l'unique réalité, qu'il est impossible de la dépasser et dont nous parvenons pas à nous libérer. Et, même si ce bruit est bel et bien *réel*, vous avez toujours le choix entre la paix et le conflit en fonction de la manière dont vous allez gérer votre réaction, vos pensées et votre jugement. Grâce à la guidance intuitive, vous pouvez rester en paix, concentré et imperturbable.

Si, au lieu de cela, nous nous laissons emporter par les pensées, nous avons la capacité d'interrompre le fil des pensées pour créer une issue différente. Nous aimons avoir raison, nous aimons affirmer nos convictions,

et nous pouvons voir, à travers la sagesse de Sun Tzu, que les pensées vont se multiplier. En effet, nous allons leur accorder toute notre attention et toute notre énergie. En agissant ainsi, le monde et nos émotions deviennent figés et nous renonçons à notre droit le plus naturel : notre pleine liberté et l'accès à notre potentiel illimité. En choisissant de ne pas être perturbé par notre voisin (ou d'innombrables nuisances extérieures), nous ne nous imposons plus nos schémas de réaction récurrents et notre monde se réorganise ; notre perception du monde doit évoluer.

Sun Tzu nous donne accès à la sagesse nécessaire pour interrompre les pensées de manière à pouvoir réduire leur intensité et les manœuvrer plus facilement. Si vous échouez, faites preuve de créativité : orientez l'attention de l'esprit vers quelque chose d'original ou d'absurde. Par exemple, si vous ne parvenez pas à vous libérer des pensées négatives liées au bruit du voisin, imaginez que ce sont des vaches qui font du bruit ! Si vos pensées tentent de s'enraciner davantage, prêtes à se multiplier, pensez à des vaches qui se déplacent non loin de vous et qui font encore plus de bruit, à leur meuglement ou au tintement incessant de leurs cloches – voire à des vaches bleues ou à des vaches qui grimpent sur le toit pour atteindre la lune.

Dans tous les cas, si vous pensez aux vaches, vous allez interrompre ce fil de pensées – en apportant même une note d'humour – et retrouver votre concentration.

De même, Sun Tzu nous montre que l'état de calme intérieur est possible grâce à la concentration et à l'attention. Il nous prouve que nous pouvons les maîtriser pour recréer notre monde. Si vous prenez le temps de vous concentrer pleinement, vous ne serez pas influencé par vos émotions ni par vos pensées ; vous commencerez à exercer un contrôle sur vous-même et à dépasser vos limites (que vous perceviez comme telles). Des solutions peuvent émerger. Et, surtout, vous verrez la vie sous un jour nouveau.

Dès que le bruit du voisin (dans l'exemple ci-dessus) n'aura plus d'impact sur vous, votre vie va changer – et parce les leçons sur la perception des choses se répètent souvent sous forme de cycles, nous considérerons les situations à venir comme une occasion d'exercer notre concentration. Vous finirez par ne plus être autant perturbé par des membres de la famille ou des collègues de travail, car vous aurez modifié vos schémas de pensée. En exerçant cette concentration ancrée et en maintenant cet état de calme intérieur, vous verrez que personne ne vous dérange. Votre esprit a créé cette perception et vous l'avez finalement réinterprétée, reprenant ainsi le contrôle.

Une fois que vous serez *libéré* (du fil de pensées ou de la réalité figée générée par vos pensées), vous libérerez aussi les personnes impliquées. En d'autres termes, la pensée que votre voisin est une nuisance est la seule

manière dont vous le percevez ; libéré de cette pensée, il redevient aussi la personne qu'il est en réalité. (Cela s'applique à toute forme de perception que vous avez créée sur le monde extérieur.)

Vos pensées évoluent, et votre regard sur les choses et les personnes aussi, souvent grâce à l'empathie. Vous aurez une vision plus unifiée et plus harmonieuse du monde extérieur. Finalement, vous pourriez même prendre conscience du fait que vous façonnez le monde qui vous entoure. Mais si vous dérapez et que votre esprit est perturbé, vous en aurez aussi une vision confuse. De même, vous verrez que le calme que vous avez restauré en vous aura un impact positif sur votre perception du monde extérieur.

Votre soleil intérieur sera là pour vous aider à prendre conscience des cycles de pensée et des schémas habituels. Cette belle expérience vous donnera l'impression qu'un ami jumeau travaille avec vous en vous guidant, en souhaitant le meilleur pour vous et en vous donnant l'occasion de démontrer que votre potentiel est illimité. Progressivement, en travaillant dans un esprit d'unité, en tant qu'ensemble unifié, vous commencerez à vous ouvrir ; votre vision du monde sera enveloppée d'amour.

Avec le recul, vous serez content de voir ces difficultés (perçues comme telles) survenir, car vous comprendrez que, sans elles, vous n'auriez jamais pu prendre conscience de vos limites. Avec le temps, vous parviendrez aussi à un état mental fluide et équilibré, comme l'eau qui crée son sillon dans la terre lorsqu'elle s'écoule sans obstacle. N'oubliez pas : quand vous laissez l'esprit vous diriger et vous emporter sans que vous en soyez conscient, vous vous empêchez de vivre pleinement et sans limites.

## LA SIXIÈME ÉTAPE SUR LE CHEMIN CACHÉ VERS LA PAIX ET LA PLÉNITUDE

1. Empruntez le chemin caché vers la paix et la plénitude de la manière la plus appropriée pour vous afin de trouver l'équilibre entre les pensées fortes et les pensées faibles *dès maintenant*.

2. À chaque instant qui se présente, identifiez les occasions qui vous permettent d'affermir une volonté forte enracinée dans la concentration avant qu'une situation ne vienne remettre en question votre équilibre intérieur. En procédant ainsi, vous créez le résultat avant de vous impliquer! Pensez sérieusement aux occasions qui vous permettront d'affirmer votre volonté inébranlable face à n'importe quelle situation.

3. Soyez attentif aux moments et aux schémas de pensée qui ont permis aux pensées de se multiplier et de vous emmener loin en « territoire ennemi », jusqu'à ce que vous en soyez prisonnier. Quand vous aurez identifié les pensées et les émotions qui vous affaiblissent, vous pourrez renforcer votre volonté et rester stable grâce à une pratique régulière.

***Équilibrer les points faibles et les points forts de l'esprit*** est la sixième étape sur le chemin caché vers la paix et la plénitude. Nos fils de pensée habituels ne sont pas immuables, quand bien même ils en ont l'apparence. Avec le temps, plus nous déstabiliserons ces « ennemis de la pensée », plus nous ressentirons un sentiment de liberté – et de nouvelles perspectives de vie s'offriront à nous.

# Réflexions

« En contrôlant le flux de pensées, l'élève ne pourra pas se laisser dominer par lui. »

## 1

Décrivez un moment de la journée où vous avez laissé une pensée circuler sans résistance. Quelle était cette pensée et pourquoi *ne pas lui avoir* laissé une chance de s'enraciner ?

## 2

Décrivez un moment de la journée où une pensée forte vous a submergé au point de provoquer le chaos et le désordre dans votre esprit. Comment cette pensée est-elle parvenue à s'installer ?

## 3

Quelles sont les chances pour que le fil de pensées de la réflexion 2 se produise à nouveau ? Pouvez-vous prévoir comment vous allez réagir la prochaine fois ? Si oui, quelle stratégie pourriez-vous mettre en place pour interrompre le flux de pensées la prochaine fois ?

## 4

Pouvez-vous identifier les cycles de pensée ou les moments où vous avez l'impression que votre soleil intérieur vous apprend à marcher sans effort sur le chemin caché vers la paix et la plénitude ?

# 5

Qu'aimeriez-vous changer dans votre vie et dans quelle mesure une concentration ancrée et affirmée peut vous aider à trouver une nouvelle voie ?

# 6

Expliquez quelques idées originales qui vous aident à interrompre un flux de pensées qui vous submerge.

# 7

Quelles idées originales ou qui frôlent l'absurde pouvez-vous utiliser pour vous détourner du flux de pensées et retrouver votre concentration ?

# 8

Examinez/réfléchissez aux circonstances (personnes, événements) qui suscitent le plus souvent une réaction émotionnelle forte. En les analysant, comment parviendriez-vous à comprendre le rôle que vous jouez en maintenant cette réalité ?

# 9

Quels efforts pouvez-vous faire pour abandonner les schémas de pensée récurrents dont vous êtes conscient la prochaine fois que vous rencontrerez les personnes que vous avez évoquées dans la réflexion 8 ? De quelles manières pouvez-vous interrompre ces schémas habituels ?

# 10

Que ressentez-vous quand vous êtes profondément concentré et comment pourriez-vous faire pour que cet état soit constant ?

# 11

Décrivez trois manières de détourner votre fil de pensées vers autre chose lors d'une confrontation ou une conversation à venir avec une personne, afin d'empêcher votre flux de pensée de s'enraciner.

# 12

Décrivez un moment où vous vous êtes senti libéré de votre flux de pensées. Qu'avez-vous apprécié à ce moment-là ?

7

# Pratique de la conscience réfléchie

1. Sun Tzu a dit : « Quand il observe son esprit, l'élève reçoit des instructions du déploiement intuitif ; de la conscience intuitive et de la croissance intuitive[15]. »

2. L'élève, une fois qu'il a acquis une certaine stabilité grâce à une profonde concentration, doit fusionner et harmoniser les deux Moi (l'esprit conscient et intuitif) avant d'atteindre une réelle maîtrise.

3. Il doit ensuite maintenir sa conscience réfléchie dans le temps, ce qui n'est pas difficile tant que vous êtes capable de transformer les difficultés en opportunités, la malchance en avantage, la sournoiserie en honnêteté.

4. Ainsi, une fois que l'esprit a atteint un état d'équanimité, vous voyez que l'approche douce est un chemin long, sinueux, et qu'il n'y a pas de fin, pas d'objectif : simplement une évolution constante.

5. Un esprit qui a atteint un état d'équanimité présente des avantages, car il n'est pas entravé par les limites ; à l'inverse, un esprit indiscipliné qui ne reconnaît aucune limite est dangereux.

6. Il serait imprudent d'emporter avec vous vos habitudes et vos schémas répétitifs dans ce voyage. Vous pourriez même être tenté de croire que tout est sous contrôle et que vous pouvez faire face dès qu'une bataille mentale survient ; mais ces schémas profondément enracinés seront un fardeau et vous inciteront à lutter.

15. Intuition pure non entravée par la pensée, toujours présente et en développement.

**7.** Ainsi, si vous deviez ordonner à vos schémas profondément enracinés de disparaître en espérant reprendre l'avantage et restaurer votre équilibre intérieur, vous échoueriez.

**8-10.** Dans ce cas de figure, les émotions et les habitudes les plus tenaces seront en première ligne dans votre esprit et entraîneront une impression d'épuisement mental ; votre concentration sera considérablement diminuée et cela vous éloignera de l'objectif à atteindre : un esprit unifié et entier.

**11.** Il est parfaitement admis qu'un esprit dépourvu de concentration est perdu. Qui plus est, si vous ressentez une fatigue mentale, votre énergie vitale continuera de diminuer.

**12.** Nous ne pouvons atteindre la plénitude – l'unité des consciences supérieure et inférieure – tant que nous ne sommes pas en harmonie avec toutes nos pensées.

**13.** En réalité, nous ne pouvons atteindre la maîtrise de l'esprit si nous ne connaissons pas notre véritable nature ainsi que tous les hauts, les bas, les écueils, les obstacles, les épreuves et les errements qui l'accompagnent.

**14.** Nous serons incapable d'amener notre esprit vers son état naturel si nous n'utilisons pas notre conscience réfléchie, qui fait office de guide dans notre vie consciente.

**15.** Dans un conflit mental, si vous pratiquez l'art des faux-semblants en reconnaissant que vos pensées sont des impressions trompeuses, vous réussirez. N'agissez que si vous y voyez un réel avantage.

**16-17.** Les circonstances détermineront s'il est nécessaire d'utiliser la concentration ou de diviser vos pensées (indisciplinées) pour retrouver votre équilibre mental. Soyez « rapide comme le vent » de manière à éviter ou à limiter la prolifération de pensées digressives.

**18.** Renforcer sa volonté pour reprendre le contrôle de l'esprit peut être aussi dévastateur que le feu et aussi inébranlable qu'une montagne.

**19.** Élaborez des plans solides, clairs et aussi impénétrables que l'obscurité de la nuit pour affirmer votre volonté par le biais de la concentration, à la manière de la foudre, dès que vos pensées, votre conscience se mettent en mouvement.

**20.** Quand vous disloquez ou « détruisez » vos pensées, par le biais d'une volonté affirmée, séparez les pensées volatiles et laissez-les se disperser ; si de nouvelles pensées surgissent, faites tout pour les disperser. Adoptez la même approche pour le bien-être de l'esprit dans son ensemble.

**21.** Réfléchissez attentivement à la meilleure façon d'agir avant que votre conscience ne se déplace vers une autre pensée.

**22.** L'élève qui va conquérir l'esprit est celui qui comprend les ruses que les pensées utilisent les pour le détourner du centre de sa conscience concentrée[16].

**23-24.** Le livre de la voie douce dit : pour exercer le contrôle sur l'esprit, le chant ne sera pas aussi efficace que les gongs ou les tambours ; de même, se concentrer sur un objet du quotidien ne sera pas aussi efficace que d'utiliser une image sacrée ou une bannière[17]. Dans un cas comme dans l'autre, les oreilles et les yeux de l'élève peuvent se concentrer sur un point particulier (vue/son).

**25.** Par conséquent, les deux Moi (l'esprit conscient et l'esprit intuitif) peuvent former une seule et même conscience qui empêchera les pensées les plus faibles ou même les plus fortes de prendre forme ; tel est l'art de maîtriser un grand nombre de pensées.

**26-27.** La nuit, durant votre pratique, utilisez le son ou concentrez-vous sur la flamme d'une bougie. Le jour, disposez des images sacrées ou des bannières dans votre environnement quotidien de manière à inciter les yeux et les oreilles à maintenir leur attention, car l'élève risque de perdre son état d'équilibre mental.

**28.** L'esprit de l'élève est plus vif le matin ; le midi, il commence à se fatiguer ; et le soir, il a besoin de se reposer.

**29.** Par conséquent, l'élève astucieux aura l'esprit calme le matin et évitera toute forme de préoccupation ou de pensée quand l'esprit est alerte. Il fera davantage d'efforts – ou devra affirmer sa concentration – quand l'esprit est plus apathique, enclin à la paresse ou pressé de se reposer. Tel est l'art d'étudier les humeurs de l'esprit.

---

16. La « conscience concentrée » suggère un niveau de concentration qui va au-delà de l'ignorance des distractions, qui implique de retirer entièrement l'attention du corps, des sens, de l'environnement de manière à en avoir une maîtrise complète et à parvenir à un état de conscience élevé où l'on est en harmonie avec notre source et notre sagesse intuitives.
17. Sun Tzu conseille d'utiliser des images et des bannières sacrées, car elles sont imprégnées de *qualités vibratoires* qui peuvent aider l'élève au cours de sa pratique.

**30.** Être discipliné et calme, afin d'être prêt à faire face lorsque le désordre et les distractions de l'esprit surgissent : tel est l'art de la maîtrise de soi.

**31.** Maintenir le calme et la paix de l'esprit quand on se rapproche de l'objectif ; rester centré, attendre patiemment quand les pensées sont agitées ou en lutte ; rester profondément concentré pour ne pas nourrir vos pensées : tel est l'art de conserver sa force et son énergie vitale.

**32.** S'abstenir d'interagir avec les pensées quand vous êtes calme, en harmonie, en paix et confiant : tel est l'art de réfléchir profondément aux situations.

**33-34.** Tout comme une armée ne progresserait pas contre un ennemi situé en hauteur, ou ne s'opposerait à lui lorsqu'il descend la colline, ne poursuivez pas vos pensées et ne cédez pas à la colère, même si vous sentez qu'elle est sous-jacente.

**35.** Ne laissez pas l'esprit vous leurrer ou vous tenter ; n'intervenez pas quand votre concentration « regagne son foyer » (son centre).

**36.** Quand vous encerclez une pensée, laissez-lui une issue afin qu'elle parte librement. N'essayez pas de forcer les choses.

**37.** Tel est l'art du bien-être mental.

## INTERPRÉTER LA SAGESSE INTEMPORELLE DE SUN TZU

Sun Tzu explique que notre esprit crée des conflits pour nous empêcher d'entendre les messages purs de notre sagesse intérieure. Que nous l'entendions ou pas, notre intuition, notre « voix » intérieure nous guide, tel un général qui dirige ses soldats. Plus notre esprit pensant est calme, plus nous pouvons nous connecter à notre vérité intérieure et nous laisser guider par elle de façon naturelle. Les deux sont intimement liés à travers la pratique de la conscience réfléchie. Quand nous passons d'une perception dualiste à une perception unifiée, nous commençons à ressentir l'état d'équanimité dans notre vie quotidienne.

*Comment pouvons-nous favoriser cet état d'esprit ?*

En prenant conscience de l'esprit agité qui alimente le cycle de distraction et de désordre qui semble difficile à maintenir sous contrôle. Telle une armée qui avance dans une formation, qui s'engage dans la bataille et se retrouve dans une situation désordonnée, vos pensées peuvent se disperser et il devient alors quasiment impossible d'en reprendre le contrôle. Si notre concentration vole en éclats, nous éprouverons un sentiment de faiblesse et d'inefficacité qui nous incitera à forcer les choses (pour que l'esprit arrête son bavardage incessant, par exemple). Cela risque de créer davantage d'obstacles.

Le conseil de Sun Tzu est d'adopter des stratégies qui renforcent notre conscience pour pouvoir renforcer ensuite notre volonté en créant un mur impénétrable de concentration et d'attention. Par ce biais, notre intuition peut se développer. Elle est autorisée à régner et à ordonner nos choix futurs ; elle devient notre autorité naturelle. Il s'agit d'un processus d'échange réciproque pour l'élève-guerrier. En comprenant la manière dont les pensées nous empêchent de rester concentré et calme, nous sommes plus à même d'en reprendre – doucement – le contrôle et de nous fier à ce processus.

Lorsque vous parviendrez, ne serait-ce qu'une fois, à percevoir ou à « entendre » votre intuition – une action non motivée par la peur ou l'indécision – et que vous l'identifiez, vous aurez envie de l'entendre à nouveau. Elle se manifeste, consciemment ou non, sous la forme d'un son, d'une voix, d'une connaissance claire dépourvue d'émotion et indiscutable, ou d'un sentiment profond qui vous amènera à agir avec assurance et certitude, surtout quand l'esprit n'est pas envahi par des pensées récurrentes et négatives. Vous pourriez vous surprendre à dire : « Je savais que je devais faire ça. » C'est le changement profond, le processus progressif qui se produit quand nous nous permettons d'avancer, de penser et d'agir avec douceur.

En atteignant un niveau plus profond de calme et de paix grâce à la conscience concentrée, vous commencerez à percevoir, même de loin, les possibilités qui s'offrent à vous et vous ressentirez le désir de ressentir ce que procure cette liberté intérieure. Dès que votre intuition se manifestera

clairement, vous commencerez à vous rendre compte que l'esprit agité commence à s'apaiser – libéré des soucis, du doute, du bavardage, du désordre et de la peur. Vous pourrez en prendre le contrôle grâce à votre volonté et en tirer de grands avantages.

C'est la victoire.

### Leçon 1 (1-7) : changer ses habitudes

Les directives étant dictées de manière naturelle par l'intuition, plus nous amenons notre vie consciente dans un état de profonde concentration, à travers l'attention, plus nous pouvons accéder au trésor de la connaissance pure. Plus nous serons conscient, plus nous aborderons les situations en adoptant la *bonne manière*[18] de penser ; en voyant les difficultés comme des opportunités, lorsque l'une d'elle se présente, nous pouvons l'aborder de manière positive.

Nous finissons par troquer tout ce que nous considérons comme une croyance négative contre une approche de neutralité et d'ouverture face à toutes les situations de la vie. L'esprit étant gouverné par un nouveau *leadership*, nous prenons conscience de notre capacité à *toujours* choisir, grâce à notre libre arbitre, la manière dont nous allons aborder chaque moment suivant, en nous en remettant à cette nouvelle liberté sans résistance.

Une fois que nous avons atteint un état mental d'équanimité, l'approche ou voie douce se manifeste plus clairement... Nous prenons conscience qu'elle a toujours existé, qu'elle était simplement enfouie : toutes les expériences de la vie forment un seul et même moment qui se déroule et évolue, sans début ni fin. Nous transcendons nos limites et devenons capable d'envisager des rêves et des possibilités, libéré du poids de la conscience ordinaire, restreinte par nos pensées, nos sens, nos émotions.

Mais soyez vigilant.

Sun Tzu nous guide à travers le chemin de l'expérience en soulignant que nous risquons de ne pas remarquer les habitudes profondément ancrées qui limitent notre progression. Si vous devenez conscient de ces schémas récurrents, ils vont montreront ce que vous avez besoin d'apprendre pour évoluer et vous permettront d'agir en conséquence.

Pour parler simplement : nous sommes toujours accompagné de notre guide intérieur, le déploiement intuitif (ou la croissance intuitive). Il peut attirer notre attention très rapidement, comme quand nous sommes distrait en conduisant et qu'un oiseau passe soudain tout près du pare-brise, nous tirant de nos rêveries juste à temps pour freiner et éviter un accident.

D'autres fois, nous sommes en mesure de l'entendre, mais nous ne l'écoutons tout simplement pas. Nous laissons les schémas de pensée qui

18. « Bonne manière », utilisé ici, fait écho au titre du traité de Sun Tzu que l'on appelle parfois *La Bonne Manière de faire la guerre*. La « bonne manière » est perçue quand le chemin caché vers la paix et la plénitude apparaît de manière naturelle, par celui qui comprend que toutes les actions sont pures et que son but est de s'engager dans une interaction continue en harmonie avec toutes les choses. On considère souvent cette sensation comme « bonne » ou « juste » par rapport à l'emprisonnement mental de la rivalité et de la résistance.

nous limitent prendre le pas. Nous passons notre temps à faire des choses en ayant conscience qu'elles ne sont pas bonnes pour nous, disant : « Je savais que je n'aurais pas dû faire ça ! » Avec le recul, nous finissons par comprendre que l'intuition nous proposait un moyen de contourner cet obstacle.

À mesure que nous régulons notre esprit, en amenant notre conscience vers un état de concentration profonde, nous sommes plus réceptifs à notre guide intérieur et à sa vérité. Nous passons moins de temps à aller d'un obstacle à l'autre. Et nous finissons par ne plus avoir besoin de réfléchir, comprenant d'instinct quand et où agir.

Petit à petit, nous ne voyons plus la vie comme une série de défis, mais comme un long flux de moments qui se déploient à l'infini et avec lequel nous sommes en harmonie[19].

Pour commencer, pourtant, nous avons tendance à séparer le travail, la famille, le jeu, les questions spirituelles, etc., et à distinguer les défis des opportunités. En raison de cette manie de compartimenter les domaines de notre vie, nous ne voyons pas toujours que le patron compliqué, le quasi-accident, la relation frustrante ou l'expérience négative à la caisse d'un magasin ont le même impact sur nous et finissent par former un schéma ou une leçon dont nous pouvons tirer quelque chose.

En parallèle, *ce que nous apprenons* est souvent moins lié aux circonstances *extérieures* qu'aux changements *intérieurs* d'une habitude ou d'un schéma de pensées qui limitent notre perception des choses, pouvant faire naître un sentiment de liberté et d'unité illimitées.

En devenant attentive à ces leçons et à ces cycles répétitifs, et en procédant à des changements, notre perception va à la fois se restructurer et évoluer. Avec le temps, nous passerons naturellement moins de temps à nous concentrer sur la réalité extérieure pour nous consacrer davantage à la réflexion intérieure en nous focalisant sur le soleil intérieur, l'autorité ultime. (Pour finir, nous ne ressentons plus de séparation entre le monde extérieur et intérieur ; nous les percevons comme un tout.)

Sun Tzu nous demande d'être attentif aux schémas mentaux dont nous nous plaignons sans arrêt et qui nous limitent. Il dit : « Il serait imprudent de les emmener avec nous », ce qui signifie que vous ne pouvez pas atteindre un état mental harmonieux si vous êtes constamment accablé par les mêmes préoccupations qui détournent votre attention. Et au moment où vous pensez avoir surmonté un trait de caractère restrictif (par exemple, le sentiment de ne pas être digne de quelque chose, la mesquinerie, la jalousie, etc.), un autre apparaîtra... Vous pourriez même vous leurrer en pensant que vous avez réalisé de grands changements dans votre vie, alors

19. On en trouve un exemple dans le zoroastrisme. Verethragna est la représentation de l'obstacle et de la victoire, ou qui donne la victoire, suggérant que notre capacité à traverser la perception des obstacles fait que nous réussissons. En d'autres termes, chaque moment est parfait et en harmonie/harmonieux et nous l'acceptons avec amour, bienveillance et empathie.

qu'il y a encore tant d'aspects enfouis dans les recoins de votre esprit à découvrir. Chaque fois que vous surmonterez un trait de votre personnalité qui vous limite, vous progresserez sur votre chemin.

Prenez conscience de vos schémas et de vos répétitions, puis changez-les.

**Leçon 2 (8-13) : favoriser le calme de l'esprit**

Sun Tzu nous montre que les pensées les plus puissantes peuvent constamment nous détourner de notre concentration. Chaque fois que nous sommes emporté dans un flux de pensées, nous ressentons une fatigue mentale, notre énergie vitale s'épuise, ce qui limite nos chances de parvenir à l'unité de l'esprit. Souvenez-vous : la plénitude n'est pas le résultat d'une série d'étapes à atteindre, mais un état de conscience constante qui existe maintenant. C'est le pouvoir des pensées agitées qui empêche l'esprit de percevoir avec une conscience limpide ce que cet état est en train de produire de manière simultanée avec la distraction.

Ce processus se déroule de la même façon quand nous percevons une difficulté. Vous êtes en train de passer une très bonne journée et quelque chose de « mauvais » se produit, mais la seule chose qui a changé de l'expérience précédente à la suivante est uniquement votre perception de l'événement. En développant la maîtrise de l'esprit, nous prenons conscience que nous pouvons contrôler notre perception d'une expérience. Les notions de bien et de mal, de difficulté et d'opportunité coexistent. Nous choisissons souvent de nous concentrer davantage sur l'une ou l'autre – celle qui nous avantage, ou celle dont les réactions sont enracinées en nous.

Nous pouvons sonder, observer, supprimer ou circonscrire les idées fausses – c'est l'essence même de l'enseignement de Sun Tzu. Plus nous sommes attentif (conscience concentrée), plus nous devenons conscient de nos schémas répétitifs et plus nous aurons la possibilité de changer les choses et de « penser », d'« être » d'une manière différente.

À mesure que nous réduisons les obstacles créés par les pensées négatives ou récurrentes, nous prenons conscience de la manière dont nous avons accepté un état de conscience limité, si bien que la dualité de notre perception des choses s'estompe. Nous comprenons que nous choisissons de nous faire souffrir et nous optons pour la liberté. Au fil du temps, nous voyons les moments de la vie comme de simples événements. Par exemple, si vous vous réveillez avec une éruption cutanée à votre anniversaire ou que vous avez une laryngite le jour où vous devez prononcer un discours important, vous prenez ces situations avec émerveillement et légèreté, unité et curiosité, étant donné que l'expérience en elle-même est précieuse.

Cela dit, pour commencer, nous pouvons devenir bien plus conscients de la puissance et de l'influence de nos pensées dans notre façon de percevoir le monde et de vivre, ou de la manière dont elles façonnent notre perception de la réalité, souvent influencée par nos réponses émotionnelles. Nous pouvons en reprendre le contrôle, établir un nouveau *leadership* en commençant, comme Sun Tzu nous le conseille, par les pensées les plus puissantes qui compromettent notre ambition et notre détermination.

En d'autres termes, *la pensée qui domine le plus votre esprit est en guerre contre votre concentration.*

Heureusement, Sun Tzu nous montre que l'harmonie est possible à tout moment, dès lors que nous percevons notre véritable nature. Petit à petit, nous prenons conscience que nous sommes capable de prendre le contrôle de notre attention errante, celle qui ne parvient pas à se concentrer. Nous pouvons décider de ne plus céder à la colère ; nous pouvons choisir de ne pas avoir peur et de reconnaître qu'elle n'existe qu'en nous, et nulle part ailleurs.

Supposez que vous êtes chez vous avec une autre personne et que vous entendez un bruit ; l'un de vous a peur, l'autre non. Si c'est vous qui avez peur, vous pouvez remettre en question ce sentiment et vous ranger de l'autre côté pour vous apercevoir que la peur n'est pas réelle ; seule votre croyance en elle l'est. Inversement, si ce n'est pas vous qui avez peur, vous pouvez comprendre, à travers l'empathie, ce que ressent l'autre personne.

Notre perception des situations dicte nos réactions et détermine en quelque sorte la direction que prendra notre vie. Grâce à la concentration et à l'attention, nous pouvons choisir plus facilement la voie à suivre, en accord avec notre équilibre intérieur. Plus vite nous comprenons que nous perdons notre équilibre mental, plus vite nous pouvons lâcher prise, l'accepter et le retrouver, au lieu de permettre à l'esprit de vagabonder et de s'enraciner dans la confusion.

**Leçon 3 (14-23) : écouter son intuition**

Notre intuition est notre plus grande force, car elle n'est influencée ni par nos émotions ni par nos sens. Quand nous prenons conscience de notre déploiement intuitif, nous touchons à la vérité pure. Une fois que vous aurez découvert votre guide intérieur, vous ressentirez un sentiment de bien-être, de créativité, de joie et d'amour. Il vous encouragera à cultiver une nouvelle perception de la vie qui sera inébranlable.

Quand vous agissez en accord avec votre soleil intérieur, vous ne remettez jamais en question vos actions, car vous disposez d'une connaissance intérieure non verbale. Vous pouvez entrevoir ce bien-être naturel et l'intégrer progressivement dans votre vie au point qu'il fera pleinement partie de vous, quoi qu'il arrive. Quand vous parvenez à cet équilibre mental, les conflits intérieurs disparaissent : vous n'êtes plus en conflit avec

vous-même. Vous considérez votre intuition, votre soleil intérieur, comme l'unique autorité et votre guide, et vous prenez conscience que vos pensées conscientes habituelles sont des impressions erronées qui tentent de vous éloigner de votre sagesse, de votre vérité.

Votre déploiement intuitif étant devenu la vérité pure, vous considérez vos pensées comme des fantômes qui hantent indûment votre champ de perception et auxquels vous n'accordez aucun pouvoir, les laissant s'estomper. Et, à mesure que votre situation évolue, Sun Tzu nous demande de continuer à « diviser » les pensées quand elles surviennent afin qu'elles ne s'intensifient pas et qu'elles ne vous déstabilisent pas. En effet, elles sont et seront encore trompeuses. Il est facile de retomber dans les anciens schémas quand vous revoyez d'anciens lieux, amis, situations... Alors, soyez vigilant et tenez-vous prêt quand ce type de situation surviendra et vous mettra à l'épreuve.

Affirmez simplement votre détermination et réprimez les pensées ou les anciennes habitudes rebelles, telle une montagne inébranlable. Souvenez-vous, si votre concentration et votre attention sont en accord avec votre déploiement intuitif: vous pouvez aborder n'importe quelle situation sans que les émotions qu'elles peuvent déclencher ne vous éloignent de votre source de paix intérieure[20]. C'est pourquoi il n'est pas fait mention d'un temps de pratique spécifique dans l'œuvre de Sun Tzu, car le champ de bataille est présent dans tous les moments de la vie (au supermarché, sur l'autoroute, au travail, en vacances, avant de se coucher, sous la douche: toutes ces expériences n'en forment qu'une). Grâce à votre conscience concentrée, vous avez à tout moment la possibilité de réguler l'esprit.

Chaque idée, chaque situation ou chaque circonstance qui se présente et vous distrait est votre « champ de bataille ». La seule guerre qui est livrée est celle que vous déclenchez et que vous percevez. En affirmant votre volonté « intérieure » sur la volonté « extérieure », ou en parvenant à une unité consciente, vous retrouverez votre capacité à vous concentrer et à focaliser votre attention. Vous remporterez ainsi la victoire, même si elle est temporaire – par conséquent, *votre concentration doit être aussi rapide et puissante que la foudre*.

Quand un nouveau cycle de pensée surgit, agissez de la même façon en réprimant et en dispersant les pensées. Ne leur prêtez aucune attention, et votre être entier en tirera des bénéfices. Vous avez la capacité de prendre du recul et d'analyser les pensées qui vont surgir. Au fur et à mesure que vous les dissiperez, d'autres émergeront et certaines vont surprendront. Vous vous demanderez peut-être d'où elles sortent, mais elles sont bien là ! C'est comme quand vous vous réveillez avec une chanson dans la tête et que vous vous ne rappelez pas où vous l'avez entendue.

Comme l'esprit passe d'une pensée à l'autre, vous pouvez, grâce à

20. Cette idée fait écho au psaume 23 de la Bible : « Seigneur, même quand je marche dans la vallée de l'ombre de la mort, je ne crains aucun mal », ce qui suggère la force de l'esprit non entravé par les forces extérieures qui tentent de briser son attention tendue vers l'unité avec Dieu.

l'observation, anticiper le moment suivant et affirmer votre concentration pour agir de concert avec l'intuition. Vous parviendrez au silence intérieur malgré les bruits extérieurs ou les sollicitations des sens qui pourraient détourner votre attention. Progressivement, en retrouvant un état d'équanimité paisible et naturel, l'harmonie intérieure va prendre le dessus. C'est comme si vous aviez enfin un contrôle total du volume sur la fréquence radio de vos pensées conscientes.

**Leçon 4 (24-37) : laisser les pensées aller et venir**

En privilégiant la voie douce, nous pouvons régulièrement amener les oreilles et les yeux (et tous nos sens) à se focaliser sur quelque chose afin qu'ils ne perturbent pas notre calme intérieur. La solitude et le calme sont des méthodes efficaces pour maintenir l'harmonie de l'esprit. Mais, pour commencer, en accomplissant vos activités du quotidien – ou en méditant –, vous pouvez faire en sorte que les sens se concentrent sur quelque chose et qu'ils minimisent les pensées afin de faciliter la communication avec l'intuition.

Si vous marchez en écoutant de la musique, le son va occuper les oreilles et la marche va vous permettre de maintenir l'esprit conscient occupé. Les deux vont permettre à l'intuition de se libérer, de prendre de la force et d'être entendue. Si vous pratiquez la course à pied ou tout autre sport, le jardinage, les arts martiaux, le tricot ou le puzzle, l'action distrait l'esprit conscient, permettant à votre conscience d'être au calme, d'avoir une perception des choses plus claire et d'être en paix. De même, quand nous faisons en sorte que les yeux soient concentrés sur un élément particulier, notre attention est dirigée vers lui au lieu de suivre une pensée qui risquerait de « voler » à l'esprit son moment de calme et de douceur.

Sun Tzu nous conseille de travailler avec l'esprit à différents moments de la journée de manière à apporter quelques changements dans nos activités quotidiennes. Si nous anticipons les « humeurs de l'esprit », c'est-à-dire si nous sommes plus alerte et plus concentré le matin et que nous sommes plus apathique le soir, nous pouvons nous concentrer davantage pendant les moments de relâchement pour maintenir notre calme intérieur. À terme, si nous parvenons à maintenir cette conscience de soi en reconnaissant que les situations qui surviennent mettent à l'épreuve notre détermination à rester discipliné et calme, nous ne laisserons pas la distraction et le désordre s'emparer de notre esprit.

Nous pouvons progresser vers un état de plénitude – toujours présente et accessible, mais souvent enfouie – en étant conscient des pensées qui surgissent et en les laissant passer avec détachement. Nous pouvons évaluer la puissance d'une pensée sans la laisser pour autant détourner notre concentration ni s'emparer de notre énergie vitale ou de notre attention. C'est ainsi que l'harmonie et la paix deviennent notre état naturel. Nous

anticipons les moments qui risquent de nous faire trébucher – comme quand nous sentons la colère monter en nous – et agissons en conséquence pour éviter de perdre notre équilibre intérieur.

Les pensées vont et viennent naturellement, vous n'avez donc pas à les forcer à disparaître ou à vous sentir frustré si vous ne parvenez pas à « vider » votre esprit. La meilleure façon de les gérer est de laisser faire les choses en ne leur accordant aucune attention et en les empêchant de se renforcer. Permettre aux pensées d'aller et venir librement est une étape vers la victoire de l'esprit.

## DÉVELOPPER UNE CONSCIENCE RÉFLÉCHIE

Si vous avez déjà demandé conseil à quelqu'un, vous savez ce que l'on peut ressentir quand on est indécis. Nous avons souvent recours aux autres pour trouver une solution à un problème, mais si vous pouviez savoir avec certitude ce qu'il faut faire *tout le temps*, comment ne plus vivre dans le doute, la peur ou l'inquiétude ; si vous aviez la capacité de ne jamais remettre en question une décision… Imaginez si chaque moment se déroulait en parfaite harmonie, sans résistance ni lutte.

Sun Tzu nous montre que nous pouvons comprendre le mouvement de nos pensées dans l'esprit, et le ramener vers un état de concentration et d'attention, tel un général qui dirige ses troupes, pour favoriser un environnement de conscience centrée. Nous avons tous vécu des moments intuitifs, comme une sorte de pressentiment qui nous fait aller dans une direction plutôt qu'une autre. Suggérer de cultiver son intuition paraît presque trop simple, mais c'est exactement ce que Sun Tzu nous demande de faire. Quand nous prenons le temps de réfléchir consciemment à notre prochaine pensée, nous commençons à créer un espace qui permet à l'intuition de se manifester et de soutenir nos choix d'une manière plus naturelle. Bien que notre intuition soit toujours accessible, vous n'êtes peut-être pas encore en harmonie avec elle, car vous êtes dominé par l'esprit en perpétuelle agitation et naviguez toujours dans un état d'incertitude.

Sun Tzu affirme que, en disciplinant l'esprit par le biais de la concentration et de l'attention, vous pouvez faire taire les distractions suffisamment longtemps pour entendre et suivre votre guide intuitif. Cette connaissance n'est pas le fruit d'une pensée rationnelle. Elle s'exprime à travers une sensation intérieure qui peut émerger grâce à la conscience[21]. La conscience de soi est très claire, tel un ange invisible qui vous souffle d'agir avec certitude, sans le moindre doute ni la moindre confusion. C'est comme un « pressentiment que l'on ressent au plus profond de soi » et auquel on croit fermement.

En régulant votre esprit, votre attention se laissera moins captiver

21. Cela renvoie encore aux propos de Socrate : « Ce que je sais, c'est que je ne sais rien. » Platon donne la voix à la présence de la connaissance intuitive, ou à sa conscience intuitive, qui n'est pas réfléchie, mais qui est entière et vécue comme une conscience présente, guidée par la pure intuition.

par les pensées digressives, au point que vous aurez parfois l'impression de ne pas penser. C'est une autre façon de naviguer dans le monde. Par exemple, en n'entendant pas les bavardages quand vous entrez ou sortez d'un magasin, ou en roulant sur l'autoroute sans avoir besoin d'une radio – et que votre radio mentale ne braille pas parce que vous ne pensez pas[22].

Sun Tzu conseille d'être attentif aux pensées qui risquent de surgir et de briser ce champ de concentration. Durant ces moments, elles n'ont pas disparu, mais vous laissez le champ de l'intuition se déployer sans le restreindre. Ce déploiement intuitif est comme un GPS interne qui vous emmène vers un avenir certain, car vous êtes dans un état d'émerveillement, de surprise, de curiosité et d'indifférence ; vous abordez toutes les situations qui se présentent avec douceur et bienveillance, amour et harmonie, unité et coopération (par opposition à un avenir incertain dicté par la peur, l'inquiétude, le doute et la rivalité).

Nous pouvons facilement mettre notre intuition à l'épreuve et constater qu'elle agit en notre nom en vue d'établir une relation plus profonde. Elle est toujours accessible et nous pouvons la solliciter à tout moment, au lieu de réagir de manière impulsive. Il vous faudra du temps pour comprendre la différence entre la connaissance intuitive et les simples souhaits ou les suppositions. Vous pourriez tout simplement demander la voie à suivre. Si rien ne se produit, acceptez que vous êtes exactement là où vous devez être, ou que la réponse viendra en temps voulu. Laissez faire, au lieu de retenir une pensée qui n'engendrera qu'une rumination sans fin et des pensées digressives. La conscience intérieure est un espace de calme et de douceur. Elle agit sans force ni contrainte, et vous ferez de même.

La perception du temps change quand nous laissons l'intuition façonner la voie douce de notre vie consciente. Il est alors comme suspendu et cesse d'exister. Qu'il arrive quelque chose ou non n'aura aucune incidence sur vous : vous serez pleinement dans le moment présent, qui se déroule en continu, guidé par votre intuition.

De même, vous pourriez ressentir des cycles – constater que beaucoup de choses se mettent en place pour créer des scénarios et des résultats qui ont un impact positif sur vous. C'est ainsi que vous ressentez le sentiment d'unité quand l'intuition devient votre allié, votre compagnon et votre guide, elle est à la fois *vous-même* et votre guide.

La vie prend la forme de cycles, car les guerres mentales, qui retenaient auparavant toute votre attention, n'ont plus le pouvoir de vous distraire. Les gens, les lieux, les situations, les difficultés deviennent des opportunités de vous offrir quelque chose, surtout de l'amour.

22. Le sommeil peut offrir un répit de la pensée. Mais il peut être dicté par les rêves, remplis d'aventures ou de mésaventures défilant à la manière d'un film et engendrant un manque de paix et d'harmonie qui déborde jusqu'au réveil.

La conscience réfléchie englobe toutes les étapes que Sun Tzu nous a présentées jusqu'ici. La pratique et la maîtrise de chacune d'elles vous permettent d'évoluer naturellement et de renforcer votre intuition. Vous pouvez observer et analyser votre esprit à tout moment au cours de ce cheminement circulaire guidé par la voie douce afin de développer votre conscience de soi. En développant votre concentration et votre attention, vous gagnerez en force à la manière d'« une pierre ronde qui dévale une montagne de centaines de mètres de haut ».

Commencez dès maintenant à identifier vos cycles et vos schémas, à repérer les moments où les pensées se taisent – quand c'est l'intuition qui vous guide. Renforcez votre capacité d'attention et de concentration afin de vous libérer des pensées tumultueuses, tout en permettant à votre sagesse intérieure de s'exprimer. Discernez les moments où votre énergie vitale ou votre volonté faiblit et les circonstances qui ont le plus d'impact sur elle, et examinez pour quelles raisons. Vos émotions et vos sens vont continuellement générer des conflits, mais, grâce à votre pouvoir de concentration et d'attention, vous pouvez retrouver votre capacité à maintenir le silence intérieur.

Avec un peu de pratique, si vous abandonnez le sentiment de frustration, vous ressentirez le calme et la douceur, si bien que vous ne voudrez plus laisser la moindre trace de pensée agitée derrière vous, où que vous alliez ! Tout comme les pancartes que l'on voit à l'entrée ou à la sortie d'un parc ou d'une forêt, qui indiquent « Ne laissez aucune trace de votre passage » – hormis vos empreintes de pas (et non vos détritus) –, vous parviendrez à un tel niveau de concentration que vous ne voudrez même plus que quelqu'un perçoive la moindre pensée après votre passage.

Vous avez la capacité de contrôler votre esprit de manière à ne pas propager vos « pensées ou vibrations négatives » partout où vous allez, tout en ayant un impact positif, qu'il soit conscient ou non, de votre état naturel de joie et d'amour des autres.

C'est là que notre responsabilité sociale prend une signification plus profonde et plus enrichissante du point de vue de nos expériences : nous prenons conscience que nous avons beaucoup à offrir au monde. Chaque étape devient une nouvelle occasion de partager et de servir selon les principes de la voie douce.

Lorsque votre état naturel retrouve son équilibre, vous émettez une nouvelle vibration, ou énergie positive, qui aura un effet positif, conscient ou non, sur les autres. Votre simple présence peut mettre un terme à un conflit verbal ou à un désaccord, ce qui marque le début de l'influence positive que vous exercez sur ceux qui vous entourent !

Votre joie intérieure se manifestera naturellement dans tous les aspects de votre vie, et vous en viendrez à la reconnaître comme ap-

partenant à un tout unifié. Si une bataille mentale survient, vous saurez appliquer cette stratégie pour reprendre le contrôle de votre esprit. En étant bienveillant envers vous-même, vous remporterez la victoire.

## LA SEPTIÈME ÉTAPE SUR LE CHEMIN CACHÉ VERS LA PAIX ET LA PLÉNITUDE

1. Appliquez les préceptes du chemin caché vers la paix et la plénitude de la façon qui vous convient le mieux de manière à développer dès maintenant votre conscience réfléchie.

2. Soyez attentif à tous les moments de la vie où vous pouvez exercer votre conscience réfléchie, en laissant les pensées négatives s'atténuer et disparaître afin de permettre à votre intuition de « parler » et d'être « entendue » de façon claire.

3. Notez les moments de la journée où vous avez suivi votre intuition. Par exemple, si vous attendez chez vous une personne qui vous est chère, tentez de savoir l'heure exacte de manière intuitive ; si vous attendez des nouvelles, devinez par intuition quand et comment elles vont arriver. Concentrez-vous sur votre intuition en faisant abstraction du bavardage conscient récurrent et négatif qui vous en empêche habituellement.

***La pratique de la conscience réfléchie*** est la septième étape sur le chemin caché vers la paix et la plénitude. N'abandonnez pas, ne diminuez pas vos efforts pour développer une conscience plus profonde dans tout ce que vous faites. Plus vous allez orienter, analyser et amener votre esprit vers un état de conscience, plus votre intuition se manifestera de manière claire et rendra votre vie stable et harmonieuse.

# Réflexions

« Un esprit dépourvu de concentration est perdu. »

## 1

Décrivez un moment au cours duquel vous avez été conscient de votre intuition. De quelles façons savez-vous que vous « entendez » ou « ressentez » votre intuition, par opposition à la manière dont vous entendez votre esprit conscient ?

## 2

Décrivez un moment au cours duquel vous avez su maintenir une concentration profonde sur un sujet particulier. Qu'avez-vous ressenti pendant que vous étiez profondément concentré ou attentif ?

## 3

Le déploiement intuitif suggère que notre intuition est omniprésente et qu'elle se manifeste à tout moment. Si vous revenez sur votre dernière journée ou votre dernière semaine, vous souvenez-vous de moments particuliers pendant lesquels vous avez été essentiellement guidé par votre intuition ?

## 4

Décrivez une situation où vous avez entendu votre intuition, mais que vous ne l'avez pas suivie. Quels sont les facteurs plus forts qui vous en ont empêché ?

## 5

Sur le chemin caché vers la paix et la plénitude, quelles stratégies pouvez-vous mettre en place pour vous aider à lâcher prise sur la guerre « toute puissante » qui se livre dans votre esprit et à laisser simplement les pensées aller et venir ?

## 6

Décrivez une situation difficile que vous avez vécue hier, la semaine dernière ou le mois dernier et réécrivez-la de manière à transformer la difficulté en opportunité, la malchance en avantage, la sournoiserie en honnêteté.

## 7

Nommez trois schémas de pensée habituels profondément enracinés qui pourraient vous entraîner à créer des cycles. Comment pourriez-vous reprendre le contrôle et emprunter une nouvelle direction ?

## 8

Décrivez un moment au cours duquel vous avez ressenti une émotion liée à une habitude très puissante, que vous n'avez pas réussi à surmonter. Combien de temps a duré ce flux de pensées ? Vous êtes-vous senti fatigué et anxieux ? Comment avez-vous résolu le problème ? (Si vous n'y êtes pas parvenu, quels enseignements de Sun Tzu pouvez-vous appliquer pour retrouver un état de profonde concentration ?)

## 9

Décrivez un moment pendant lequel vous avez mûrement réfléchi à des pensées qui allaient et venaient dans votre champ de conscience et où vous avez réussi à ne pas les suivre. (Essayez maintenant si vous en éprouvez le besoin.)

## 10

Choisissez une chose à laquelle vous pensez souvent (ou sur laquelle vous faites une fixation) et analysez-la. Prenez le temps d'examiner le moment où vous pensez à cette chose, puis décidez de la modérer. Par exemple, si vous vous emportez facilement, décidez de ne pas céder à cette colère pour ne pas vous déconcentrer. Retrouvez votre calme intérieur et essayez encore.

## 11

À quel moment de la journée sentez-vous que vous êtes le moins attentif et que vous avez du mal à vous concentrer ? Quelles stratégies pouvez-vous adopter au quotidien pour maintenir ce calme intérieur ?

## 12

Décrivez une situation où votre esprit vous a incité à vous faire perdre votre calme ou a tenté de le faire. Que pouvez-vous faire la prochaine fois pour éviter la tentation ?

# 8

# Varier les approches

**1.** Sun Tzu a dit : « Quand il observe son esprit, l'élève reçoit les instructions du déploiement intuitif qui contrôle les sens et lui permet de concentrer sa volonté. »

**2.** Quand l'esprit a du mal à trouver le calme, ne laissez pas l'attention s'attarder sur ce qui le perturbe. Lorsque l'esprit est en territoire ennemi, faites appel au calme. Ne le laissez pas s'attarder sur les idées ou les pensées qui peuvent sérieusement compromettre votre équilibre intérieur. Dans les situations difficiles, vous devez recourir à une stratégie. Dans les situations désespérées, vous devez lutter pour libérer l'esprit de cette confusion.

**3.** Ne suivez pas certaines pensées puissantes ; ne défiez pas certaines émotions ; ne laissez pas certains sens vous submerger ; ne cherchez pas à confronter certaines situations ; n'obéissez pas à certains ordres de l'esprit agité : ce sont les cinq avantages.

**4.** L'élève-guerrier qui comprend parfaitement les avantages associés à ces différentes approches – ou la connaissance des cinq avantages – sait comment gérer l'esprit agité.

**5.** L'élève a beau être conscient de la nature (ou la disposition) de l'esprit – et de la manière dont il a l'habitude de penser –, il ne saura pas les utiliser à son avantage.

**6.** Ainsi, l'élève qui observe, qui ignore l'art de varier les méthodes, même s'il connaît les cinq avantages, ne parviendra pas à tirer le meilleur parti de son contrôle ou de sa maîtrise de soi.

7. Qu'il soit dans un état mental favorable ou défavorable, l'élève-guerrier ingénieux se fixera pour objectif de parvenir à un état de conscience harmonieux.

8. En renforçant notre désir d'atteindre l'harmonie de cette manière, nous établissons les bases essentielles de la méthode que nous avons choisie.

9. Si, d'autre part, face à des difficultés mentales, vous êtes toujours prêt à réaffirmer votre volonté pour prendre l'avantage et restaurer l'équilibre, vous pourrez surmonter d'autres difficultés à l'avenir.

10. Réduisez les flux de pensées hostiles en les empêchant sciemment de continuer et de circuler pour éviter qu'elles ne se fraient un chemin et se multiplient. Reconnaissez que ce qui semble vrai, en réalité trompeur et faux, vous fait percevoir les pensées comme toutes-puissantes, alors que vous pouvez les séparer et les disperser.

11. L'observation de l'esprit par la douceur nous apprend à ne pas compter sur le fait que les pensées n'apparaîtront pas, mais plutôt à nous préparer à les recevoir. Il ne s'agit pas de nous concentrer sur le fait qu'elles puissent « attaquer » l'esprit, mais de considérer que nous avons d'abord fait en sorte que notre concentration soit impénétrable.

12. Il existe cinq obstacles potentiels qui pourraient compromettre l'équanimité de l'élève :

   **a)** l'imprudence, qui brise la concentration ;

   **b)** le manque de courage, qui conduit à être dépassé par les schémas de pensée habituels ;

   **c)** un tempérament impulsif, qui se manifeste surtout quand nous sommes sujet à la critique ;

   **d)** une nature sensible, qui conduit souvent à ressentir de la honte ou de l'humiliation ;

   **e)** un état d'anxiété exacerbé, qui expose la personne aux préoccupations et aux difficultés.

13. Ce sont les cinq défauts récurrents qui peuvent sérieusement compromettre la pratique de l'observation de l'élève.

14. Quand l'élève ne s'en remet pas au déploiement de l'intuition et que sa concentration est perturbée, il est probable que la cause réside dans ces cinq obstacles potentiels. Réfléchissez attentivement à ce sujet.

## INTERPRÉTER LA SAGESSE INTEMPORELLE DE SUN TZU

Sun Tzu explique comment l'esprit agit de manière stratégique contre vous pour ruiner vos efforts et comment il fournit à l'élève-guerrier la méthode des variations des approches. L'objectif est que vous puissiez continuer à vous rapprocher de la victoire – au lieu de renoncer – et parvenir à un état équilibré et harmonieux de l'esprit.

Si vous mettez en pratique les précédentes étapes du chemin caché vers la paix et la plénitude, vous pourrez déjà constater quelques améliorations. Plus vous libérez votre champ de perception (par exemple en laissant passer les pensées sans obstacles, en surmontant les limites que vous percevez comme telles, etc.), plus les anciens schémas, idées, croyances et convictions pourront se libérer – mais, tout aussi bien, ressurgir et perturber votre concentration. Vous aurez l'impression d'avoir surmonté un obstacle, mais d'autres surgiront aussitôt, et d'autres encore par la suite.

Comme le champ de perception se présente sous forme de cycles, et qu'il élimine les distractions, il ne se rendra pas si facilement et continuera de vous mettre au défi, sachant ce qui vous met facilement en situation d'échec. Et ce n'est pas seulement votre esprit, mais aussi votre corps et votre environnement qui agissent en adversaires déterminés.

Pour vous aider, Sun Tzu propose les cinq principes tactiques pour pouvoir observer l'esprit :

1. ne pas céder aux pensées fortes ;
2. ne pas défier les émotions fortes ;
3. ne pas se laisser submerger par les sensations sensorielles puissantes ;
4. ne pas affronter les situations tenaces ;
5. ne pas obéir aux exigences de l'esprit agité.

L'objectif est de maîtriser parfaitement ces cinq principes.

Une fois que nous sommes capable de développer notre concentration par le biais de l'attention, nous pouvons mieux comprendre que nos pensées ne sont pas immuables : elles apparaissent et disparaissent sans que nous ayons à intervenir. En adoptant la stratégie des cinq principes, nous pouvons observer chaque pensée et comprendre dans quelle mesure elle peut déclencher une émotion ou impliquer nos sens ; nous sommes en mesure d'anticiper la manière dont notre esprit conscient risque de céder facilement à l'envie d'agir, convaincu que c'est la meilleure chose à faire. C'est pourtant une voie enchevêtrée et trompeuse, car elle ne provient pas nécessairement de notre silence intérieur, qui permet à notre intuition de s'exprimer. Plus nous limitons le flux de pensées et d'énergie dirigé vers nos émotions et nos sens, plus nous renforcerons notre concentration, et plus nous saurons évaluer la voie à suivre. Avec le temps, nos décisions, nos choix et notre avenir seront davantage en accord avec notre objectif ultime.

**Leçon 1 (1-10) : les moyens de résister aux pensées**

En marge des cinq principes tactiques d'observation de l'esprit, Sun Tzu propose d'autres stratégies de reconnaissance pour affronter l'« ennemi » de la pensée. Quand l'esprit est perturbé, il génère des pensées qui sont déclenchées par les émotions. Nous pouvons donc faire usage de notre capacité à restaurer le calme pour recentrer notre attention et ne pas nous attarder sur les pensées qui tentent de nous dominer.

Dans les situations compliquées, nous pourrions adopter une stratégie de manière à prendre l'avantage, par exemple en considérant le problème avec détachement, en redirigeant notre attention ou en interrompant le cours de nos pensées. Sun Tzu nous rappelle qu'il s'agit d'une bataille – ou du moins, ce qui nous semble en être une – et que nous devons « lutter ». Dans ce cas précis, nous pouvons le faire à travers notre connaissance des cinq principes.

Lorsque nous apaisons l'esprit par le biais de la concentration et de l'attention, nous devons varier les approches. En effet, même lorsqu'il est proche de l'harmonie, il s'accrochera à un autre schéma de pensées. Comme l'esprit agité possède la capacité de nous éloigner de l'équilibre et de l'harmonie, la simple connaissance de ces stratégies n'est pas suffisante ; nous pouvons toujours perdre l'avantage.

De même que, au hockey ou au football, vous ne vous vous dirigeriez pas vers le but contre un adversaire de la même façon dans la mesure où ce dernier peut anticiper vos actions, le corps et l'esprit peuvent anticiper ce que vous allez faire. Si vous pouvez prendre l'avantage grâce à l'observation directe, en interrompant le flux de pensées, et modifier votre méthode habituelle en redirigeant votre attention, vous pourrez retrouver votre capacité à vous concentrer.

Veillez toujours à harmoniser vos pensées, vos actions, etc., et à réaffirmer votre détermination : c'est essentiel. Nous pouvons rétablir notre volonté et exiger une autre issue au problème en question. Nous pouvons choisir de ne pas être en colère, de rester en harmonie, de considérer nos pensées comme trompeuses et fausses. Le but est de nous affranchir des limites et des croyances qu'elles pourraient nous imposer. C'est de cette manière que nous sommes en mesure d'instaurer un nouvel état d'équanimité qui deviendra notre mode de vie. Nous surmontons l'adversité en faisant simplement valoir notre conscience concentrée sur nos émotions et nos sens. En utilisant la concentration et l'attention pour recentrer votre conscience, vous pourrez retrouver votre royaume du silence intérieur.

Lorsque vous êtes confronté à un bastion de pensées « hostiles », tentez au moins de les interrompre ou de les disperser délibérément en prenant conscience du fait qu'elles vous entraînent sur la mauvaise voie, de manière à mettre fin à la lutte.

**Leçon 2 (10-14) : faire face à ses limites/faiblesses**

Sun Tzu vous encourage à faire face à vous-même, comme vous le feriez devant une armée qui vous envahit sur le champ de bataille, ainsi qu'à prendre conscience de ces cinq limites potentielles. C'est le type de travail sur soi enseigné dans les écoles du Soleil intérieur à l'époque de Sun Tzu. Elles permettaient aux élèves d'acquérir la sagesse nécessaire pour identifier les faiblesses de leur esprit et d'évoluer d'une manière douce vers la paix intérieure.

Étant donné que cette armée de pensées continuera probablement d'envahir l'esprit, nous devons diversifier les méthodes pour répondre aux nouvelles pensées qui surgissent de manière à déblayer le « champ de bataille ». Nous serons alors en harmonie avec la plénitude de toute vie et, au lieu de nous sentir isolé (ou distinct), nous commencerons à percevoir que nous faisons partie intégrante de l'univers, ce qui amène notre conscience à avoir une vision claire de notre véritable nature.

Notre détermination favorise un état de conscience qui nous permet d'agir sans que notre concentration soit perturbée. Comme Sun Tzu l'explique, les cinq faiblesses qui peuvent émerger sont l'imprudence, la couardise, l'impulsivité, l'hypersensibilité et l'anxiété exacerbée. Nous pouvons avoir une forte prédisposition pour l'une d'elles ou les ressentir toutes à la fois. Ou aller de l'une à l'autre. Toutes ont le même effet : elles font taire l'intuition, notre source, notre sagesse claire et objective, qui est essentielle pour accéder au sentiment de plénitude.

Sur le chemin caché vers la paix et la plénitude de Sun Tzu, il est important de connaître ces cinq limites potentielles et de comprendre quand et comment elles fonctionnent. Plus nous saurons analyser et accepter en toute honnêteté l'une de ces faiblesses, plus nous saurons anticiper notre comportement lorsqu'une situation similaire se présentera et appliquer une méthode ou une stratégie différente pour prendre l'avantage.

## VARIER LES STRATÉGIES POUR ATTEINDRE UN ÉTAT HARMONIEUX

Notre esprit peut être tout à fait insaisissable – c'est du moins ce que nous pensons, surtout quand nous commençons à l'observer. Néanmoins, même de petits efforts de notre part peuvent avoir un impact significatif sur notre capacité à atteindre un état de profonde concentration ainsi qu'une harmonie intérieure dans notre vie de tous les jours. En réalité, dès que nous commençons à appliquer les stratégies et la sagesse de Sun Tzu, c'est un peu comme s'il s'agissait d'un jeu que nous jouons avec nous-même.

Quand nous gagnons, pour ainsi dire – quand nous ne laissons pas notre esprit penser à la légère et réagir comme d'habitude à une situation –, le résultat nous satisfait et nous donne envie de recommencer. Au fil du

temps, nous constatons d'autres avancées ; votre intuition devient soudain plus aiguisée et vous remarquez jour après jour des signes, des indices sur ce qu'il pourrait se produire à l'avenir à travers des prémonitions, des pressentiments. Vous comprenez que vous progressez, car vous restez attentif et souhaitez maintenir cet état secret de paix intérieure et de plénitude.

Cependant, tout peut aussi aller dans l'autre sens.

Vous pourriez avancer dans votre pratique en ayant le sentiment de tout faire pour mettre en œuvre les stratégies, et boum, une série d'expériences négatives (perçues comme telles) s'enchaînent soudain ! Et vous prenez cela comme un échec. Mais souvenez-vous des mots de Sun Tzu : si vous travaillez de manière sincère, vous ne revenez jamais à la case départ ; et ce sentiment d'échec vous aide, en réalité, à rompre votre résistance au changement.

Les obstacles vous donnent la possibilité de persister dans vos efforts.

Nous avons beau faire face à des gens, à des situations ou à des événements différents, nous n'en demeurons pas moins le même acteur chevronné sur scène qui joue les actions et les dialogues que nous avons répétés, livrant une nouvelle fois une performance impressionnante. Alors, soyez indulgent envers vous-même et considérez toutes les situations comme un moyen pour mettre en pratique les enseignements de manière à observer vos réactions et à agir de manière différente.

La finalité est d'arrêter d'agir et de penser toujours de la même manière. Rien n'est plus simple que de reproduire inlassablement les mêmes schémas et de réagir de la même façon. Le chien du voisin aboie encore et, comme prévu, vous êtes une fois de plus agacé. Cela paraît anodin, mais que se passerait-il si vous changiez votre façon de réagir afin que cette expérience ne perturbe plus votre calme et votre équilibre intérieurs en déclenchant des émotions ?

Si vous avez dans votre famille une personne qui sait exactement comment vous mettre en colère, au lieu de réagir ou d'anticiper *son* action, vous pouvez anticiper *la vôtre* en utilisant les enseignements du chemin vers la paix et la plénitude. Et si vous ne réagissiez *pas* comme d'habitude ? (Il s'agit de responsabilité personnelle, la prise de conscience de votre propre rôle dans chaque situation qui se présente.) Nous avons plutôt tendance à pointer du doigt les autres, comme un parent, un employeur... Nous préférons les blâmer, sans remettre en cause nos propres pensées et nos convictions, ce qui renforce nos schémas et nous empêche d'évoluer.

Même si une personne vous a réellement fait quelque chose de « terrible », reconnue comme telle, vous risquez de l'enfermer dans une prison (mentale) qui ne lui permettra jamais d'être quelqu'un d'autre. Comme nous avons tendance à être influencé par des schémas habituels, nous prenons rarement le temps de réfléchir à notre propre rôle, à nos actions et à notre manière de réagir, quel que soit le conflit. Si les deux parties

campent sur leur position, aucune trêve n'est envisageable et le différend persiste. Selon Sun Tzu, nous avons la capacité de modifier nos schémas prévisibles et de nous libérer. Nous avons le pouvoir de remettre en question nos pensées digressives ainsi que nos croyances, et de les laisser s'en aller.

Si nous sommes de nouveau face au collègue, au patron ou au parent nuisible, et que nous modifions notre manière de penser ou d'agir, cette personne devra elle aussi modifier sa perception à votre sujet. En modifiant vos schémas de pensée et d'action, vous donnez aussi aux autres la possibilité de changer. Et, même s'ils ne changent pas, peu importe, *vous* avez changé. Votre énergie transforme la situation et l'emprise qu'elle a sur vous en une expérience harmonieuse. Cela dit, il est nécessaire de remettre en question vos schémas de pensée et vos croyances profondément enracinés. Vous pouvez les laisser partir à tout moment. Cela implique un processus de lâcher-prise pour empêcher les pensées de prendre le dessus sur vous.

Ce que nous ne voyons pas (avant de lâcher prise) c'est la manière dont nos pensées façonnent *toutes* nos relations et les situations de la vie. En modifiant nos schémas habituels, ou en n'en ayant aucun, nous pouvons changer le cours de notre existence, et même notre perception du passé (voir exercices du chapitre « Varier les approches » page 152). Nous renforçons ainsi notre concentration et notre équilibre intérieur.

Supposez que vous vous disputez régulièrement avec votre conjoint au sujet d'un problème précis. Vous pouvez attendre que la querelle se produise à nouveau, camper sur vos positions et rompre votre harmonie. Mais si vous décidez de ne pas vous impliquer, en ne réagissant pas de la manière habituelle, votre conjoint n'aura aucune raison de s'impliquer dans le conflit: il devra trouver un nouvel angle d'approche. Comme les pensées ne peuvent pas se multiplier, la situation est en quelque sorte inédite et vous pouvez réécrire l'avenir en décidant de ne plus déclencher ce conflit.

Durant ce processus, vous pouvez commencer à aborder tous les aspects de votre vie à l'aide d'une nouvelle « arme » – votre capacité à varier votre manière d'agir et de réagir face à n'importe quelle situation. Et c'est plutôt amusant! Vous pouvez même passer un jour entier à adopter un schéma de pensées ou d'action opposé. La journée sera remplie de surprises, surtout de la part des personnes qui n'aiment pas être bousculées dans leurs habitudes. Elles s'attendront à ce que vous pensiez et disiez les mêmes choses encore et encore, mais vous leur montrerez une nouvelle version de vous-même!

En variant vos réactions à une situation, observez laquelle des cinq faiblesses (imprudence, couardise, impulsivité, hypersensibilité et anxiété exacerbée) vous correspond le mieux. Commencez avec l'une d'entre elles et efforcez-vous de penser et d'agir différemment pendant toute une journée.

Un autre moyen de varier les approches consiste à aborder les situations en adoptant une stratégie de réconfort et d'amour. Soyez bienveillant envers vous-même et envers les autres de manière à aborder un éventuel conflit en ne le jugeant pas, sans vous laisser emporter par lui ni chercher à vous en débarrasser.

Quand vous sentez qu'une pensée s'intensifie ou perturbe vos sens et vos émotions, vous pouvez l'interrompre et l'analyser en cherchant à comprendre pourquoi elle réapparaît. Regardez-la de manière objective de façon à ce qu'elle n'ait plus aucun pouvoir sur vous plutôt que de succomber à une impression qui s'est ancrée dans votre mémoire à la manière d'une photographie, qui peut être réelle ou non.

## Exercice : variez votre approche pour guérir les blessures du passé

**Réalisez l'exercice suivant pour vous aider à changer d'approche pour guérir les blessures du passé :**

Pensez à une relation passée ou présente avec une personne qui vous a causé un problème, une douleur, voire un préjudice. Votre esprit, guidé par les émotions que vous avez ressenties alors, va commencer par vous transporter vers les images de votre mémoire à la manière d'une armée qui traverse des paysages variés au fil de ses combats. Une fois que vous avez analysé cette expérience à partir de votre angle à vous, inversez le processus afin de l'analyser du point de vue de l'autre personne.

En analysant la version de son histoire, réfléchissez à la personne qu'elle était à ce moment-là et aux circonstances qui ont conduit à ce qu'elle se trouve dans cette situation au même moment que vous. Faites preuve de compassion et d'empathie envers vous-même, mais aussi envers l'autre personne, afin de percevoir ses qualités, que vous n'aviez pas remarquées, ou qui sont à l'opposé des caractéristiques que vous lui aviez toujours attribuées.

Réfléchissez à la manière dont vos pensées ont modelé votre perception de cette personne et de cette situation au point qu'elle soit devenue immuable et figée dans votre esprit, bien qu'elle et vous ayez évolué depuis. Notez les changements que vous observez.

Même sans action physique, vous pouvez réécrire l'histoire, créer des souvenirs qui diffèrent de l'interprétation figée du passé en intégrant les changements que vous avez découverts et guérir cette blessure passée (ou présente) que vous avez mémorisée en choisissant d'adopter une approche positive guidée par l'amour et le pardon.

De cette manière, vous vous libérez et vous libérez l'autre (ou les autres, selon le cas) des émotions et des pensées négatives qui s'étaient figées dans le temps.

Vous pourriez vous dire : « J'assume la responsabilité de la manière dont je perçois cet événement ou cette personne. J'accepte l'amour ; je reçois de l'amour. J'accepte le pardon : je reçois le pardon. Je ne vivrai plus accroché à mes émotions, je les aborderai désormais avec paix et compassion. » De même, vous pouvez aussi affirmer en vous : « J'offre de l'amour à cet événement/personne ; j'offre mon pardon afin que nous soyons tous les deux guéris de nos émotions et de nos pensées négatives. Que ce moment soit imprégné de paix, de compassion et d'amour. Je lui pardonne ; puisse-t-elle me pardonner aussi. J'offre de l'amour ; puisse-t-elle me percevoir aussi avec amour. »

Plus vous variez votre schéma de pensées habituel dans une situation donnée, plus vous observez que vos émotions – leur capacité à dominer vos pensées ou votre mémoire – sont souvent figées et incohérentes. Nous érigeons en quelque sorte des monuments en mémoire des événements douloureux. Or, nous pouvons les démanteler de manière à libérer aussi l'autre personne. En agissant ainsi, nous libérons notre énergie, notre fragilité, notre innocence et notre amertume en échange d'amour.

C'est le pouvoir de l'observation : voir, ou ne pas voir et penser à la même chose encore et encore.

Vous pouvez vous souvenir de l'image d'une personne ou d'un moment et porter un jugement, juste ou erroné. Dans notre esprit, nous relions ces souvenirs à une émotion qui lui donne la forme d'une présence concrète et immuable, tel un fantôme qui dicte ensuite notre vie à travers ce sentiment ou cette croyance. La conscience nous offre un espace qui nous permet de prendre du recul par rapport à notre perception habituelle des choses, de découvrir que le monde est en perpétuelle évolution et qu'il suit un mouvement continu, et de prendre une nouvelle direction.

Au fil du temps, quand les pensées surgissent, répétez ce processus de libération (au lieu d'être tenté de raviver l'événement) en prenant en compte le lieu physique où la situation s'est produite, les spectateurs ou les témoins qui auraient pu être impliqués, en leur envoyant à tous de l'amour et du pardon, étant prêt à en recevoir en retour. Plus vous modifiez vos schémas de pensée, plus vous vous libérez, et plus ils se désintègrent dans votre champ de perception.

Des mois plus tard, vous pourriez, de manière inattendue, voir réapparaître ces gens dans votre réalité, légèrement transformés et se présentant sous un nouveau jour grâce au changement d'énergie qui s'est produit en

vous. Les champs de pensée n'étant pas isolés les uns des autres, quand vous passez à l'action pour libérer la douleur, les émotions, etc., à un endroit, vous les libérez dans tous les aspects de votre vie. C'est de cette manière que vous pouvez parvenir à la plénitude.

Il faut nous montrer prêt à observer réellement ce que nous pensons et la manière dont nous sollicitons nos souvenirs et cultivons nos pensées au point qu'elles semblent avoir été gravées dans le marbre. Quand vous changez, vous permettez aussi aux autres de changer. Quand nous ne voyons que la douleur, nous ne ressentons qu'elle ; quand nous offrons de l'amour, il se répand en retour dans notre champ de perception.

En variant vos modes de pensée et d'action, vous refaçonnez le passé, mais aussi le présent, et vous créez un nouvel avenir. Au fil du temps, vous vivrez dans le moment présent de manière naturelle, guidé par l'intuition, qui vous orientera toujours dans la bonne direction.

## LA HUITIÈME ÉTAPE SUR LE CHEMIN CACHÉ VERS LA PAIX ET LA PLÉNITUDE

**1.** Appliquez les préceptes du chemin caché vers la paix et la plénitude de la manière qui vous correspond le mieux, afin d'établir des stratégies variées dès maintenant.

**2.** Trouvez à chaque moment des occasions de varier la manière dont vous agissez habituellement. Soyez imprévisible ; faites les choses de manière différente ; libérez-vous des schémas, des souvenirs, des douleurs, des sentiments de honte et des expériences qui vous empêchent d'être en harmonie avec vous-même. Prenez le temps d'observer votre esprit pour mieux le comprendre.

**3.** Identifiez les moments de la journée où vous agissez par habitude ou en fonction de perceptions négatives du passé. Pensez à une personne ou à une situation qui vous cause des difficultés et observez vos pensées. Écrivez-les dans un journal si cela peut vous aider. Analysez-les et libérez-vous. Soyez disposé à guérir les blessures du passé et vos réactions face aux situations du présent. Soyez attentif à vos propres faiblesses pour pouvoir les surmonter.

***Varier les approches*** est la huitième étape sur le chemin caché vers la paix et la plénitude. Le fait de comprendre les cinq avantages (ou atouts) et les cinq faiblesses vous aidera à créer de nouveaux schémas de pensée et à obtenir des résultats positifs dans votre vie. Observez et ajustez vos schémas de pensée. Soyez disposé à lâcher prise et à adopter l'approche douce de l'observation de soi afin de ne vous laisser submerger ni par vos émotions ni par vos sens. Laissez l'harmonie intérieure guider vos choix de vie.

# Réflexions

« L'élève qui comprend parfaitement les avantages associés aux variations des approches sait comment apaiser l'esprit agité. »

## 1

Décrivez en détail un moment où vos pensées ont déclenché des émotions qui vous ont fait perdre le contrôle de l'esprit. Avec le recul, quelle méthode auriez-vous pu adopter pour maintenir ce contrôle ?

## 2

Décrivez un moment auquel vous avez laissé une émotion forte vous déstabiliser et comment vous pourriez faire à l'avenir pour maintenir votre harmonie intérieure.

## 3

Décrivez un moment où vous n'avez pas su maîtriser vos sens et comment vous pourriez faire à l'avenir pour maintenir votre harmonie intérieure.

## 4

Décrivez une situation qui a échappé à votre contrôle ou un moment où vous saviez que vous n'auriez pas dû réagir de cette manière, mais que vous n'avez pas su faire autrement. Quelles ont été les conséquences de vos actions ? Comment pourriez-vous maintenant, ou à l'avenir, maintenir votre équilibre intérieur ?

## 5

Décrivez des moments au cours desquels vous avez cédé aux impulsions de l'esprit agité et détesté les conséquences. Que pouvez-vous faire maintenant, ou à l'avenir, pour reprendre le territoire de l'esprit et affirmer votre détermination afin de ne plus obtenir ce résultat ?

## 6

Des cinq faiblesses, quelle est celle qui vous correspond le plus et pourquoi ?

## 7

Quelles stratégies pouvez-vous mettre en place si vous avez une prédisposition naturelle pour l'une des cinq faiblesses ?

## 8

Des cinq faiblesses, laquelle vous pose le moins de problèmes, et pourquoi ?

# 9

En fonction de votre réponse à la question 4, connaissez-vous des stratégies permettant de diminuer l'impact de cette faiblesse ? Comment êtes-vous parvenu à la surmonter et à éviter qu'elle n'ait trop d'emprise sur vous ?

# 10

Quel rôle joue votre intuition quand vous faites face aux cinq faiblesses ou aux cinq avantages ?

# 11

Comment pouvez-vous modifier votre façon de réagir afin de parvenir à un nouveau résultat ? Par exemple, si vous vous disputez toujours à propos du même sujet avec une personne, comment pouvez-vous assumer votre part de responsabilité dans cette situation et parvenir à un résultat positif ?

# 12

Suivez votre intuition pour résoudre un problème qui vous tracasse aujourd'hui et écrivez ce que vous pensez être la meilleure manière de résoudre cette difficulté en vous appuyant sur votre intuition. Prenez le temps d'obtenir des réponses et d'agir en fonction d'elles, puis d'analyser les résultats et l'issue du problème. Méfiez-vous de l'esprit conscient qui tente de vous piéger.

# 9

# Développement de la conscience contemplative

**1.** Sun Tzu a dit : « Nous abordons maintenant la question de l'expansion de la conscience contemplative et de l'observation des signes de perturbations mentales. Ne vous attardez pas sur les problèmes majeurs et concentrez-vous sur l'expansion de la conscience qui va continuer à vous guider. »

**2.** Dirigez votre attention vers les zones (conscientes) les plus élevées pour rejoindre votre soleil intérieur (l'œil du soleil[23])[24]. Tel est l'objectif de l'ajustement de la conscience.

**3.** Après avoir franchi le seuil de la rivière des sens[25], ne laissez pas votre concentration diminuer.

**4.** Lorsqu'une pensée envahissante, ou toute autre sensation, franchit le seuil des sens, ne laissez pas votre attention « progresser » vers elle, au risque de perdre votre calme intérieur. Il est préférable de prendre le temps d'élargir votre conscience contemplative afin qu'elle puisse gérer les perturbations.

**5.** Si vous voulez maintenir votre attention, vous ne devez pas suivre la pensée envahissante, ou toute autre sensation, près du seuil des sens où elle surgit, de manière à conserver votre état de conscience contemplative.

23. Le soleil intérieur ou « œil du soleil » porte des noms différents selon les cultures, tel Sulis dans la culture celte, l'Œil d'Horus en Égypte ou le Cyclope dans la Grèce antique. Dans ce contexte, le traité de Sun Tzu, le soleil intérieur attire votre attention vers la lumière et la joie intérieure que l'on « voit » grâce à la conscience élargie.

24. Remarque : cette illumination peut se produire les yeux ouverts ou fermés. Notre attention peut toujours être centrée ici, au niveau de l'œil du soleil, comme point d'observation par le biais d'une activité.

25. Le terme « cours d'eau/rivière » est utilisé par Sun Tzu pour indiquer le son mouvementé de l'eau du fleuve qui s'écoule et que l'on entend souvent quand l'observateur (au sens figuratif) transcende la conscience ordinaire. Tous traversent le temps et les cultures, les rivières et fleuves sacrés sont utilisés pour décrire cette « traversée » du seuil de la conscience (intérieure). Exemples : le Gange, le fleuve Jaune, le Nil, etc.

6. Dirigez votre conscience vers un niveau plus « élevé » que le seuil des sens et connectez-vous à votre soleil intérieur. Ne « ramenez pas » votre conscience vers le monde des sens. Tel est l'objectif de l'*ancrage de la conscience.*

7. Si vous êtes confronté à une accumulation de perceptions[26] difficiles, votre priorité est de les surmonter sans délai.

8. Si vous être contraint de faire face à des perceptions difficiles (par exemple, si votre conscience vagabonde), adoptez une approche détendue de laisser-faire et trouvez une source de joie intérieure. Telle est la promesse de la *conscience détendue.*

9. Quand l'esprit est dans un état profond de conscience contemplative, c'est un peu comme un terrain sec et plat où les feuilles des pensées se sont flétries. Établissez une position stratégique élevée (un niveau élevé de conscience) qui vous offrira une vue dégagée sur les nouvelles pensées qui risquent de surgir, de manière à créer un refuge. Telle est la promesse de la *conscience sans entrave.*

10. Ce sont les quatre approches avantageuses de l'observation par le biais de l'approche douce qui donnent à la conscience contemplative le pouvoir de vaincre les quatre positions avantageuses (empereurs)[27].

11. La pratique de la conscience contemplative favorise les états de conscience plus élevés, centrés sur le soleil intérieur en perpétuelle expansion, plutôt que de « retourner » vers le côté obscur (confusion) du monde matériel.

12. Si vous êtes conscient de vos perceptions et si vous maintenez fermement votre attention, la conscience se libérera de la souffrance illusoire ressentie par le corps et vous mènera vers la victoire.

13. Quand vous faites face à un obstacle, à la manière d'une armée qui rencontre une colline ou une berge sur son chemin, concentrez votre attention sur le soleil intérieur, en libérant toutes les réactions subjectives que l'esprit tend à faire surgir. Ainsi, vous agirez immédiatement dans l'intérêt de vos sens et utiliserez les ressources naturelles de l'esprit.

26. Le terme « perceptions » est utilisé ici au sens plus large de phénomènes apparaissant dans le champ de la conscience contemplative profonde.

27. Les quatre positions avantageuses font que nous avons l'impression que le corps et le monde matériel semblent fixes, solides et durables. Ils comprennent : la capacité à résister à l'usure (solidité) ; la capacité à unir (cohésion) ; la capacité à se déplacer (mouvement) et la capacité à changer (transmutation). Grâce à l'art de l'observation, l'observateur prend conscience de ces composantes distinctes qui créent de manière interdépendante le monde matériel (ou la forme) et permettent ainsi à la perception de reconnaître que ce que l'on pensait être solide est en réalité en perpétuelle évolution et en mouvement continu.

**14.** Quand la conscience contemplative en perpétuelle expansion rencontre des obstacles qui vous empêchent d'avancer, de vous libérer du corps et du monde matériel pour vous diriger vers un état de conscience plus élevé, vous devez attendre que l'obstacle passe (en adoptant une attitude de laisser-faire).

**15.** Cette croissance rencontrera cinq obstacles qui risquent de surgir pour vous maintenir attaché à votre corps et au monde matériel. Ce sont des obstacles :

**a)** liés au corps, qui évoquent la traversée de *falaises abruptes parsemées de torrents qui coulent entre elles* ;

**b)** liés aux sensations et aux sentiments qui naissent et dérobent votre attention à la manière de *gros nuages passant dans le ciel* ;

**c)** issus des pensées et des idées qui font en sorte de vous maintenir dans des *endroits confinés* ;

**d)** liés aux changements de perception qui agissent à la manière de *buissons épais entravant votre progression* ;

**e)** liés à l'attention portée aux cinq obstacles[28], comme le fait de se laisser entraîner mentalement dans *des marécages et des crevasses*.

L'observateur doit rapidement détacher son attention et ne pas s'impliquer lorsque de telles circonstances surviennent.

**16.** En nous tenant à distance de ces obstacles émotionnels, nous pouvons réguler nos sens « en leur faisant face », en les laissant apparaître, puis disparaître. Ce processus va « protéger » notre conscience en expansion du risque de devoir battre en retraite.

**17.** En protégeant cette croissance, veillez à réprimer ces influences extérieures qui vont agir à la manière d'espions, rusant afin de vous détourner de votre profonde concentration et de vous « tendre un piège » pour vous empêcher d'atteindre le bonheur profond que procure le soleil intérieur.

---

28. Les cinq obstacles sont « ceux qui vont maintenir l'observateur dans le monde matériel ». Grâce à l'observation, nous pouvons comprendre que nous sommes fait d'atomes et de matière en constante évolution et ainsi transcender l'ego ou l'emprise de nos perceptions afin de faire évoluer notre conscience contemplative vers le soleil intérieur de la plénitude et de la joie éternelle.

**18.** Les obstacles émotionnels peuvent paraître silencieux ou calmes, mais ils sont souvent sous-jacents et apparaissent naturellement dans les champs de la conscience. Ils gagnent facilement en intensité avant de prendre possession de notre conscience établie.

**19.** Quand ils semblent à l'écart, ou à distance, et tentent de provoquer une résistance, c'est parce qu'ils anticipent que la conscience contemplative va atteindre son stade de pleine croissance et s'étendre complètement, laissant derrière le monde causal.

**20.** Si les obstacles émotionnels sont libres de circuler ou qu'on leur accorde de l'attention dans l'esprit, ils risquent d'attirer l'observateur.

**21.** L'observateur doit se méfier des perceptions sensorielles ambiguës qui apparaissent à la périphérie de la conscience, prêtes à détourner votre attention.

**22.** De même qu'un éclaireur saurait comprendre que le mouvement des oiseaux en plein vol est un signe de danger imminent, l'observateur doit savoir qu'une « attaque » soudaine est sur le point de se produire et que la conscience contemplative peut être facilement brisée.

**23.** Si l'esprit est obstrué, il va continuer à se fier au monde matériel, s'accrochant à lui, ce qui va faire naître d'autres obstructions, plus intenses les unes que les autres. Telle une armée qui avance d'abord avec des chars[29], puis avec l'infanterie, les obstacles émotionnels vont prendre le pas et rompre la conscience en pleine expansion.

**24.** Quand un obstacle émotionnel est attrayant, n'oubliez pas qu'il est prêt à progresser et à rompre votre concentration. De même, si cet obstacle risque de détourner votre attention, il battra en retraite si vous n'avez pas cru en sa capacité de vous perturber.

**25.** Si votre conscience contemplative n'est plus connectée au soleil intérieur, c'est parce que les influences mentales sont arrivées à la manière de chars et qu'elles ont pris position aux frontières de la conscience pour vous encourager à vous impliquer.

**26.** Pour que le calme règne, les conflits doivent être résolus ; à défaut, il risque d'être perturbé par les cinq obstacles.

**27.** Si votre attention vagabonde, tels des soldats qui quittent leur rang, vous pourriez perdre votre concentration au moment critique.

---

29. Sun Tzu compare l'esprit – ainsi que ses pensées et sens qui vagabondent – à un char capable de « traîner » votre conscience et présence autoétablies loin de vous, rapidement et avec force. Héraclite a proposé le même symbolisme dans *Le Logos*, tandis que Parménide conduit un chariot « dans la maison de l'Être » ou conscience intérieure. Il est mentionné ici afin de rappeler au lecteur que le traité de Sun Tzu est un véritable corpus de connaissances largement reconnu à travers les siècles, les cultures et les traditions.

**28.** Restez concentré : les obstacles qui semblent aller et venir peuvent être un leurre pour reprendre le contrôle total de votre attention.

**29.** La *monotonie* – ou le manque d'intérêt – peut développer et activer les sens du corps.

**30.** L'*agitation* – l'incapacité à exercer le contrôle – peut engendrer de la détresse et réveiller les sensations corporelles pour les faire réagir.

**31.** Si les perceptions négatives ont pris l'avantage pour vous éloigner de l'inépuisable[30], c'est que vous les avez laissées épuiser votre énergie vitale et votre détermination.

**32.** Le sentiment de vide survient quand les obstacles sont absents ; la peur, déclenchée par les sens, peut faire voler cet état en éclats.

**33.** Si un obstacle freine l'expansion de la conscience contemplative, l'autorité de l'observateur – son pouvoir – est faible. Si le sujet d'attention change, le corps et les sens vont se révolter. Si vous êtes affecté par les résultats, c'est parce que votre volonté est épuisée.

**34.** Quand les cinq obstacles sont à leur paroxysme, ils vont lutter jusqu'à la mort, au sens figuré, pour faire voler en éclats votre conscience contemplative en expansion.

**35.** Si vous cédez aux plaintes émises par le corps et les sens, vous perdrez votre discipline, votre équilibre et votre contrôle.

**36.** Plus vous instaurez l'harmonie dans votre esprit, plus les perturbations vont s'apaiser ; si vous les bridez ou tentez d'en prendre le contrôle, elles s'enracineront davantage.

**37.** En ayant recours à une discipline agressive et à la force pour « récupérer » votre équilibre, vous ne faites pas preuve d'intelligence.

**38.** Quand les obstacles extérieurs peuvent revenir à leur état de calme naturel (sans résistance), l'équilibre est rétabli, tels deux camps opposés qui se mettent d'accord sur une trêve mutuelle.

**39.** Quand les obstacles reviennent en force – ceux que nous percevons dans le moment présent –, ils exigent une grande vigilance et beaucoup d'attention.

30. L'« inépuisable » suggère le « tout » illimité et éternel. Il n'y a pas de fin à la plénitude que l'on trouve grâce à au soleil intérieur.

40. Si votre conscience est alerte et en harmonie avec ce qui vous entoure, elle ne peut être renversée, car elle n'est pas perturbée. Il suffit de concentrer toute votre énergie vitale afin d'observer les obstacles qui arrivent, et de renforcer votre volonté.

41. Si l'observateur ne réfléchit pas préalablement et qu'il sous-estime la puissance des cinq obstacles, son attention sera capturée et rompue.

42. Si vous blâmez ou freinez votre conscience, vous aurez du mal à la contrôler de manière efficace. Si vous ne rétablissez pas la discipline sur les sens, ils ne vous seront d'aucune utilité pour retrouver votre concentration.

43. Par conséquent, votre capacité à réfléchir profondément à votre conscience et à l'élargir doit se faire à travers une approche souple de façon à vous assurer la victoire.

44. Si, quand vous développez votre conscience, vous appliquez une discipline douce et bienveillante au quotidien, vos efforts seront sans doute récompensés; dans le cas contraire, ce sera l'échec.

45. Si l'observateur fait preuve d'assurance en développant sa conscience contemplative et qu'il insiste sur une discipline douce, qui apaise les obstacles, le bénéfice sera réciproque.

## INTERPRÉTER LA SAGESSE INTEMPORELLE DE SUN TZU

Jusqu'à présent, Sun Tzu enseigne à l'élève comment renforcer sa conscience contemplative en pratiquant l'observation directe de l'esprit à chaque moment. Il est inutile d'aller bien loin pour cela, mais il faut être attentif à la manière dont nous nous engageons dans notre quotidien, *dès maintenant*: ce que nous pensons, la manière dont nous agissons, celle dont nous répétons nos schémas de réactions habituelles ; ce qui nous fait peur et nous contrarie ; la façon dont nous cultivons la joie de vivre ; nos relations avec les autres, etc. Plus nous réfléchissons à notre conscience et dirigeons notre attention vers l'équilibre et l'harmonie, plus nous aurons une forte connexion avec notre soleil intérieur.

Lorsque nous évoluons, notre concentration s'étend au-delà des perceptions étroites du petit Moi (ou nos pensées conscientes du quotidien) et prend de l'élan pour atteindre des niveaux de conscience plus élevés qui sont accessibles à tous et nous débarrassent (au sens figuré) de nos perceptions du monde matériel. Plus nous parvenons à apaiser notre agitation, causée par les distractions et les perturbations, plus nous pouvons réfléchir profondément à notre véritable nature (grâce à l'expansion de la conscience ou l'unité avec notre soleil intérieur). Parallèlement, nous développons une conscience plus profonde de l'essence même de la réalité et comprenons qu'elle est en perpétuelle évolution (pensons à la matière, aux atomes, aux particules), et non figée ; elle se déroule de manière naturelle.

Plus nous devenons conscient des quatre animations distinctes[31], plus nous percevons la nature changeante de l'existence, plus nous reconnaîtrons notre interdépendance avec le « tout », l'inépuisable, ou encore la plénitude. Nous pouvons percevoir la nature dynamique et changeante de l'existence grâce à ces animations distinctes. Nous voyons la « vie » comme un ensemble d'éléments qui créent de manière interdépendante le monde causal dans lequel nous vivons, et qui nous permet de comprendre que ce que nous considérions comme stable est en vérité en mouvement et changeant.

Nos relations avec les autres et nos façons de penser évoluent. Nous ne nous regardons plus comme étant au centre, avec les autres et le monde qui gravitent autour de nous. Nous commençons à voir le monde comme une roue en mouvement constant où chacun contribue à l'harmonie globale et où la réciprocité prend le pas. Nous avons conscience de notre singularité tout en reconnaissant notre similitude et notre relation avec l'ensemble de l'univers, et devenons capable de percevoir avec émerveillement, parfaitement concentré, la beauté du monde qui se déploie devant nous de manière naturelle, dont nous faisons partie intégrante. Même les contraintes comme le temps (par exemple, un passé difficile ou un avenir

31. Dans d'autres traditions, ils sont également appelés les « quatre éléments » ou « directions » (cinq dans certaines cultures), ou « quatre vents », le « *Tatuye Topa* » ; ou les « quatre quarts de la Terre » ; ou les « quatre déesses », Vijayä, Sujya, Ajita et Aparajita, qui sont invincibles et toujours victorieuses (*Jayavaha*).

préoccupant) et la distance semblent disparaître ; même nos pensées semblent ne plus être entravées, elles se développent... et peuvent circuler, tant que rien ne vient perturber notre esprit.

Ainsi, les conseils avisés de Sun Tzu nous montrent précisément ce à quoi nous devons nous attendre quand nous observons nos pensées. Ils nous indiquent quelles stratégies adopter pour « minimiser » les pertes ou les échecs (perçus comme tels) et avoir une connaissance préalable de ce que nous pourrions ressentir quand nous naviguons dans notre conscience élargie. C'est un guide détaillé du *pays de l'esprit* (ou du champ de perception) qui fournit le meilleur des expériences que vous pourriez vivre, les endroits à éviter, les meilleures pratiques et, surtout, les conséquences auxquelles vous vous exposez si vous vous écartez du chemin habituel.

**Leçon 1 (1-10) : quatre tactiques pour recentrer l'esprit**

Sun Tzu ne perd pas de temps pour expliquer que, plus vous observez et explorez votre esprit (et votre existence), plus vous vous exposez à des distractions ou des perturbations. Quand il conseille de « faire vite » pour surmonter les interruptions mentales, c'est pour vous montrer qu'elles n'auront aucun pouvoir sur vous si vous les laissez passer sans leur accorder d'attention – ne vous arrêtez pas en chemin pour examiner vos pensées !

Pour vous aider à trouver la vérité par vous-même, Sun Tzu fournit quatre tactiques : élever, ancrer, détendre et *libérer* votre conscience contemplative afin de vous rapprocher de votre soleil intérieur. Les yeux ouverts ou fermés, nous ramenons notre esprit vagabond vers un point central de concentration ou l'« œil du soleil ». Plus nous nous engageons dans ce processus, plus notre lumière intérieure se répand dans tous les domaines de notre perception.

Ces quatre méthodes améliorent notre capacité à observer le monde, à en avoir une perception plus claire ; notre conscience se renforce, la manière douce s'ouvre à nous et elle nous permet de prendre conscience des quatre forces dynamiques qui nous donnent cette apparence d'un monde solide.

En résumé, en reconnaissant sa véritable nature – c'est-à-dire en l'examinant et en l'observant –, vous verrez que votre corps n'est pas l'entité immuable que vous percevez, mais un composant en perpétuelle évolution, tout comme l'existence. C'est important, car cela fait comprendre que toute l'existence repose sur la volonté et l'action : notre volonté génère une pensée qui est dirigée et mise en forme. Disposant de cette connaissance, vous ne vous percevez pas comme un long corps limité, mais comme une force créative illimitée.

**Leçon 2 (11-30) : surmonter les obstacles**

Notre soleil intérieur veut être libre et tire l'esprit conscient vers cette belle lumière intérieure, qui n'est pas séparée, mais fait partie intégrante de nous-même et se trouve en relation réciproque avec tout ce qui nous entoure. Les quatre animations qui, par le biais de notre perception, ancrent notre conscience dans le monde matériel, nous empêchent de ressentir constamment la joie et l'harmonie. À mesure que nous allons approfondir notre conscience, des obstacles vont surgir pour nous mettre en garde contre une « descente », un retour à la réalité ordinaire. En laissant faire les choses de manière naturelle (en libérant notre attention), nous pouvons toujours laisser les obstacles passer et retrouver notre équilibre.

Sun Tzu nous met en garde contre les cinq obstacles qui agissent à la manière d'une armée pour nous empêcher de nous libérer du monde matériel et physique et d'accéder à l'expansion de la conscience et à la liberté ultime (ou unité) avec le monde interconnecté (ou plénitude). Notre perception – notre croyance en un monde figé – est l'un des facteurs qui compromettent notre liberté. Ce qui fait que notre esprit « lutte », pour se libérer de cette conceptualisation[32].

Quelles peuvent être les sources de distraction ? Notre corps. Nos sens et nos sentiments ou émotions. Nos pensées et nos idées. Nos croyances limitées. Le fait de prendre conscience que nous sommes perturbé. Lorsque nous concentrons notre volonté sur un objectif ou un résultat, nous avons souvent tendance à attendre que quelque chose se produise. Nous pourrions aussi avoir l'impression de progresser, ce qui pourrait créer une séparation entre une perception d'un *ici* et d'un *là-bas*. Toutefois, en prenant l'habitude de laisser faire les choses, nous comprenons que, en réalité, il n'y a nulle part où aller, aucun objectif à atteindre, et nous pouvons lâcher prise et laisser ces obstacles suivre leur cours avec facilité. En suivant cette approche, nous ouvrons la voie à l'unité et l'unicité.

Si nos sens tentent d'attirer notre attention et de perturber notre concentration, nous pouvons réguler cette dernière en « leur faisant face » (en les laissant surgir sans essayer de les arrêter), puis en les laissant s'estomper, ce qui va « protéger » ou permettre à votre conscience de s'élargir. Cela dit, ces cinq obstacles sont intelligents et rusés : ils peuvent anticiper mieux que vous ce que vous allez faire ensuite. Par conséquent, Sun Tzu vous demande de rester vigilant pour éviter d'être « piégé ».

Ces obstacles surviennent de manière naturelle. D'une certaine façon, nos actions et nos croyances du passé façonnent le cours de notre vie, ce qui fait que nous avons la capacité de défaire le cycle quand nous

32. Le *Guru Granth Sahib*, ou livre sacré des Sikhs, développe la bataille des cinq interruptions, faisant écho au traité de Sun Tzu en démontrant la connaissance répandue d'enseignements similaires : « Quand vous êtes rongé par l'anxiété [(2) sens], les maladies du corps [(1) corps] ; quand vous êtes accaparé par les aspects matériels de la vie [(3) pensées/perceptions] en ressentant parfois de la peine et parfois du chagrin [(4) changements de perception] ; quand vous errez dans les quatre directions et que vous êtes agité [(5) attention consciente aux interruptions] – si vous vous rappelez le dieu seigneur suprême [soleil intérieur], alors votre corps et votre esprit seront apaisés. »

établissons la conscience. Vous pourriez réfléchir à ceci : si mon champ de perception mental est naturellement en équilibre (calme), quelle tournure prendra mon avenir ? Au lieu de lutter contre nos obstacles, nous pouvons être conscient de leur présence ; si nous ne réagissons pas, ou si nous ne nous laissons pas attirer par les pensées qui pourraient apparaître dans le champ de la conscience, nous saurons maintenir plus souvent notre équilibre et notre harmonie.

Au cours du développement de la conscience contemplative, vous pourriez être confronté à la peur ou à des croyances limitantes qui génèrent des craintes et des inquiétudes. Vous pourriez aussi percevoir des lumières vives ou des couleurs impressionnantes, voire des visions d'anges ou de saints susceptibles de capter votre attention. Mais si vous restez impassible, concentré sur votre soleil intérieur, et si vous traitez ces phénomènes comme des panneaux de signalisation placés sur votre chemin vers la plénitude, vous renforcerez votre attention et parviendrez à l'équanimité. Si vous échouez, cela reviendra à conduire sur une autoroute et à vous arrêter au moindre événement – et vous n'irez nulle part. L'objectif est de vivre l'expérience du soleil intérieur, sans obstacle, d'où émanent la paix secrète et la plénitude.

Selon Sun Tzu, divers obstacles risquent de se présenter sur notre chemin ; nous pouvons donc en prendre conscience et anticiper nos actions. Nous devons être vigilant face à tout ce qui pourrait nous détourner de notre pleine concentration. Ces perturbations vont s'intensifier et feront tout pour attirer votre attention. Telle une armée qui attaque, elles nous lanceront tout ce qu'elles ont sous la main, mais nous ne devons en aucun cas céder. *Pour que le calme domine, nous devons maintenir notre attention afin de ne pas être entravé par les cinq obstacles.*

### Leçon 3 (31-44) : rétablir l'harmonie

Sun Tzu se montre très clair : plus l'harmonie règne dans votre esprit, plus les perturbations vont s'estomper. Mais si vous les freinez ou si vous tentez de les contrôler, elles s'enracineront et prendront le dessus. Vos états émotionnels (inquiétude, peur, frustration, impatience, etc.) vous contraignent à puiser dans votre énergie corporelle. Elles génèrent du stress et un déséquilibre qui peuvent entraîner un tel état d'épuisement et de vulnérabilité face aux distractions qu'il pourrait devenir votre mode de vie – sauf si vous prenez les mesures nécessaires pour affirmer votre volonté dans le champ de la conscience.

Croyez-le ou non, l'état naturel de l'esprit est le calme et la sérénité. Nous retournons (au sens figuré) à notre état originel de congruence avec notre entourage, notre réalité. Notre conscience intrinsèque est parfois qualifiée de « vide », car rien ne la motive, ne la combat ou ne lui résiste. Vous ne la ressentez pas seulement dans votre esprit, mais à travers les

couches qui vous entourent; c'est comme cette roue interconnectée qui évolue, bavarde, s'engage ou est consciente de tout ce qui l'entoure, puis s'arrête. Elle est en mouvement perpétuel, mais immobile – sans mouvement dans la mesure où elle se manifeste sans force ni son; et cette caractéristique fait qu'on la désigne parfois comme « l'immuable ».

Cet état d'« immuabilité » qui est en mouvement constant et éternel se déroule d'une manière douce et nous finissons par nous habituer à faire partie de ce processus. Notre conscience des autres, notre connexion avec le tout se développent en douceur, et se ressentent petit à petit dans notre manière d'agir. Nous évitons d'être bruyant ou agité, voire de créer une vibration (mouvement) susceptible de perturber cette sensation de calme et de sérénité qui s'installe progressivement... Le monde est toujours en mouvement, mais vous commencez à le percevoir comme étant en ordre, unifié, harmonieux, coopératif, paisible et parfait. Et vous aurez naturellement envie de participer à cette réalité, dans un état de pur bonheur.

Il est nécessaire de cultiver une approche douce pour continuer à revenir à un état de conscience contemplative, en laissant les choses se dérouler naturellement. Plus vous allez marquer des pauses, vous arrêter, résister ou céder au sentiment d'échec, plus il vous sera difficile de rétablir votre harmonie intérieure. Si vous pensez avoir surmonté une distraction, mais que vous l'avez fait par la contrainte, elle refera surface sous forme de cycle avec une plus grande intensité, pour vous décourager. Continuez d'être vigilant. Ne sous-estimez jamais votre tendance à instaurer des habitudes. Même quand libre de vos choix, vous pouvez toujours vous trouver sous l'emprise de vos sens.

Ne renoncez jamais. La victoire survient quand nous faisons l'effort d'examiner en profondeur ce qu'il se produit inlassablement sur le « champ de bataille » de l'esprit. En cultivant l'approche douce pour développer votre conscience, vous gagnerez en confiance et serez moins influencé par les perturbations extérieures, pour progresser vers la victoire.

## ÉLARGIR LE CHAMP DE LA CONSCIENCE

Sun Tzu nous encourage à développer une profonde compréhension de nos expériences de la vie. Nous parlons de contemplation, de conscience, de concentration, de recentrage, de soleil intérieur, d'obstacles et de perturbations, mais nous risquons souvent de perdre de vue la subtilité de l'expérience humaine que vous vivons à chaque instant. En substance, nous pouvons commencer à appliquer les enseignements de la conscience contemplative pour élargir notre compréhension de la perception.

Cependant, il importe d'agir dans un esprit de bienveillance. Agissez avec douceur, comme vous le feriez avec une personne âgée ou un jeune enfant, en pesant chaque geste, chaque pensée, chaque mot et chaque

effort, conscient de l'impact qu'ils peuvent avoir sur nous et sur les autres. Le fait de réprimander, de critiquer ou de pointer du doigt nos efforts peut laisser l'impression d'un manque de bienveillance, d'amour, entre autres, et se révéler improductif. Ce sillon profond agit comme un obstacle dans notre champ de conscience quand nous ne réagissons avec bienveillance ni envers les autres ni envers nous-même.

La capacité à prendre conscience que nous pouvons nous faire du tort nous échappe souvent. Nous ne nous rendons pas compte que nos paroles ou nos actions nous encouragent à punir, à faire du mal, à engendrer la malveillance ou l'infortune. Nous avons une fâcheuse tendance à prévoir le pire pour l'avenir, par peur du manque ou de nos limites, au point de renoncer à nos rêves profonds et à nos efforts sincères. En outre, à bien des égards, nous avons tendance à nous négliger, quand bien même nous pensons agir dans notre meilleur intérêt.

Quand nous commençons à prêter attention à celui qui parle et agit (l'observateur) et que nous prenons conscience que ces schémas de pensée et d'action récurrents contribuent à façonner notre vision du monde « extérieur », notre avenir, nous comprenons qui est réellement le « méchant ». Ce ne sont pas forcément les autres qui nous font du mal, c'est plutôt notre esprit en déséquilibre qui crée des scénarios et nous entraîne à ressentir que nous sommes en lutte contre notre entourage.

Imaginez qu'il soit minuit et que vous soyez réveillé par quelqu'un qui frappe à votre porte. Dans l'obscurité, vous vous demandez qui cela peut être. Les coups sont forts et agressifs. Vous écoutez d'un peu plus près et vous entendez des voix, beaucoup de voix. Vous n'osez pas bouger, ne sachant pas qui se trouve derrière – votre esprit pourrait utiliser votre histoire, vos expériences, votre impression de manque et de confiance en vous, vos soucis du quotidien, etc., et vous dire en quelque sorte qui frappe à la porte.

*Qui frappe à la porte ?*

C'est vous qui décidez. La manière dont vous percevez le monde déterminera votre réponse. En d'autres termes, votre esprit va anticiper et tenter de savoir qui frappe à la porte, et par là créer une résistance, déclencher des émotions telles que la peur, l'inquiétude, la surprise, l'agacement, etc. Par exemple, si vous avez l'habitude de sauver des animaux, ce pourrait être une personne qui a trouvé un chien égaré. Si, en revanche, vous vous sentez souvent menacé par les gens de votre quartier, ce pourrait être l'un d'eux.

Même si cette personne frappe à la porte, s'en va et que vous n'êtes pas allé vérifier son identité, vous risquez d'être contrarié pendant l'heure qui suit, en ressassant ce que vous auriez dû faire ou en vous continuant de vous demander qui était cette personne. Et vous pourriez poursuivre le lendemain si vous racontez cette anecdote à votre travail : « *J'ai fait un bond dans mon lit ! Non, je ne suis pas allé voir. Tout ce que je sais, c'est qu'ils*

*se sont trompés de maison et qu'ils étaient devant la porte avec des battes de base-ball!* »

Quel que soit le cas de figure, nous pouvons apaiser l'esprit en douceur afin qu'il ne se laisse pas emporter et reconnaître ces fluctuations émotionnelles liées à la peur ou à l'inquiétude. L'incertitude n'étant pas une réalité, mais une émotion ressentie (une perturbation), nous pouvons recentrer notre attention en adoptant la stratégie de la concentration, puis en l'amenant vers un état de contemplation profonde. L'objectif est de comprendre ce que nous pensons pour ne pas suivre la pensée et ne pas nous laisser dominer par elle. Nous devons rester mentalement impassible et faire confiance à notre capacité à gérer la situation au fil de son déroulement.

Ce processus risque de prendre du temps. Cependant, en utilisant nos expériences directes et chaque moment comme terrain d'apprentissage, nous allons petit à petit remarquer nos schémas de réaction habituels. Avec le temps, nous allons prendre conscience de notre manière de nous traiter et utiliser cette connaissance pour adopter une attitude plus bienveillante envers nous-même. Nous commençons à prendre soin de nous et à nous respecter; nous ne supportons plus les situations conflictuelles; nous ne laissons plus les autres profiter de nous ou nous dévaloriser; nous cessons de nous reléguer au second plan. Et lorsque nous sommes influencé par le monde extérieur ou que les pensées et les actions des autres ont un impact sur nous, selon Sun Tzu, si nous sommes bien ancré dans notre état de plénitude, nous avons le pouvoir de résister aux attaques sans être affecté par elles.

Notre guide intérieur devient notre allié de chaque instant, celui qui nous aide à avancer en douceur dans la vie. Nous ne devenons pas égoïste; nous intégrons simplement nos propres besoins et notre bien-être dans ce processus d'expansion. De cette manière, nous devenons capable de donner davantage dans tous les aspects de notre vie, car nous ne sommes plus en déséquilibre avec nous-même ni avec le monde extérieur (l'unité se développe). Nous devenons plus attentif à nos pensées et à nos actions pour ne ni nuire aux autres ni à nous-même.

À mesure que notre conscience contemplative en perpétuelle expansion se développe, les distractions diminuent et notre confiance en nous augmente. C'est à ce moment-là que nous commençons à reconnaître et à « entendre » notre guide intérieur, avec lequel nous progressons vers un mode de vie harmonieux de manière douce et bienveillante. Dans le même temps, nous devenons de plus en plus conscient de cette vérité profonde: chaque action, chaque pensée compte, et nous veillerons à les choisir de manière avisée.

Tel est le cheminement que Sun Tzu nous propose pour avancer à notre rythme, où que nous en soyons dans notre vie, vers cette victoire qui aura un impact positif sur nous-même, mais aussi sur le monde.

## LA NEUVIÈME ÉTAPE SUR LE CHEMIN CACHÉ VERS LA PAIX ET LA PLÉNITUDE

1. Appliquez les enseignements du chemin caché vers la paix et la plénitude de la manière qui vous convient le mieux afin d'élargir votre conscience contemplative *dès maintenant*.
2. Trouvez des occasions, à chaque instant, d'analyser en profondeur les habitudes qui se dissimulent dans votre vie. Repérez des circonstances (chez vous, au travail, pendant vos loisirs...) au cours desquelles les situations ne se déroulent jamais comme prévu et qui semblent freiner votre progression. Réfléchissez à la manière dont les schémas de pensée sur votre vie tendent à ressurgir sous forme de cycle et assumez la responsabilité d'améliorer les choses.
3. Choisissez un domaine de votre vie sur lequel vous pouvez concentrer votre attention. Chaque jour, prenez le temps de réfléchir à la manière dont vous êtes arrivé à cette situation et à l'avenir que vous souhaiteriez lui donner. Laissez passer les pensées qui vous freinent, la manière dont votre corps ou votre entourage vous perturbent, et procédez à des changements. Élargissez votre conscience à travers les expériences directes, laissez le temps à l'observateur de se centrer et de maintenir une conscience claire qui évolue de manière à développer une profonde interconnexion avec vous-même et le monde qui vous entoure.

***Le développement de la conscience contemplative*** est la neuvième étape sur le chemin caché vers la paix et la plénitude. Plus vous avez conscience des cinq obstacles, plus vous les analysez et comprenez comment ils freinent votre progression et vous volent votre quiétude, plus vous saurez faire des choix différents, réaffirmer votre détermination et prendre l'avantage.

Dans un futur proche, votre soleil intérieur deviendra naturellement un lieu de paix et d'équilibre, que vous ayez les yeux ouverts, fermés, ou que vous soyez en plein sommeil (car ils ne font qu'un).

Adoptez la méditation profonde dans votre quotidien afin de favoriser votre harmonie intérieure.

# Réflexions

« En maintenant un état de profonde concentration, votre conscience se libérera de la souffrance illusoire perçue par votre corps et vous remporterez la victoire. »

## 1

Écrivez dans un journal les événements de la journée et choisissez-en un au cours duquel vous avez senti que quelque chose avait détourné votre attention. De quelle manière pouvez-vous assumer votre part de responsabilité dans ce résultat et procéder à des changements pour que la situation ne se reproduise plus ?

## 2

Décrivez un moment où vous avez senti que votre conscience s'élargissait et expliquez ce que vous avez ressenti. Quelles méthodes pouvez-vous utiliser par la suite pour élargir à nouveau votre conscience et ressentir ce bonheur illimité et sans effort ?

## 3

Choisissez celui des cinq obstacles qui vous cause le plus de souci. Analysez-le, utilisez vos connaissances et agissez avec bienveillance pour trouver un moyen de reprendre le contrôle de votre conscience.

## 4

Passez aujourd'hui quinze minutes centré sur votre soleil intérieur (les yeux ouverts ou fermés) et décrivez ce que vous avez découvert.

5

Quelles sont les pensées les plus fortes qui ont perturbé votre état de conscience contemplative et en quoi la concentration peut-elle vous aider à les laisser circuler librement ?

6

Décrivez un moment où vous avez ressenti un grand calme intérieur – quand votre esprit ne bavardait pas et que le monde extérieur semblait silencieux.
Si vous avez déjà ressenti cet état, essayez maintenant d'élargir votre conscience contemplative et décrivez ce que vous ressentez. Que vous y parveniez ou non, expliquez votre ressenti.

7

Décrivez un moment récent au cours duquel vous avez surpris votre esprit en train de vagabonder à cause de l'un des cinq obstacles, et la manière dont vous avez réussi à surmonter la pensée et à retrouver toute votre attention.

8

Dressez une liste de vos pensées dominantes influencées par vos croyances limitantes (comme la peur du manque ou le sentiment de ne pas être digne de quelque chose) et examinez-les par le biais de la méditation afin de comprendre comment vous en êtes arrivé à ce que cela devienne votre réalité. En utilisant une approche bienveillante, comment pouvez-vous maintenir cette conscience et faire naître de nouvelles perspectives pour façonner un avenir davantage guidé par l'intuition ?

# 9

Que signifie pour vous « prendre soin de soi » ? Et quelle unique mesure pourriez-vous prendre pour intégrer cette notion dans votre quotidien ?

# 10

Que signifie pour vous « prendre soin de soi de manière consciente » et quelle unique mesure pourriez-vous prendre pour intégrer cette notion dans votre quotidien ?

# 11

Mentionnez trois croyances limitantes qui freinent systématiquement votre capacité à élargir votre conscience en perpétuelle expansion.

# 12

Partagez trois choses que vous avez toujours voulu faire, mais que vous n'avez jamais crues possibles. Quelles ruminations mentales ont perturbé votre motivation profonde à réaliser ces objectifs ? Que pourriez-vous faire pour réaliser au moins l'une d'elles ?

# 10

# Le territoire de l'esprit[33]

**1.** Sun Tzu a dit : « Il nous faut distinguer les six déploiements[34] du territoire de l'esprit. » Ils sont :

**a)** les pensées conscientes qui se déploient et émergent d'une manière qu'il est possible de les comprendre et de les explorer (*terrain accessible*) ;

**b)** les pensées conscientes qui se déploient et émergent de manière entrelacée ou trompeuse (*terrain insidieux*) ;

**c)** les pensées perçues qui se déploient et émergent de manière évasive, hésitante en raison d'une procrastination ou d'une indécision (*terrain temporisant*) ;

**d)** les pensées perçues qui se déploient et émergent comme étant hyperfocalisées, restrictives, souvent en réaction à des événements extérieurs (*passages étroits*) ;

**e)** les flux de pensées qui se déploient et émergent comme des obstacles, escarpés et difficiles à surmonter, souvent inattendus (*terrain abrupt*) ;

**f)** les flux de pensées en développement qui émergent aux abords de la conscience, en périphérie, isolés, sectionnés (*emplacements éloignés des uns des autres*).

**2.** Une pensée consciente qui peut être traversée par la conscience et se désengager d'elle-même est dite « accessible ».

---

33. Le « territoire de l'esprit » est plus spécifiquement traduit par « la nature en perpétuelle évolution de l'esprit ».
34. Le terme « déploiement » est utilisé ici pour décrire le processus par lequel les différents types de pensée apparaissent dans notre champ de perception consciente et intuitive. De même, les termes « pensée consciente », « pensée perçue » et « flux de pensées » sont utilisés pour offrir au lecteur différentes façons d'exprimer la même idée qui est limitée par le langage. Nous reviendrons sur ce sujet dans ce chapitre.

3. Quand les pensées de cette nature pénètrent le champ de la pensée consciente, maintenez votre conscience concentrée – votre attention – sur votre soleil intérieur et ne gaspillez pas votre énergie vitale. Vous serez alors capable de « lutter » (ou de maintenir votre position) avec un avantage.

4. Une pensée consciente qui peut être « abandonnée » (ou mise de côté), mais qui peut malgré tout rendre difficile le fait de se recentrer, est dite « enchevêtrée ».

5. Quand les pensées de cette nature entrelacent (ou trompent) le champ de la pensée consciente, affirmez avec douceur votre conscience concentrée pour maintenir votre attention si lesdites pensées sont encore faibles. Toutefois, si cette pensée nuisible se renforce (c'est-à-dire si on lui accorde de l'attention), que vous ne pouvez l'empêcher de s'enraciner dans l'esprit et que vous perdez, en somme, votre concentration, c'est le désastre assuré.

6. Une pensée consciente qui ne parvient pas à disparaître et qui continue d'occuper le centre de votre attention, souvent du fait de votre procrastination, est dite « évasive ».

7. Quand les pensées de cette nature tentent d'attirer votre attention, il est préférable d'inciter la nature entière du flux de pensées à émerger pour vous permettre de le « voir » clairement, de manière à reprendre le contrôle, en utilisant votre conscience concentrée.

8-9. Au sujet des pensées hyperfocalisées, si vous prenez tout de suite des mesures actives pour les contrôler, vous éviterez une forte résistance de l'esprit ; vous reprendrez aussi l'avantage en laissant les sensations exacerbées s'estomper, en les laissant « passer », se dissiper, ou s'affaiblir.

10. En ce qui concerne la pensée consciente qui émerge aux abords de votre champ de perception, si vous savez d'emblée qu'elle a le pouvoir de nuire à votre concentration, ne la laissez pas se rapprocher (en vous focalisant sur elle), car vous la rendriez accessible. Restez centré sur votre soleil intérieur et attendez de voir si elle survient et disparaît d'elle-même.

11. Dans tous les cas de figure abordés, si l'ennemi de la pensée occupe votre champ de perception consciente et prend le pas sur votre conscience concentrée, ne suivez pas le fil des pensées, battez en retraite et attendez qu'il passe.

**12.** Si, en pleine concentration, une pensée qui semble venir de très loin émerge et que votre conscience concentrée associée à votre énergie vitale ont une force d'intensité comparable à ce qui est sur le point d'arriver, il sera peut-être difficile d'imposer votre volonté au fil de pensées. Perdant votre concentration et votre détermination, vous pourriez vous retrouver en situation de désavantage.

**13.** Les six principes relatifs au déploiement des pensées conscientes sont associés à la Terre (corps/nature, yang/conscience inférieure).

**14.** Si la conscience concentrée est confrontée aux six revers de la pensée consciente et qu'elle ne découle pas de l'intuition naturelle, cela indique que l'observateur est en déséquilibre. Les six façons les plus répandues qui peuvent mener au déséquilibre de l'esprit de l'observateur sont les suivantes :

**a)** évasion, rêveries, abandon (*fuite*);

**b)** entêtement, obstination, incapacité/résistance obstinée au changement (*inflexibilité*);

**c)** surcharge émotionnelle, perte du contrôle de soi, chagrin (*effondrement*);

**d)** sentiment d'échec, ne pas être à la hauteur (*ruine*);

**e)** impression/sentiment de tumulte mental, confusion, perturbation/désordre, bouleversement mental, pensée désorganisée ou frénétique (*chaos*);

**f)** défaite mentale complète et écrasante (*déroute*).

**15.** La *fuite* (ou le fait de se perdre dans la rêverie) se produit lorsque l'observateur tente de développer sa concentration et que l'« ennemi » de la pensée est plus puissant (même agité). C'est comme faire face à une armée dix fois plus importante : il sera difficile de restaurer l'équilibre et l'esprit risque de s'évader ou d'esquiver, au lieu d'affronter la difficulté perçue.

**16.** Si les flux de pensées sont trop puissants et que la détermination est trop faible, la capacité à recentrer sa conscience devra faire face à une résistance inflexible au changement qui risque de vous submerger et d'empêcher le retour à l'équilibre.

17. Si le champ de la conscience est en proie à une colère qui risque d'être difficile à apaiser, l'observateur, tout en tentant de recentrer sa conscience, sera surpris de voir à quel point les flux de pensées peuvent devenir rapidement vindicatifs et hors de contrôle. Ils reprennent ainsi l'avantage sur l'observateur, qui va céder au sentiment d'échec et à l'impression de ne pas être à la hauteur.

18. Quand la conscience concentrée est faible et ne fait pas preuve d'autorité (volonté), quand toute tentative de « commander » ou de recentrer l'attention est hésitante ou n'est pas assez forte, quand aucune initiative ou stratégie n'est mise en place et que l'esprit est indiscipliné et agité, il en résulte une confusion totale.

19. Quand la conscience concentrée est incapable d'anticiper la force d'un flux de pensées et laisse les habitudes « négatives » prendre le dessus sur la volonté d'ordinaire plus forte, l'observateur perd sa capacité à rester focalisé, car il a négligé de développer sa concentration. Le résultat est une défaite cuisante.

20. L'élève qui a atteint l'état d'équanimité doit particulièrement prendre en compte les six manières qui risquent de mettre en péril son harmonie intérieure.

21. La capacité à percevoir l'intuition qui émerge spontanément sera un atout pour l'élève. Toutefois, la véritable maîtrise réside dans sa capacité à estimer l'ennemi de la pensée et à aborder avec douceur les éventuels obstacles qui menacent l'harmonie.

22. Celui qui possède ces connaissances et les met en pratique remportera la victoire (plénitude). Celui qui n'en a pas encore conscience ou ne les met pas en pratique demeurera dans un état de déséquilibre mental.

23. Ceux qui pratiquent la sagesse savent que la victoire sur les pensées et les sens ne repose que sur le pouvoir de la volonté. Qu'ils décident de s'impliquer ou non dans les pensées et les sens – peu importe que la victoire soit possible ou non –, elle est la seule autorité à laquelle il faut se soumettre.

24. Le maître qui développe et renforce sa volonté sans chercher à s'élever au-dessus des autres et qui se met en retrait du monde extérieur sans craindre d'être impopulaire, celui dont l'unique préoccupation est de protéger la paix et l'harmonie de son esprit et d'être au service des autres de manière douce et bienveillante, est considéré comme le joyau du royaume (univers[35]).

35. Le royaume ou « univers », le « tout éternel ».

**25.** Si vous traitez votre volonté comme vous traitez votre enfant, elle se renforcera, s'harmonisera avec votre intuition et vous accompagnera même au-delà de la vie terrestre.

**26.** Si l'élève ne parvient pas à discipliner les flux de pensées, la volonté ne pourra pas affirmer son autorité (ou maintenir une conscience concentrée). Les émotions seront donc livrées à elles-mêmes et elles engendreront un désordre mental. Dans ces cas de figure, la détermination (ou volonté) se comporte comme un enfant gâté et devient inutile pour parvenir à un état de conscience centrée.

**27.** Si nous exerçons notre volonté en nous opposant à nos pensées et croyances limitantes et que nous essayons malgré tout, tout en ayant conscience que *nous allons échouer*, nous sommes à mi-chemin de la victoire.

**28.** Si nous exerçons notre volonté en nous opposant à nos pensées, à nos croyances limitantes et que nous essayons quand même, en ayant conscience que *nous n'allons réussir qu'en partie*, nous sommes à mi-chemin de la victoire.

**29.** Si nous exerçons notre volonté en nous opposant à nos pensées et croyances limitantes, et que nous pensons être capable de réussir, ayant conscience que les circonstances (par exemple physiques ou mentales) pourraient nous en empêcher, nous nous approchons malgré tout de la victoire.

**30.** En conséquence, l'élève aguerri, une fois qu'il passe à l'action, n'est jamais dérouté (ou n'a pas peur d'un échec éventuel) ; dès qu'il agit selon son intuition, il ne se sent jamais dépourvu.

**31.** D'où ce dicton : si vous connaissez le défi à relever et vous-même, votre victoire (sur les obstacles) ne sera pas remise en question ; si vous connaissez le ciel (yin) et la Terre (yang) et si vous connaissez votre esprit dans sa totalité, votre victoire sera complète.

## INTERPRÉTER LA SAGESSE INTEMPORELLE DE SUN TZU

À ce stade, Sun Tzu nous encourage à approfondir notre pratique en fonction de nos premières expériences dans la gestion de l'esprit et des pensées. Si nous progressons par étapes – en observant et en interrompant les flux de pensées, en observant le fonctionnement de l'esprit à chaque instant, en l'analysant et en nous posant des questions pour mieux nous comprendre –, nous réalisons de réels progrès, même s'ils nous semblent modestes. Pour autant, même si nous avons l'impression de surmonter certains aspects de nous-même, une nouvelle pensée peut surgir à tout moment, tel un coup de gong retentissant, et résonner dans notre champ de conscience au point de nous perturber.

Parallèlement, nous devons être conscient que les pensées ne sont pas mauvaises ou épouvantables. Elles existent, tout simplement. Kosho Uchiyama Roshi (maître du bouddhisme zen japonais) les compare à des sécrétions[36] et les associe à toute autre substance corporelle ; de la même manière que le nez sécrète du mucus, que les oreilles sécrètent du cérumen, l'esprit sécrète des pensées. Quel sentiment de liberté que de pouvoir percevoir celles-ci comme une fonction que chacun possède sans les juger, plutôt que comme quelque chose dont il faudrait se débarrasser.

Même si nous utilisons un langage courant pour engager une conversation sur la manière dont les pensées apparaissent, nous devons garder en tête qu'elles ne perturbent notre harmonie que si nous les laissons faire, ou si nous leur attribuons une attention exagérée. Quand bien même nous aurions atteint un état de conscience douce et une harmonie paisible, une pensée ou une émotion peut surgir... Si nous la percevons comme agitée ou intrusive, elle risque de détourner notre attention et d'être réellement agitée ou intrusive. Cependant, par essence, les pensées ne font qu'aller et venir de manière parfaitement naturelle et nous pouvons choisir de ne pas intervenir, de ne pas leur accorder d'attention, les laissant quitter notre champ de pensée de manière tout aussi naturelle.

Sun Tzu propose une vision détaillée de l'endroit et de la manière dont nos pensées fonctionnent et se déploient (voir chapitre 11). Nous devons nous en inspirer, car plus nous accumulons de connaissances, plus nous sommes capable de percevoir l'expansion de notre conscience, d'explorer son potentiel illimité et d'instaurer de longs moments d'harmonie. Le calme et la paix deviennent la norme, au point que nous remarquons bien plus facilement l'intrusion d'une pensée ou d'un concept. Pour progresser, il est important de comprendre comment les pensées, les concepts, les idées, les images, etc., apparaissent en douceur dans notre esprit et risquent de détourner notre attention ou notre volonté.

36. Voir *How to Cook Your Life : From the Zen Kitchen to Enlightenment* (Shambhala Publications, 2005), pp. 28-29.

**Leçon 1 (1-13) : les six types de pensées**

Sun Tzu nous propose les six déploiements comme moyen de percevoir et d'être plus réceptif à la manière dont la perception évolue. Des pensées émergent ; nous pouvons facilement les *pénétrer*, les *percer* et les laisser s'éloigner. Nous en percevons certaines comme *entrelacées* et capables de nous tromper, sans penser qu'elles vont s'enraciner. D'autres pensées ou perceptions apparaissent dans le champ de la pensée consciente et sont évasives ; elles tentent de gagner du temps, de procrastiner, hésitent. Elles vont et viennent, s'enracinent ou disparaissent, mais elles ont toutes en commun le pouvoir de perturber votre concentration intérieure.

Parfois, nous sentirons apparaître des pensées hyperfocalisées et restrictives, qui donnent l'impression d'être très étroites dans leur portée. Nous y réagissons souvent en souhaitant être libéré de ce qui a pu les provoquer. Certaines surgissent aussi comme des obstacles – celles qui semblent difficiles à surmonter ; et, comme nous ne pouvons pas les anticiper, elles apparaissent intenses et perturbent notre tranquillité d'esprit. D'autres semblent apparaître aux abords de la conscience, isolées ou éloignées, comme si elles n'allaient pas tenter de nous contrôler, sauf si nous décidons de nous concentrer sur elles, ce qui les « attire » finalement vers notre esprit.

Comme l'explique Sun Tzu, le champ de perception est bien le territoire où l'esprit évolue. La manière dont les pensées se fraient un chemin dans notre conscience peut attirer notre attention (ou non), puis disparaître. Nous utilisons des mots pour donner une forme ou un sens à ce que nous appelons un « champ », mais ils ne suffisent pas pour exprimer ce qu'il est en réalité. Cela dit, vous pouvez sentir si vos pensées sont « à proximité » ou « au loin » et percevoir si elles sont étroites et toutes proches, prêtes à monopoliser votre attention. De même, vous pouvez sentir si votre conscience est libre de tout obstacle, dans un état de « *flow* », ouverte et sereine. Dans ce cas, vous vous demandez pourquoi vous ne *pensez pas* et, de fait, « attirerez » les pensées vers vous. C'est comme lorsque vous pensez à quelque chose, pendant un instant, et que tout semble sans importance, *jusqu'à ce que cela le devienne* ! Alors, souvenez-vous : le « champ de bataille » et les positions de la pensée (dans le territoire de l'esprit) sont là pour vous aider à acquérir une nouvelle compréhension de la manière dont l'esprit est naturellement en mouvement. Il génère en permanence des pensées qui, si vous vous y accrochez et vous concentrez dessus, vont rompre l'équanimité de l'unité consciente.

Sun Tzu poursuit en expliquant que pour maîtriser cet afflux de pensées, nous pouvons apprendre à mieux contrôler l'esprit et déblayer le « champ de bataille » si nous prenons conscience des schémas de pensée quand ils apparaissent dans notre champ de perception, et plus important encore, de la manière dont ils surgissent aux *mêmes endroits*, avec

les *mêmes caractéristiques*. Cette connaissance préalable nous permet de livrer la «bataille harmoniser les espaces insécables ». Par exemple, si vous sentez qu'une pensée est sur le point de surgir (dans le champ de perception) et que vous comprenez qu'il s'agit du « type » qui a le potentiel de rompre votre concentration, vous *ne pouvez pas* lui accorder d'attention. C'est aussi simple que cela.

Le moyen le plus sûr d'atteindre un état de calme et d'équilibre est de maintenir la conscience concentrée : un esprit centré sur le soleil intérieur qui va ensuite étendre notre volonté et notre unité dans le champ illimité de la perception. Le fait de nous détacher de nos pensées va nous aider à « renforcer » notre lumière intérieure. Sun Tzu nous rappelle que nous ressentons déjà une présence consciente et unie, mais, puisque tout évolue – car nous vivons depuis tellement longtemps avec un esprit non régulé –, nous avons la possibilité de renforcer notre connexion et de ne pas laisser le désordre s'installer.

Cependant, même si nous *sommes* déjà emporté, le soleil intérieur brille, toujours prêt et accessible. Même dans les moments les plus « difficiles » de notre vie, nous avons cette même possibilité de sentir et de recevoir l'équilibre (ainsi que des informations, des conseils) de notre intuition ; nous faisons simplement en sorte de faciliter notre expérience de la vie (ou la perception que nous en avons) sans interférences.

Comme Sun Tzu l'explique, quand nous ne parvenons pas à « abandonner » une pensée, il devient difficile de démêler notre perception. Quand nos pensées sont emmêlées, nous pouvons renforcer notre concentration pour retrouver toute notre attention afin d'éviter que les choses ne se compliquent davantage. Les pensées nous trompent jusqu'à ce qu'elles nous obsèdent et que notre paix intérieure semble ébranlée.

Au bout du compte, nous avons l'impression de livrer une guerre dans notre esprit et d'être incapable de contrôler nos pensées. Même celles qui semblent anodines, puisqu'elles apparaissent de loin, peuvent soudainement se rapprocher et nous entraîner dans un état de tourmente mentale pour tenter de retrouver le contrôle. Avant même de nous en rendre compte, la paix et la tranquillité que nous ressentions volent en éclats !

Dans tous ces cas de figure, si nous ne suivons pas nos pensées ou que nous ne nous accrochons pas à elles, elles disparaîtront. Si une pensée apparaît, avant même qu'elle n'émerge dans notre conscience, nous pouvons affirmer notre conscience concentrée et la dissiper de manière à ne pas perdre notre équilibre intérieur, notre détermination... Une fois encore, ce processus se produit à chaque instant, pas seulement pendant les moments où nous nous sommes en retrait de la « vie ».

Lorsque vous vaquez à vos occupations du quotidien, observez votre esprit et vos pensées. Tentez de comprendre comment elles apparaissent dans les différentes zones de votre perception. Apprenez à les

connaître pour anticiper ce qu'il va se passer. S'il s'agit d'une pensée qui se trouve aux abords de votre conscience et que vous savez qu'elle peut rompre votre concentration, affirmez votre volonté. Dirigez votre conscience vers votre soleil intérieur. Plus vous pratiquerez, plus votre champ de perception va s'éclaircir, renforcer votre volonté et vous guider vers la victoire.

**Leçon 2 (14-20) : la volonté comme autorité ultime**

Sun Tzu nous offre un moyen de reconnaître et de discerner les six manières qui risquent de nous faire perdre notre harmonie intérieure (*fuite*, *inflexibilité*, *effondrement*, *ruine*, *chaos* et *déroute*). Plus nous devenons conscient de ce qui risque d'entraver notre connexion à notre intuition (plénitude), plus nous parviendrons à éliminer le cycle de déséquilibre. Nous pouvons y arriver en maintenant notre concentration dans le but de réguler notre champ de perception.

Que cherchons-nous, au juste ? Fuite, rêverie, entêtement, obstination ou incapacité au changement ; surcharge, perte du contrôle de soi, chagrin ; sentiment d'échec, de ne pas être à la hauteur ; impression de tourmente mentale, confusion, perturbation/désordre, agitation de l'esprit, désorganisation ou pensée frénétique. Et pour terminer, déroute mentale totale et écrasante.

Prenez le temps de réfléchir à la manière dont nous pouvons perdre notre harmonie intérieure à travers chacun des six revers. Identifiez où et comment, dans votre vie, ils peuvent continuer à vous maintenir en position de faiblesse. Nous devons affirmer notre détermination. C'est comme vouloir rompre une habitude et se dire : *allez, juste une dernière fois, non ?* Dès l'instant où vous cédez à votre corps, votre volonté s'affaiblit. Vous resterez fondamentalement la même personne et réagirez toujours de la même manière – en ayant les mêmes pensées –, au lieu de créer un nouveau cycle, un nouveau « vous » libéré de vos obstacles mentaux, une personne centrée et capable de déployer une énergie forte grâce à la force et à l'unité de votre soleil intérieur.

En suivant « sciemment » nos schémas de pensée, nous renonçons à notre libre arbitre, à notre volonté, au champ de bataille et nous *ébranlons notre détermination.* Nous risquons d'éprouver des états mentaux différents qui pourraient mener à un véritable état de désordre. Plus votre volonté sera forte, plus vous saurez surmonter les habitudes et plus vous continuerez à progresser vers un état d'équanimité la plupart du temps (et, au bout du compte, *tout le temps*).

Même si nous pensons qu'une pensée est insignifiante, nous devons reconnaître le coût de ce qu'implique le fait de maintenir les vieux schémas de pensée ou de laisser nos émotions prendre le dessus sur notre volonté. Pour cela, il suffit de recommencer avec une volonté forte et d'agir avec détermination.

**Leçon 3 (21-25) : le pouvoir de l'intuition**

Notre don inné, notre allié le plus précieux, est notre intuition naturelle, et il ne faut jamais la sous-estimer. Elle est disponible même quand nous nous sentons perdu ou désespéré. Plus nous nous y connectons ou plus nous puisons en elle, en la laissant se déployer et se manifester pleinement, plus les perturbations et les obstacles ont du mal à perturber notre concentration.

Nous développons une sorte de ressenti *de ce qui est* et perdons ainsi notre tendance à douter, car nous avons une profonde connaissance, au-delà des mots et des situations ou des circonstances. C'est un peu comme lorsque vous décidez, pour une raison qui semble le fruit du hasard, de ne pas faire quelque chose pour découvrir un peu plus tard que vous avez évité un danger. C'est le pouvoir de l'intuition, qui existe en chacun de nous. Plus nous puisons en elle, plus notre vie est fluide, car nous sommes moins interrompu par les obstacles. En théorie, si nous accordons à l'intuition l'autorité ultime, les pensées sont moins fréquentes, car nous sommes moins rongé par le doute, l'inquiétude, la peur, etc., qui ont été remplacés par la « connaissance constante ».

Même face à une situation que nous pouvons juger difficile ou « négative », nous sommes – grâce à notre connaissance intuitive – mieux à même de la percevoir comme une partie de notre plénitude naturelle, nécessaire à notre croissance.

Nous avons tendance à penser que l'esprit agité est dans son état normal, alors que la sérénité mentale est notre état naturel, et non l'agitation. En nous efforçant de comprendre le territoire de l'esprit, nous découvrons que même un petit effort peut avoir un impact significatif. Vous aurez des jours de quiétude mentale, puis la moindre contrariété risquera de vous perturber, mais vous refuserez d'en arriver là et vous vous protégerez contre ces intrusions. En réalité, vous commencez à comprendre les nombreuses manières dont les perturbations surgissent et vous ne souhaitez plus qu'elles se fraient un chemin dans votre champ de perception.

En maintenant une concentration forte afin de protéger votre sérénité et votre équilibre intérieurs, vous devez agir selon la décision de votre volonté, avec détermination. Si vous n'êtes pas pleinement engagé, vous ne parviendrez pas à renforcer votre concentration. Alors, mettez-y tout votre cœur et votre énergie !

Comme Sun Tzu l'explique, celui qui agit avec force détermination, sans volonté de s'élever au-dessus des autres, et qui se met en retrait du monde extérieur sans craindre d'être mal perçu, celui dont l'unique préoccupation est de protéger son équilibre et son harmonie intérieurs tout en étant au service des autres de manière douce et bienveillante[37] sera le

37. Pour faire simple, quand nous régulons l'esprit, notre champ de perception, pour l'amener vers un état d'équanimité, les autres ressentent notre paix intérieure et nous pouvons agir avec bienveillance, car nous ne sommes plus influencé par les distractions, les perturbations extérieures, le jugement, le déséquilibre, etc.

joyau du royaume (univers), le maître Sun. Plus nous agissons en laissant notre volonté guider notre vie, moins nous risquons d'échouer ou de douter. Nous devons la traiter comme un enfant : avec tendresse et vigilance.

**Leçon 4 (26-31) : le cycle des défis**

Comme les pensées se manifestent sous forme de flux et qu'elles circulent à travers le champ de perception, nous ressentirons des instants de victoire puis des moments où nous devrons surmonter les distractions afin de restaurer notre concentration. Les habitudes, les limites, les émotions non résolues (celles qui appartiennent à la vie passée, par exemple) peuvent revenir sous forme de cycles à la manière de réseaux de mémoire qui, si nous ne sommes pas suffisamment vigilant, peuvent engendrer un désordre mental.

Supposez que vous ayez peur de parler en public et que vous affirmiez votre détermination pour la surmonter. Vous pourriez prendre l'habitude de vous exprimer devant une foule avec aisance, voire d'envisager une carrière dans un domaine où cette compétence est importante. Avec le temps, comme le champ de perception est en perpétuelle évolution et qu'il traverse des cycles, cette émotion pourrait refaire surface et vous pourriez de nouveau ressentir de la peur à l'idée de prendre la parole en public. Peut-être ne ressentiriez-vous pas mentalement la peur face à votre auditoire, mais le corps pourrait montrer des signes de nervosité.

Étant donné que notre champ de perception continue d'évoluer et de raviver les émotions et pensées du passé par le biais de la mémoire[38], *celles que vous pensez avoir maîtrisées* pourraient ressurgir, mentalement ou physiquement et vous donner l'impression que votre énergie est bloquée dans votre corps. Cependant, grâce à votre volonté inébranlable, vous pouvez reprendre le contrôle de vos émotions. Les exercices énergétiques, tels que le tai-chi ou le qi gong, peuvent vous aider à libérer les souvenirs bloqués dans le corps, et par là même l'énergie qui leur est associée, afin de restaurer votre équilibre.

En définitive, c'est votre volonté et votre capacité à agir qui vont déterminer vos chances de remporter la victoire. Même si nous savons que nous allons échouer, nous essayons quand même. Même si nous avons conscience que nous pourrions en partie échouer, nous essayons malgré tout. Un succès, même partiel, est déjà une victoire. Chaque fois que nous affirmons notre détermination pour surmonter un obstacle, nous gagnons du terrain. La clé est d'agir selon notre volonté et de ne pas l'affaiblir avec des efforts hésitants. Dans la mesure où notre intuition est toujours présente pour nous guider, nous pouvons nous fier à notre sagesse intérieure et ne pas craindre le risque d'échec.

38. La mémoire, comme l'explique Sun Tzu, comprend l'empreinte que peut laisser l'énergie dans nos cellules, les souvenirs de vies antérieures ou les souvenirs historiques.

Nous pouvons ainsi faire face aux défis et aux obstacles tout en sachant avec certitude que nous nous rapprochons de la victoire.

## COMPRENDRE LE DÉVELOPPEMENT DE L'ESPRIT

Sun Tzu nous fournit un aperçu de la conscience consciente en évolution constante, l*e territoire de l'esprit en perpétuel déploiement*. Imaginez-le comme un champ de bataille ou une région que nous pouvons traverser, par opposition à un concept intangible et invisible sur lequel nous n'avons aucun contrôle. Sauf que nous avons bel et bien le contrôle ! Pour autant, quand nous explorons ce « territoire » de l'esprit – ou des neuf champs (impartiaux) de la perception (voir chapitre 11) –, nous abordons des questions simples sur les endroits où les pensées « apparaissent » dans le champ de perception consciente de notre esprit. Nous interrogeons la manière dont elles se manifestent sous forme de cycles ou dont elles se connectent. En clair, nous nous demandons comment elles peuvent ou non perturber notre état naturel d'équanimité.

Là, maintenant, faisons une pause pour nous connecter au territoire que vous savez ou que vous sentez être votre esprit. Où se situe-t-il ? Où naissent les pensées ? (Pas dans votre cerveau, mais dans un endroit ouvert et spacieux – sans doute autour de vous.) En prenant conscience de votre esprit ou de vos pensées, vous pourriez ressentir une sorte de silence intérieur. Attendez qu'une pensée apparaisse. Elle est là ? Dirigez votre attention vers elle. D'après ce que vous ressentez, où est-elle apparue ? Devant, derrière, sur le côté, partout ?

Nous allons explorer et comprendre la « zone » ou le « territoire » où la pensée se matérialise. Il s'agit d'une méthode vraiment exceptionnelle pour reconnaître que les pensées ne sont pas forcément confinées au cerveau ou au corps, mais qu'elles se forment (au sens figuré) de manière illimitée autour de vous – parfois dans ce que l'on appelle le « champ quantique » –, dans l'espace ou, le ciel. Sainte Thérèse l'a comparé au temple de Salomon, « où régnait un silence total », quand elle a accédé à un état de silence profond qui lui a fait quitter la réalité ordinaire[39].

Ceci est important, car nous n'avons pas besoin d'utiliser un langage complexe pour parler de la *chose* que nous voulons transmettre. Nos pensées ne sont pas enfermées dans notre cerveau, et quand vous discuterez de l'endroit où se trouvent les pensées avec une autre personne, vous constaterez que votre pensée se trouve juste à côté de la sienne ! Sa perception est en harmonie avec la vôtre, car il n'y a pas de frontière entre elles. Quand vous percevrez des pensées qui sont extérieures à vous, vous serez en mesure d'anticiper la manière dont elles se déplacent, à la manière d'une armée, dans votre champ de conscience. Nous avons donc la capacité

39. Septième demeure, chapitre 2, *Le Château intérieur*.

de sentir et de percevoir la conscience des autres et, parfois, de savoir ce que les autres pensent avant même qu'ils n'expriment leur pensée. Cette capacité ne fait que se renforcer avec le temps.

Comment pouvons-nous développer cette compréhension ? Il suffit de vivre notre vie de tous les jours en étant conscient des six obstacles. Prenez le temps de consulter la liste et de comprendre comment chacun d'eux joue un rôle dans votre processus de pensée. *Connaissez-vous vous-même*. Sachez à l'avance comment vous « vous évadez » ou vous « vous laissez aller à la rêverie » pour éviter d'affronter des difficultés, puis soyez attentif lorsque cette situation refait surface. Apportez des changements. Affirmez votre volonté, même quand vous savez que vous allez échouer. La prochaine fois, ce sera plus facile. Poursuivez vos efforts et ne renoncez jamais. Une fois que vous maîtrisez l'un des six revers, passez au suivant et continuez à remporter des batailles, en maintenant votre détermination et votre concentration.

L'objectif est de reconnaître que les pensées ne sont pas aussi puissantes qu'elles veulent bien vous le faire croire. Quelque chose qui vous pose un problème depuis longtemps peut être balayé grâce à l'amour et la sérénité. Lorsque nous parvenons à maintenir un état de calme intérieur, harmonieux et en équilibre, les « sécrétions » – les pensées naturelles – s'estompent. Ou, quand elles réapparaissent, elles n'ont plus la même force pour perturber votre calme intérieur. En réalité, vous *comprenez* mieux.

## LA DIXIÈME ÉTAPE SUR LE CHEMIN CACHÉ VERS LA PAIX ET LA PLÉNITUDE

**1.** Appliquez les enseignements du chemin caché vers la paix et la plénitude de la manière qui vous correspond le mieux, afin de vous imprégner du territoire de l'esprit dès maintenant.

**2.** Trouvez des occasions, à chaque instant, de vous connecter à votre intuition pour comprendre le chemin à suivre, à travers les six déploiements, afin de mettre fin aux soucis et à la dualité des pensées. Même dans les moments difficiles, tentez de percevoir votre état de conscience calme derrière les émotions et les sens. Remarquez comment et « où » la pensée apparaît, de manière à anticiper le « type » de pensée et la manière dont elle va agir et évoluer. Vous aurez ainsi la confiance nécessaire pour rester concentré.

**3.** Soyez attentif aux moments de la journée au cours desquels vous sentez que vous êtes confronté à l'un des six revers. Essayez d'affirmer votre volonté et de recentrer votre concentration. Laissez les pensées aller et venir, sans leur donner une raison de créer une emprise sur vous. Ayez conscience de votre capacité à dire « non » aux schémas de pensée récurrents et aux habitudes pour surmonter vos propres limites. Faites en sorte que l'harmonie et le calme soient votre priorité, même quand vous avez l'impression que vous pourriez échouer.

***Le territoire de l'esprit*** est la dixième étape sur le chemin caché vers la paix et la plénitude. Plus vous comprendrez les six déploiements et les six revers, plus vous parviendrez à générer de nouvelles perspectives pour votre vie. Observez et gérez vos schémas de pensée récurrents quand ils surgissent dans le champ de la perception. Sentez où ils apparaissent et soyez prêt à les « permettre » et à les « réguler » en utilisant l'approche douce de l'observation. Agissez à l'opposé de vos pensées limitantes ou de vos croyances et faites du maintien de votre paix intérieure la priorité, en faisant preuve de bienveillance et de douceur envers les autres.

# Réflexions

« L'élève qui est parvenu à l'état d'équanimité doit connaître les six facteurs qui risquent de compromettre l'harmonie. »

## 1

Choisissez l'un des six déploiements du territoire de l'esprit et décrivez un moment où vous avez expérimenté le type de pensée expliqué précédemment (enchevêtrée, accessible, etc.) et comment il vous a emporté.

## 2

Choisissez un autre des six déploiements du territoire de l'esprit et donnez un exemple de moment où vous avez expérimenté le type de pensée expliqué précédemment et comment vous l'avez surmonté.

## 3

Quand une pensée apparaît aux abords de votre champ de perception, elle semble loin, mais elle n'en est pas moins capable d'être attirée vers le centre de notre attention pour en prendre le contrôle. Examinez un fil de pensées que vous n'aviez pas remarqué jusque-là et que vous avez attiré, puis analysez les résultats ; avez-vous été capable de le laisser passer, ou vous a-t-il distrait ?

## 4

Concentrez-vous et observez vos pensées, puis dessinez une carte de votre champ de perception pour voir où certaines des pensées récurrentes ont pu apparaître. Que retenez-vous ?

## 5

Choisissez l'un des six revers et décrivez la manière dont votre harmonie a été perturbée. Avec le recul, par quel moyen auriez-vous pu l'éviter ?

## 6

Choisissez l'un des six revers et décrivez un moment où votre harmonie n'a pas été rompue. Avec le recul, qu'avez-vous fait pour maintenir votre état d'équanimité ?

## 7

Des six revers, lequel fragilise le plus votre harmonie ? Lequel la fragilise le moins ?

## 8

Partagez un moment où vous avez réussi à sentir que votre intuition naturelle se manifestait et la manière dont elle a œuvré avec votre volonté pour favoriser un état de calme et d'harmonie ou trouver une solution à une situation.

## 9

Décrivez un moment où vous saviez que vous échoueriez, mais où vous avez malgré tout essayé et en avez tiré un bénéfice. Citez un moment au cours duquel vous avez exercé votre volonté pour contrer une pensée ou une habitude limitante et où vous en avez tiré un bénéfice.

## 10

Décrivez un moment auquel vous avez entrepris quelque chose et où, en cours de route, vous avez senti que vous échoueriez - mais vous avez malgré tout essayé.
Quelle leçon retenez-vous de cette expérience et comment pourriez-vous la mettre par la suite en pratique ?

## 11

Partagez un moment au cours duquel votre intuition vous a permis de surmonter une difficulté.

## 12

Réfléchissez au passage suivant et écrivez un paragraphe court sur ce qu'il signifie pour vous.
« Si vous connaissez le défi et vous-même, votre victoire [sur n'importe laquelle de vos limites] ne sera pas remise en doute ; si vous connaissez le ciel [yin] et la Terre [yang] de telle manière que vous avez accès à votre esprit dans son intégralité, votre victoire n'en sera que plus complète. »

# 11

# Les neuf champs (impartiaux) de la perception

1. Sun Tzu a dit : « L'art de maîtriser l'unité de la conscience et de l'équanimité consiste à comprendre les neuf champs de la perception, qui ne sont ni bons ni mauvais, mais neutres : a) dispersé ; b) non résistant ; c) peu nombreux, mais puissant ; d) vaste, sans avoir besoin de battre en retraite ; e) enchevêtré ; f) prolongé ; g) envahissant ; h) enveloppant ; i) encaissé. »

2. Quand les pensées (images/concepts/idées) apparaissent dans le champ de perception dispersées et fragmentées, vous les percevrez dans votre champ de conscience direct comme étant parsemées et éparpillées, prêtes à gagner ou à détourner votre attention.

3. Quand les pensées apparaissent dans le champ de perception comme étant non résistantes et perméables, vous les percevrez dans votre champ de conscience immédiat à une courte distance, allant et venant de manière défiante sous forme de cycles pareils aux vagues de l'océan, prêts à obtenir l'avantage ou à remporter la victoire.

4. Quand les pensées apparaissent dans le champ de perception en petit nombre, elles peuvent facilement perturber votre concentration profonde (le plus grand nombre). Vous les percevrez dans votre champ de conscience immédiat comme étant neutres ou insignifiantes, prenant insidieusement leur temps pour détourner votre attention ; alors, ne vous laissez pas tromper : chaque camp peut prendre l'avantage.

5. Quand les pensées apparaissent dans le champ de perception à la manière d'un vaste champ qui peut se déployer librement, communiquant facilement et se connectant librement aux autres pensées, vous les sentirez émerger dans votre champ de conscience immédiat et plus distant, formant des réseaux mentaux neutres – jusqu'à ce qu'ils vous déstabilisent.

6. Quand les pensées apparaissent dans le champ de perception comme étant convergentes et entrecroisées, et que vous les sentez émerger dans votre champ de conscience immédiat et plus étendu, formant un enchevêtrement (elles sont neutres, jusqu'à ce qu'on leur accorde de l'attention), celui qui prend l'avantage en premier (concentration ou désordre mental) remporte le contrôle total de l'empire.

7. Quand les pensées apparaissent dans le champ de perception sans reculer ni vraiment avancer, sans pour autant être moins importantes, alarmantes, inquiétantes ou perturbantes, vous les sentirez émerger dans votre champ de conscience immédiat *et* plus étendu comme étant persistantes – ou prêtes à s'étirer dans le temps –, voire *hostiles* si votre concentration est perdue.

8. Quand les pensées apparaissent dans le champ de perception de manière envahissante (combative), tourmentant et divisant votre attention, vous les sentirez émerger dans votre champ de conscience proche *et* plus étendu, telles des montagnes difficiles à gravir – initialement neutres, jusqu'à ce qu'elles déséquilibrent votre conscience centrée.

9. Quand les pensées apparaissent dans le champ de perception comme si elles vous encerclaient et vous limitaient, vous les percevrez comme « tournant en rond » dans votre conscience immédiate d'une manière neutre, jusqu'à ce qu'elles prennent le pas sur vous.

10. Quand les pensées apparaissent dans le champ de perception prêtes à empêcher toute possibilité de vous concentrer, vous les percevrez comme une « vallée étroite et profondément creusée » dans votre champ de conscience immédiat, qui pourrait vous donner le sentiment d'être submergé ou de toucher le fond si vous n'êtes plus capable de vous focaliser.

11. Par conséquent, quand vous percevez les pensées comme « dispersées » ou « divisées », ne leur prêtez pas attention. Idem si vous les ressentez comme étant « non résistantes ». Si vous les percevez comme étant en petit nombre (et susceptibles de prendre le contrôle de votre attention), ignorez-les également.

12. Si vous percevez des pensées dans le champ étendu de la conscience, ne tentez pas de bloquer leur évolution. Si votre champ de perception vous donne l'impression que vos pensées s'entrecroisent, essayez de vous concentrer de manière positive et bienveillante, sans avoir le sentiment de fournir un effort.

13. Quand vous percevez les pensées qui émergent comme persistantes et prêtes à s'étirer dans le temps, mobilisez votre volonté pour les surmonter et rétablir votre concentration. Si vous les percevez comme intrusives, ne relâchez pas votre attention.

14. Lorsque vous êtes dans un état de profonde concentration et que les pensées donnent l'impression d'encercler votre champ de conscience, ayez recours à un stratagème (voir chapitre 3); si les pensées (impartiales) que vous percevez semblent réduire votre attention à un sillon étroit et profondément creusé, luttez pour rétablir votre concentration.

15. Les Anciens, que l'on appelait les « observateurs aguerris », étaient capables de comprendre le champ de perception impartial. Ils savaient comment créer une distance entre le flux de pensées en progression et leur capacité à maintenir une conscience concentrée sans effort afin d'établir une coopération entre désordre et concentration, conscience inférieure et supérieure. Leur objectif était d'empêcher les pensées impartiales de perturber leur état de paix et d'harmonie et de renforcer leur état d'équanimité (soleil intérieur).

16. Quand les flux de pensées sont dispersés, ils empêchent l'observateur de se concentrer; même lorsque la conscience consciente est unifiée, ils parviennent à maintenir le désordre dans le champ de perception.

17. Quand les flux de pensées ont l'avantage, ils continuent d'avancer et de se multiplier, alors qu'ils pourraient rester immobiles – ou unis avec la conscience dans son ensemble.

**18.** Si vous devez venir à bout d'une armée de pensées bien ordonnées et sur le point de créer un déséquilibre dans votre harmonie intérieure, prenez le contrôle en affirmant votre volonté sur la véritable nature de la pensée.

**19.** *Rapidité* est le maître mot de la guerre mentale : saisissez l'occasion quand les pensées sont encore faibles et qu'elles peuvent circuler sans effort.

**20.** Appliquez les principes suivants en cas d'invasion d'un flux de pensées : plus votre concentration (ou attention réfléchie) infiltre les neuf champs (impartiaux) de la perception, plus votre volonté est suffisamment forte pour que les pensées envahissantes ne réussissent pas à perturber votre état d'équanimité.

**21.** Prenez le temps de « vous ressourcer » en pratiquant la conscience contemplative afin de maintenir votre vitalité, votre soleil intérieur.

**22.** Examinez de manière approfondie votre capacité à vous concentrer, votre volonté, votre concentration centrée, sans leur en demander trop. Concentrez votre énergie vitale et préservez vos forces. Maintenez votre esprit dans un état de préparation ou d'alerte (et non de relâchement) et élaborez de nombreux « plans » (voir chapitre 1) en vue de maintenir votre pouvoir intérieur (équanimité).

**23.** Mettez votre volonté au service du champ de la pensée, étant donné qu'il n'y a aucun retour possible aux anciens schémas ou aux vieilles habitudes, et soyez prêt à élaborer une stratégie de « non-retour » en vue de surmonter la moindre limite. Si vous y parvenez, il n'y aura rien que vous ne puissiez accomplir (ou surmonter) et votre corps, votre moral et votre esprit seront en parfaite harmonie, renforcés et revigorés, ce qui conduira à une guérison profonde.

**24.** Les habitudes et les cycles récurrents feront tout leur possible pour s'enraciner dans le champ de perception. En l'absence de refuge, ils seront plus difficiles à maîtriser et n'hésiteront pas à « assaillir » votre concentration.

**25.** Ainsi, sans attendre d'être mobilisée, la conscience concentrée sera vigilante, attentive et accessible en maintenant une présence loyale et son engagement en vue de préserver l'ordre et l'équilibre dans les régions de l'esprit.

**26.** Ne cédez pas aux illusions des présages et des doutes superstitieux qui affirment que votre ego (moi ordinaire) sera perdu. De cette manière, si le champ de perception est clair, vous serez libéré de vos peurs.

**27-30.** Si nos « soldats » de la conscience ne sont pas accablés par les croyances associées au gain ou à la perte, et qu'ils peuvent surmonter leur perception de la réalité avec courage, ils trouveront la force d'éliminer la pensée à la racine, dès qu'elle surgit, avant qu'elle ne se répande ou ne stimule votre conscience. C'est par le biais de l'approche bienveillante de l'impartialité, *en considérant toutes les expériences comme faisant partie d'un ensemble cohérent, et en reconnaissant que la conscience et la perception ne sont pas des ennemis en guerre*, que chacun peut ressentir la présence constante de la plénitude comme la réalité ultime qu'il est possible de percevoir.

**31.** Ainsi, il ne suffit pas de se fier aux seuls sens et d'enfouir ses émotions pour accéder au champ de perception en constante évolution.

**32.** Le courage de faire prévaloir sa détermination (volonté) forte sur les sens et les émotions est le niveau le plus élevé de la conscience.

**33.** Mettre en lumière toutes les subtilités des champs de perception par le biais de l'exploration et de l'observation est le meilleur moyen d'identifier les points faibles et les points forts, car cela vous donne les moyens de surmonter les faiblesses que vous percevez.

**34-37.** Ainsi, l'observateur aguerri saura affirmer sa conscience concentrée sans effort, telle une sentinelle tranquille, digne et en harmonie, pour maintenir l'ordre mental (équanimité). Il doit être capable de contrecarrer les pensées ou idées (voire les réactions du corps) susceptibles de surgir en adoptant une attitude de fausse impartialité et de parfait détachement. Il importe qu'il demeure impassible face aux pensées qui émergent en changeant de stratégie avec une forme de détachement afin que l'ennemi de la pensée ne puisse anticiper le véritable objectif de la concentration : maintenir le calme dans l'esprit.

**38-40.** Au moment crucial, l'observateur manifeste une volonté claire à travers le champ de la conscience pour interrompre les flux de pensées. Cela équivaut à retirer l'échelle une fois que la personne est en haut d'un arbre : tout repli devient impossible. À ce stade, la volonté a clairement l'avantage pour rompre les limites enracinées ; le travail de l'observateur est de s'assurer qu'il n'y a pas de « carburant » ou de « ravitaillement » pour que ces limites puissent réapparaître[40].

40. En guise de représentation moderne, c'est comme la présence d'un fantôme ou d'un spectre indésirable qui vous hantait depuis longtemps, affectant votre état mental intérieur, puis disparaît et laisse un vide : elle apporte une expérience de pur silence, tandis que la conscience s'étire dans le vide, submergée par le bonheur de ne plus avoir de flux de pensées ou de limites auxquelles songer. Vous pourriez aller jusqu'à vous demander ce qui a changé, où ce fantôme a bien pu partir, sans que cela vous importe, savourant votre liberté et votre victoire.

**41.** Il est nécessaire d'étudier les différentes mesures adaptées aux neuf champs de la conscience – la capacité d'utiliser des stratégies de concentration et la reconnaissance des limites fondamentales inhérentes à la nature humaine.

**42-51.** Plus votre conscience (ou les rayons du soleil intérieur) explorera en profondeur (avec la volonté) les neuf champs de la perception, plus vous renforcerez la cohésion. Tous les phénomènes qui surviennent sont impartiaux, jusqu'à ce que nous les considérions comme intrusifs. Par conséquent, maintenez l'unité contemplative ; renforcez votre conscience vigilante afin d'empêcher les pensées de s'enraciner et de gagner votre attention. Assurez-vous que les pensées ne puissent interagir entre elles et se multiplier ; consolidez-les ; renforcez votre énergie vitale. Affirmez votre volonté de manière naturelle, même si vous avez l'impression que la résistance est le seul moyen efficace de retrouver votre concentration, surtout quand elle semble être encerclée par les distractions.

**52.** Pour atteindre l'harmonie intérieure, il est essentiel de comprendre parfaitement notre champ de perception (et tout ce qu'il renferme). Nous serons incapable de guider notre conscience concentrée « en marche » pour affronter nos perceptions de la réalité tant que nous n'aurons pas conscience de la manière dont elles sont ressenties (en hauteur, larges, étroites, proches, distantes, entrecroisées, fragmentées, etc.) au-delà de notre perception habituelle de la réalité. Si nous ne « comprenons » pas le fonctionnement des pensées, nous ne serons pas en mesure de créer un avantage naturel en utilisant le laisser-faire et la concentration centrée.

**53-57.** L'ignorance des principes qui suivent stoppera le renforcement de votre harmonie : empêcher les pensées de concentrer leur force contre la volonté et de se multiplier ; maintenir une conscience détachée afin que les limites n'anticipent pas son retrait et ne permettent pas de les laisser s'enraciner. Renforcez votre détermination en cultivant la joie et la paix pour que votre conscience concentrée accède aux territoires les plus éloignés du champ de perception. Confrontez les idées qui surgissent de manière spontanée avec volonté, même si vous n'êtes pas certain de réussir complètement.

**58.** Associée à une volonté forte, la conscience concentrée peut se déplacer n'importe où dans le champ de perception et continuer à s'étendre, sans être jamais désarçonnée.

59. C'est souvent quand nos limites semblent être à leur paroxysme que nous pouvons affirmer un peu plus notre détermination et sortir victorieux.

60. Pour parvenir au bien-être mental, il faut examiner attentivement la nature de nos pensées et de nos perceptions. *D'où viennent-elles ? Comment ont-elles été générées ? Pourquoi est-ce que je leur accorde de l'attention ? Comment est-ce que je les ressens ? Pourquoi les mêmes idées se répètent-elles et se multiplient-elles ?...*

61. C'est en réfléchissant de manière constante à la nature de la perception (et à la manière dont les pensées apparaissent et fonctionnent) que nous finirons par accéder à notre soleil intérieur.

62. C'est ce que l'on appelle la capacité à remporter la victoire par le biais du calcul et de la ruse (raison).

63. Le jour où vous prenez place au centre du champ de perception (soleil intérieur), bloquez vos sens, interrompez les émotions et mobilisez votre corps pour maintenir votre concentration.

64. Soyez déterminé dans votre capacité à contrôler votre énergie vitale de manière à gagner les faveurs et le contrôle des sens, des émotions et de votre corps.

65. Si une pensée surgit et laisse une porte ouverte, précipitez-vous pour la fermer.

66. Déjouez les pensées en détournant l'attention consciente ; trouvez des moyens d'empêcher le flux de pensées de se multiplier.

67. Suivez le chemin déterminé par la discipline et faites preuve d'une volonté inébranlable pour briser fermement l'emprise d'une habitude ou d'une limite.

68. Commencez par afficher une certaine retenue afin que la pensée n'anticipe pas votre volonté et ne déclenche automatiquement une réponse répétitive. Ensuite, agissez rapidement pour l'empêcher d'attirer votre attention en exerçant votre volonté concentrée, sans rencontrer de résistance.

## INTERPRÉTER LA SAGESSE INTEMPORELLE DE SUN TZU

Sun Tzu nous propose un moyen d'apprendre à maîtriser l'unité consciente et l'équanimité en identifiant les neuf champs (impartiaux) de la perception. Ce qui signifie que lorsqu'une pensée ou une image surgit, elle n'est pas intrinsèquement bonne ou mauvaise : seule votre manière de penser vous en donne cette impression. Nous pouvons utiliser ces neuf champs pour en avoir une compréhension plus claire.

Si vous avez un souci récurrent dans votre travail, il réapparaîtra dans la même « zone » et produira la même émotion. Sachant cela, nous commençons à ne plus considérer les cycles et les schémas récurrents comme des choses qui nous *arrivent*. Nous comprenons qu'ils sont générés automatiquement et que, par conséquent, nous sommes capable de les contrôler et de les réguler. Souvenez-vous : Sun Tzu part du principe que nous avons déjà atteint un état de perfection, que les rayons de notre soleil intérieur se répandent dans notre champ de perception et révèlent la plénitude. Les expériences que nous générons par nos pensées, nos images et nos idées diminueront ou renforceront notre harmonie avec notre soleil intérieur.

Sun Tzu indique en outre que ces obstacles perçus comme tels ne sont rien d'autre que des ruminations qui surgissent, ni bonnes ni mauvaises. Si nous leur prêtons attention, des nuages apparaîtront ; si nous nous laissons aspirer par elles, des nuages d'orage se formeront ; si nous les laissons passer sans qu'elles ne détournent notre attention, les nuages laisseront place au soleil. Quand nous sommes pleinement conscient du soleil intérieur, nous sommes dans un état de plénitude (ou d'équanimité). Si l'esprit est en partie nuageux, c'est que votre concentration et votre attention sont en déséquilibre, et ainsi de suite.

Par ailleurs, nous n'avons rien à obtenir et rien à éliminer de notre esprit. Nous pouvons l'observer, analyser comment et quand nos pensées surgissent, et sous quelle forme, ou la manière dont elles nous parviennent. Ainsi, nous saurons, lorsque nous aurons compris où (au sens figuré) elles apparaissent dans le champ de perception et l'effet que notre esprit a sur nous, anticiper sa force et conserver l'avantage grâce à une concentration profonde.

Plus vous comprendrez comment l'esprit et les pensées qu'il génère fonctionnent, mieux vous saurez anticiper vos réactions ; et comme vous saurez reconnaître les schémas habituels et les cycles, ces derniers auront moins d'emprise sur vous.

**Leçon 1 (1-19) : comprendre les pensées et s'adapter à elles**

Ce chapitre s'articule autour de la stratégie à mettre en place pour percevoir les pensées dans notre champ de conscience illimité. Pour résumer, elles ne sont ni bonnes ni mauvaises, mais neutres, et peuvent être : a) dispersées ; b) non résistantes ; c) peu nombreuses, mais puissantes ; d) vastes, sans avoir besoin de battre en retraite ; e) enchevêtrées ; f) prolongées ; g) envahissantes ; h) enveloppantes ; i) encaissées.

En observant régulièrement nos pensées, nous serons moins pris au dépourvu. Nous pourrions même ressentir un lien étroit avec notre champ de perception et développer une réelle capacité à ressentir nos pensées en profondeur. Même si le fait de comprendre que ces dernières vont et viennent à la manière d'ondes radio à travers un champ invisible semble nouveau, nous pouvons en appliquer les enseignements.

Sun Tzu fournit quelques pistes, notamment la capacité à percevoir les pensées qui peuvent être « ressenties » ou comprises de manière intuitive dans le champ :

- *dispersées*, *éparpillées et disséminées*, pour gagner ou détourner votre attention ;
- *non résistantes*, *proches*, allant et venant en vous défiant, telles les vagues de l'océan, pour remporter ou prendre l'avantage ;
- *peu nombreuses*, mais capables de mettre à mal votre concentration enracinée (plus grand nombre) ;
- perçues comme un *vaste champ*, communiquant et se connectant facilement et librement avec les idées et les concepts ;
- *enchevêtrées*, *convergentes* et *entrecroisées*, voire *entremêlées* ;
- qui *se prolongent* ou *s'étendent*, voire *hostiles*, si la concentration est rompue ;
- *envahissantes*, *gigantesques*, difficiles à surmonter ;
- *enveloppantes* et *limitantes*, donnant l'impression de vous encercler ;
- *encaissées*, c'est-à-dire perçues comme une *vallée étroite et très creusées.*

Quand nous ressentons et quand nous nous connectons plus profondément à nos pensées, nous pouvons les aborder de diverses manières afin de maintenir notre équilibre. Imaginez que vous marchez sur un trottoir dans une ville très animée ; vous allez rencontrer tous types de personnes, d'activités, de promeneurs de chiens, de bruits, etc. Il ne vous viendrait pas à l'idée de hurler ou de vous mettre en colère pour pouvoir vous frayer un chemin. Vous navigueriez spontanément entre les gens sans vous soucier de l'agitation et du désordre et sans perdre votre rythme.

Sun Tzu nous propose des conseils pour faire la même chose avec les divers types de pensées :

- s'il s'agit de pensées dispersées et fragmentées, n'allez pas au-devant d'elles ;
- s'il s'agit de pensées non résistantes, qui vont et viennent, ne vous arrêtez pas pour leur prêter attention ;
- s'il s'agit de pensées peu nombreuses (qui pourraient prendre le dessus sur votre concentration), ne leur prêtez pas attention non plus ;
- si les pensées vous donnent l'impression d'un vaste champ ouvert, ne tentez pas d'interrompre leur mouvement ;
- si les pensées semblent s'entrecroiser, affirmez votre concentration sans effort ;
- si les pensées vous semblent vouloir se prolonger ou s'étirer à la manière d'un élastique, affirmez votre volonté pour rétablir votre concentration ;
- si les pensées semblent envahissantes, maintenez votre concentration en mouvement ;
- si les pensées semblent hyperfocalisées et enveloppantes, ayez recours à un stratagème (voir chapitre 3) ;
- si les pensées semblent étroites et très encaissées, luttez pour rétablir votre concentration.

Pour appliquer ces méthodes, Sun Tzu nous encourage à devenir l'observateur qui dispose d'une parfaite connaissance du champ de perception impartial. En d'autres termes, plus nous observons nos pensées, plus nous devenons conscient des états mentaux ou des schémas de pensée qui influencent nos expériences quotidiennes. Si votre flux de pensées vous fait penser à un cirque, il en sera de même dans votre vie ; si votre flux de pensées vous fait penser à des fils de fer barbelés entrecroisés, votre

quotidien prendra cette forme. De même, si vous parvenez à trouver un équilibre entre les pensées récurrentes qui émergent et le calme intérieur, cette tranquillité d'esprit se reflétera dans votre vie.

Il est également essentiel de bien comprendre que rien n'est figé dans le champ de perception. Les pensées sont des voyageuses. C'est nous qui les empêchons d'avancer; certains vont même jusqu'à leur offrir le gîte et le couvert! Souvenez-vous que ce qui semble évident et important *ne le sera pas forcément* après un examen approfondi. En outre, toutes les pensées sont neutres, alors utilisez votre sagesse et apprenez à comprendre leur nature.

Tout est question de rapidité, l'idée étant d'agir vite pour que nos pensées ne deviennent pas incontrôlables. Plus nous anticiperons notre flux ou schéma de pensées habituel au lieu de réagir, plus nous serons en mesure de maîtriser nos efforts et de diriger notre conscience vers un lieu nouveau où les pensées sont sans entrave et peuvent circuler librement.

**Leçon 2 (20-32) : affirmer et maintenir sa volonté**

Lorsque nous commençons à percevoir et à être en phase avec les neuf champs de la perception, notre concentration et notre attention se renforcent également. Il s'agit d'un processus graduel qui peut nous donner l'impression d'avancer, puis de faire un pas en arrière. C'est un peu comme accéder à l'étage suivant sur un escalator: vous avez une jambe sur une marche et l'autre sur celle d'en dessous, et vous grimpez entre les marches, à des niveaux différents, mais vous finissez par arriver en haut, les deux pieds en même temps. L'un des moyens de maintenir notre équilibre et notre état naturel d'équanimité quand les pensées émergent est d'affirmer notre volonté sans faille afin de ne pas être déstabilisé.

Comment pouvons-nous maintenir notre force, notre volonté à toute épreuve afin de surmonter les plus grandes difficultés? Bien entendu, avec l'aide de notre soleil intérieur, qui rayonne toujours au plus profond de nous. Nous devons nous connecter à tout moment à notre intuition et puiser en elle afin de reconnaître notre nature intrinsèquement parfaite et d'en reprendre conscience. Nous « entendons » et « sentons » la direction à prendre grâce à notre intuition qui se manifeste naturellement, même quand notre esprit est très agité ou hyperfocalisé. Elle est simplement plus difficile à entendre. Si, dans des moments de calme intérieur, nous pouvons « savoir » à quoi notre intuition ressemble et comment elle se manifeste, nous serons plus à même de ressentir son petit coup de pouce et de mettre fin plus vite aux perturbations de l'esprit.

C'est pourquoi Sun Tzu souligne qu'il est essentiel que notre esprit soit flexible et toujours en alerte. Nous pouvons établir des plans et être prêt à mettre au point une stratégie. Nous sommes capable d'estimer sans relâche les « coûts d'une guerre » (mentale) si nous relâchons notre vigilance ou si

nous devenons négligent (ou lorsque d'autres perturbations surviennent). À chaque moment, nous avons la capacité de négocier et de discerner les faiblesses et les forces des pensées qui apparaissent ; nous définissons une stratégie. Nous finissons par mieux connaître notre esprit que le chemin à emprunter pour aller au magasin du coin ! Nous pouvons ensuite intégrer les autres enseignements, comme le fait d'analyser notre vraie nature, de varier les méthodes en interrompant et en déviant nos pensées tout en étant parfaitement concentré. Et nous nous débrouillons plutôt bien !

Associée à la volonté, la conscience concentrée (ou contemplation) devient votre super pouvoir lorsque vous faites face aux pensées qui apparaissent et que vous les percevez dans les neuf champs de la perception. Comme Sun Tzu le souligne, pour manifester sa volonté, il faut commencer par exprimer *une stratégie de* « non-retour » *pour surmonter toutes les limites*. Ensuite, il n'y aura rien que vous ne puissiez accomplir ou surmonter. C'est comme de dire « non », mais un *non* catégorique, ou comme quand vous vous surprenez à dire, faire, penser les mêmes choses et que vous vous promettez d'y mettre fin définitivement. Ça suffit. Terminé. Vous ne laisserez pas la pensée ou le schéma battre en retraite pour qu'il revienne ensuite causer d'autres problèmes. *Vous en avez assez.*

Lorsque nous affirmons notre volonté inébranlable, une autre méthode utile consiste à continuer à considérer les pensées avec impartialité et à arrêter de les considérer comme « bonnes » ou « mauvaises » ou d'adopter toute forme de pensée dualiste. En élargissant notre conscience, nous ne percevons plus les « ennemis en guerre », mais une présence constante, comme l'essence même de la réalité ultime. Génial, non ? Par conséquent, nous n'avons plus besoin de suivre nos sens ou nos émotions ni de réagir de la même manière que par le passé. Nous pouvons laisser ou affirmer notre détermination pour ouvrir la voie à un avenir meilleur.

### Leçon 3 (33-68) : créer et obtenir des avantages

Notre capacité à évaluer nos pensées par le biais de l'analyse et de l'observation est le meilleur moyen d'identifier nos points forts et nos points faibles. Nous devenons comme la sentinelle silencieuse qui observe ce qui l'entoure de manière détachée et naturelle, anticipant ce qui va surgir dans notre esprit – en changeant, au besoin, notre stratégie et en maintenant notre calme.

Au moment critique où nous avons le choix entre céder à la pensée ou la surmonter, nous pouvons affirmer notre volonté inébranlable pour y couper court et rendre toute forme de repli impossible, car nous avons pris l'avantage. Il faut agir rapidement pour restaurer l'équilibre, mais être indulgent envers nous-même si nous échouons. Les récompenses qui découlent de nos actions font briller notre soleil intérieur, contribuent à ce que l'intuition se manifeste naturellement et favorisent l'harmonie

ainsi que le calme dans notre quotidien de manière à ne plus engendrer de désordre mental.

Méfiez-vous des pensées résistantes : vous pourriez avoir envie de les interrompre en prenant le risque de vous mettre en colère. Ayez à l'esprit que le lâcher-prise est le moyen le plus doux de prendre l'avantage.

Enfin, quand nos pensées semblent vouloir progresser, que nous parvenons à les ressentir et à les identifier, nous pouvons faire naître des avantages qui découlent de nous de manière naturelle en laissant faire les choses et en maintenant une concentration centrée. Même si nous ne remarquons pas tout de suite qu'une pensée émerge, nous pouvons, au moment où elle surgit, l'affronter spontanément avec de la volonté, même si nous ne sommes pas certain de réussir. Quand nous atteignons un état de conscience élargi, rien ne peut nous perturber. Nous ne devons pas avoir peur, mais rester attentif à la manière dont nous pouvons être perturbé ou interrompu. La clé est de garder en tête que lorsque la limite paraît insurmontable, nous pouvons renforcer un peu notre volonté pour l'emporter.

En conclusion, Sun Tzu nous permet d'acquérir une plus grande sagesse intérieure sur les triomphes et les trésors qui naissent de nos réflexions continues sur la nature de la perception. Il s'agit de comprendre profondément la manière dont elle fonctionne et crée notre réalité, notre vie. Nous en aurons une telle maîtrise que nous serons capable d'affronter la moindre pensée qui tentera une incursion. « *Si une pensée surgit et laisse une porte ouverte, précipitez-vous pour la fermer.* » Nous avons le choix de nous libérer des limites qui nous emprisonnent.

## LES PERCEPTIONS ET LES PENSÉES DANS LE QUOTIDIEN

Où sont situées vos pensées ? Allez-y, montrez-les du doigt. Elles ne sont pas dans notre cerveau : elles se fondent et bouillonnent dans le champ illimité et infini de perception. Qu'est-ce que le champ de perception ? Toutes les expériences que vous vivez. Ce chapitre vous propose une nouvelle mise à jour, pour ainsi dire, dans le but de mieux comprendre comment les pensées se forment et « apparaissent » dans l'esprit.

Il est inutile d'utiliser un langage sophistiqué ou de penser que, parce que nous discutons de sujets qui relèvent de la science, nous ne pouvons pas en saisir le sens ou que nous n'avons pas le niveau suffisant. Non, nous sommes tous humains et sujets, à ce titre, aux fluctuations des pensées. Si nous les examinons de plus près, nous pouvons commencer à prendre conscience que la plupart des problèmes que nous rencontrons découlent de nous.

Vous est-il déjà arrivé de sortir une bouteille du réfrigérateur et de la faire tomber ? Et ce comme par hasard, juste au moment où il vous fallait absolument partir... Nettoyer était bien la dernière chose dont vous aviez besoin. Si vous considérez cette expérience comme négative, engendrant de l'irritation, c'est ainsi que vous la ressentirez. Si vous y regardez d'un peu plus près, vous avez fait tomber une bouteille. La belle affaire ! Si un enfant l'avait fait tomber, vous auriez compris, mais si c'était un ami éméché, vous auriez été moins indulgent.

Nous savons être très critique dans des situations comme celle-là, car nous voulons que notre vie soit en ordre. Pour autant, il s'agit d'un moment neutre : un objet est tombé. L'émotion qui s'ajoute va amplifier la situation et elle dépend de la manière dont vous percevez les détails spécifiques (par exemple, l'enfant ou l'ami éméché). Plus nous prenons conscience de la manière dont nous jugeons les situations comme ennuyeuses, difficiles, pénibles, en désordre, négligentes, par rapport à des expériences simples, joyeuses, légères, insouciantes, plus nous aurons la capacité de les considérer comme neutres... Et cela se produit lorsque nous sommes dans un état de concentration intense.

Progressivement, à mesure que vous devenez conscient et que vous comprenez le fonctionnement de votre esprit, vous avancez en harmonie avec lui et vous cessez de vous arrêter à chaque petite chose que vous pourriez juger comme bonne ou mauvaise.

L'élément central des neuf champs (impartiaux) de la perception est qu'il permet de percevoir où la pensée apparaît et que, lorsque vous le « savez », il permet de commencer à prendre conscience que le même type de pensée surgira au même endroit. Vous pouvez l'anticiper et agir rapidement de manière à changer votre perception des choses.

Supposez que vous sentiez la présence d'une pensée dans la zone périphérique (du champ de perception) ou dans le passage étroit. Sun Tzu vous aide à savoir *exactement* le type de pensée qui est sur le point d'émerger et la manière précise dont vous allez agir pour planifier en conséquence. Plus vous suivrez cette approche, plus vous saurez retourner la situation à votre avantage, et plus le déséquilibre laissera place à un état intérieur harmonieux et sans lutte. Vous anticipez votre pensée suivante.

Par exemple, si vous avez entendu parler d'un cambrioleur dans votre ville qui vit dans une zone montagneuse, vous pourriez ne pas trop vous inquiéter. Si ce même voleur récidive de l'autre côté de la rivière, vous pourriez continuer à ne pas trop vous alarmer, mais vous penseriez à bien fermer les portes de votre domicile et celles de votre voiture. Si, cette fois, il agit dans votre quartier, vous allez peut-être vérifier les portes et les fenêtres de votre maison et de votre voiture plus souvent. S'il commet ensuite ses méfaits dans votre rue, vous allez devenir vigilant. Et, s'il finit par apparaître devant votre porche, vous saurez tout de suite comment gérer la situation. Bien entendu, le voleur symbolise la pensée et la manière dont elle apparaît dans le champ de perception : en le sachant, vous sauriez mieux comment elle surgit et remarquerez sa présence. Vous saurez prendre les mesures appropriées pour la « maîtriser ».

Lorsque nous arrêtons progressivement de percevoir la réalité comme une suite continue de pensées – ou de plusieurs voleurs s'infiltrant dans notre concentration profonde –, elles diminuent naturellement. En contrepartie, notre avenir change, car notre corps et notre environnement subissent des changements. Les pensées perturbatrices habituelles n'exercent plus le contrôle et laissent place à notre intuition calme et équilibrée.

Sun Tzu explique que plus vous affirmez votre conscience concentrée à travers le champ de perception, plus vous maintenez votre état d'alerte mentale. Ainsi, quand un nouveau flux de pensées apparaîtra (comme un voleur), vous « comprendrez » mieux sa nature pour le « vaincre » ou ne pas lui fournir l'énergie nécessaire pour qu'il s'enracine.

Tout comme Sun Tzu fait référence à des paysages communs pour nous faire réfléchir au « champ » de perception, ou au champ de bataille, nous pouvons utiliser des images de notre quotidien, comme la manière dont nous nous déplaçons dans notre maison, notre lieu de travail ou notre voisinage. Lisez les exemples suivants qui illustrent les neuf champs de perception. Ce sont des exemples, des outils qui vous aideront à comprendre ces principes, et non une indication de la manière dont vous percevrez l'apparition des pensées.

**a)** *éparpillées/dispersées*

Quand vous êtes assis à table et que vous travaillez sur quelque chose, les pensées ou les idées qui surgissent sont toutes proches de vous, dans

votre champ de pensée immédiat. Pendant que vous faites la vaisselle, à quoi pensez-vous ? Sous la douche, à quoi pensez-vous – et à quoi d'autre ? Dans ce champ, les pensées sont localisées et dispersées, car l'esprit passe rapidement d'une idée à l'autre.

**b)** *non résistantes*

Quand quelqu'un frappe à la porte, vous n'avez pas peur et vous n'êtes ni curieux ni inquiet. Vous n'avez tout simplement pas envie. Mais cela suffit à perturber ce que vous étiez en train de faire. Pour certains, la sonnerie du téléphone portable est un « coup » donné à la porte tout au long de la journée.

**c)** *peu nombreuses*

Si quelqu'un passe devant votre fenêtre ou qu'il y a des travaux dans la rue, des enfants qui jouent, vous pourriez les remarquer ou pas. Mais vous enregistrez ces perturbations qui vont et viennent, l'air de vous défier, sous forme de cycles (comme les vagues de l'océan), pour prendre l'avantage sur vous.

**d)** *vastes*

Les bruits entendus au loin ou le passage d'avions dans le ciel peuvent ne pas attirer votre attention, sauf si vous les laissez se rapprocher. Peu importe ce qu'il se passe autour de vous, vous avez votre libre arbitre pour prêter attention à la pensée et accepter ou non d'être perturbé.

**e)** *enchevêtrées*

Ce champ évoque, dans votre maison, une corde à linge tendue sur laquelle des vêtements sont suspendus, car votre esprit entremêle des idées ou des concepts. Par exemple, la machine à laver est en déséquilibre et fait du bruit, alors qu'un livreur a besoin de votre signature ; vous travaillez de chez vous et vous êtes au téléphone ou en pleine réunion ; une moto bruyante passe devant chez vous et vous déconcentre ; vous vous disputez avec un membre de votre famille ; il faut payer la facture d'eau ; vous êtes en colère et vous avez envie d'aller aux toilettes ; une nouvelle alerte vous informe que le temps est sur le point de changer et une bombe vient d'exploser dans une grande ville et elle a fait de nombreuses victimes...

**f)** *prolongées*

Les pensées prolongées évoquent un tuyau d'arrosage que vous tirez jusque dans votre maison, jusqu'à votre voiture et même jusqu'à votre travail. Vous pensez : « Est-ce que j'ai éteint le feu sous la bouilloire avant de partir ? Peut-être. Pourquoi personne n'a aimé le plat que j'ai préparé ? Je me souviens que ma grand-mère le faisait pour moi... C'était le bon temps.

Elle faisait en sorte qu'on se sente unique. C'était quoi, son ingrédient secret? Je suis sûre que j'ai éteint le feu – je ne serais pas aussi bête... Mais bon, il y a bien eu une fois... Je devrais faire demi-tour pour aller vérifier... mais je serais en retard. Je déteste être en retard... Non, j'ai... Je ne sais pas... »

**g)** *envahissantes*

Ce champ évoque, pendant une tempête de neige, une fenêtre du grenier ouverte qu'il faut aller fermer, mais les cinq étages qui y mènent sont bloqués par des pianos! Il désigne ces pensées qui semblent comme des montagnes difficiles à gravir, que nous sentons généralement au-dessus de nous, instables et imposantes, dans notre champ de concentration.

**h)** *enveloppantes*

Ce champ évoque un chien qui poursuit un chat qui lui-même chasse un oiseau autour de la maison dans votre jardin. Les pensées tournent en rond et entourent l'esprit. Si nous les laissons prendre le contrôle, elles nous donnent l'impression d'être pris au piège ou incapable d'interrompre ce cycle qui tourne en boucle. La violence, la torture psychologique appartiennent à cette catégorie.

**i)** *encaissées*

Ce champ évoque un arbre qui surgit du sol de votre maison. Le flux de pensées apparaît soudainement, de manière étroite, et s'immisce directement dans votre champ de perception pour capturer votre attention. Il donne ainsi l'impression que vous avez touché le fond et que vous êtes incapable de vous libérer de la pensée. Les accidents, les situations très pénibles et les événements traumatisants provoquent souvent ce type de pensées.

Vous pourriez aussi comparer les neuf champs (impartiaux) de la perception à différentes races de chiens, des petits aux plus grands, qui portent ou « vont chercher » nos pensées et nous les apportent. En affirmant notre volonté, nous pouvons toutefois leur demander de les emporter ailleurs.

Il est essentiel que vous fassiez preuve de créativité et que vous utilisiez votre environnement du quotidien pour prendre conscience que les pensées se déplacent, évoluent et s'entrecroisent autour de vous: le « champ » est illimité. Plus nous parvenons à comprendre qu'une pensée de type « corde à linge » entre en scène, plus vite nous pouvons la laisser passer naturellement afin qu'elle ne perturbe pas notre équilibre. Si la pensée nous semble « encaissée », nous saurons qu'il faut la gérer tout de suite et que nous pouvons la démasquer pour affaiblir son emprise sur notre concentration.

Souvenez-vous que toutes les pensées sont neutres quand elles apparaissent dans le champ de perception. C'est la manière dont nous réagissons qui détermine l'impact qu'elles auront sur nous.

Comme nous avons le contrôle sur notre propre réalité, nous avons donc le pouvoir d'envisager de nouvelles perspectives plutôt que de rester prisonniers de notre état habituel de détresse. Plus nous prenons conscience du caractère prévisible de nos pensées, plus nous prenons avec légèreté leur nature cyclique afin de les surmonter et de ne plus ruminer sans cesse les mêmes schémas.

Nous pouvons prendre conscience des cycles. Les pensées reviennent de manière récurrente sur des sujets qui nous semblent anodins, jusqu'à ce qu'elles déclenchent soudainement des émotions qui nous obsèdent. Mais nous pouvons les laisser passer en douceur et avancer. Il ne faut tout simplement pas se lancer dans la rumination, surtout quand les schémas sont répétitifs. Parfois, quand les pensées sont en périphérie du champ de perception, vous pourriez même vous dire : « Hou, cela faisait longtemps que je n'avais pas pensé à ça » et tout simplement réagir ainsi : « Non, surtout pas ! » Mais si vous continuez à y penser, c'est comme si vous appeliez le voleur sur sa montagne et que vous l'invitiez devant votre porte !

Nous avons déjà tous plus ou moins vécu ce genre d'expérience : une personne à laquelle nous n'avons pas pensé ou que nous n'avons pas vue depuis des années apparaît tout d'un coup aux abords de notre perception, telle une ombre, et nous l'attirons dans notre sillon le plus proche, où elle devient omniprésente – au point que nous la ramenons physiquement dans notre réalité en recevant un appel ou en la rencontrant « par hasard ». « Devine qui j'ai vu aujourd'hui ! »

En observant le fonctionnement de votre esprit, vous comprendrez qu'il ne s'agit pas vraiment d'une coïncidence, puisque nous lui avons accordé toute notre attention et que nous sommes tous reliés au champ de perception. Vous pouvez la voir apparaître tout simplement parce que *vous* avez pensé à elle ! Cela vaut pour toutes les choses que vous avez mises de côté et auxquelles vous repensez soudainement. Il est inutile de retenir ou de s'attacher à quoi que ce soit dans notre champ de perception, car nous ne ferons que renforcer les anciens schémas négatifs dans notre quotidien.

Maintenez le flux de pensées ainsi que votre concentration et votre attention.

Plus nous sommes prêt à utiliser le champ de perception comme nous le ferions pour balayer le sol – en un mouvement fluide et léger – afin que tout soit propre, plus nous saurons maintenir notre force dans le but de changer notre perception de la réalité avec facilité. L'objectif est que notre soleil intérieur répande sa lumière dans l'ensemble du champ de perception.

## LA ONZIÈME ÉTAPE SUR LE CHEMIN CACHÉ VERS LA PAIX ET LA PLÉNITUDE

**1.** Appliquez les enseignements du chemin caché vers la paix et la plénitude de la manière qui vous correspond le mieux afin de vous harmoniser dès maintenant avec les neuf champs (impartiaux) de la perception.

**2.** Soyez attentif aux opportunités qui se présentent à chaque moment et veillez à modifier la façon dont vous percevez les pensées autour de vous. Que vous ressentiez une pensée au-dessus de vous, sur le côté, dans votre champ de perception immédiat ou à distance, prêtez attention à sa puissance ou à la manière dont elle risque de détourner votre attention ou de rompre votre concentration.

**3.** Tentez de circonscrire les moments de la journée au cours desquels vous êtes capable d'anticiper vos pensées puis vos émotions, selon l'endroit où elles sont apparues dans votre champ de perception. Prenez les choses à la légère si vous répétez des schémas, si vous êtes distrait ou si vous ruminez toujours les mêmes choses. Adoptez ce même détachement si ce n'est pas le cas.

***Les neuf champs (impartiaux) de la perception*** constituent la onzième étape sur le chemin caché vers la paix et la plénitude. Plus vous saurez identifier les diverses manières dont les pensées apparaissent – utilisez-les en vous appuyant sur ce que vous avez appris dans le chapitre 10 –, plus vous commencerez à percevoir la « vraie » nature des choses. Vous serez moins influencé par vos propres pensées et permettrez à votre conscience de maintenir son harmonie naturelle.

# Réflexions

« Le courage d'affirmer un contrôle fort
sur les sens et les émotions est le principe fondamental
de la conscience. »

## 1

Expliquez (ou dessinez) où vous sentez que les pensées suivantes surgissent : a) dispersées ; b) non résistantes ; c) peu nombreuses. Quelles sont celles que vous percevez facilement et celles qui vous semblent plus difficiles à cerner ?

## 2

Expliquez (ou dessinez) où vous sentez que les pensées suivantes surgissent : d) vastes ; e) enchevêtrées ; f) prolongées. Quelles sont celles que vous percevez facilement et celles qui vous semblent plus difficiles à cerner ?

## 3

Expliquez (ou dessinez) où vous sentez que les pensées suivantes surgissent : g) envahissantes ; h) enveloppantes ; i) encaissées. Quelles sont celles que vous percevez facilement et celles qui vous semblent plus difficiles à cerner ?

## 4

Expliquez les pensées, idées, images dominantes que vous ressentez aujourd'hui et tentez de décrire où elles apparaissent, selon vous, dans le champ de perception.

## 5

Pensez à un moment où un flux de pensées vous a donné l'impression de vous encercler et que vous n'êtes pas parvenu à le contourner ou à trouver une issue. Quelles étaient ces pensées et comment avez-vous réussi à les surmonter ?

## 6

Pensez à un moment où vous avez senti une pensée apparaître comme étant très étroite, vraiment focalisée sur un sujet et très présente (dans le champ de perception). Vous n'avez absolument pas pu l'éviter, mais vous avez dû la gérer. Quelle était cette pensée et comment avez-vous réussi à la surmonter ?

## 7

Partagez un moment où vous avez senti que votre esprit se déplaçait de manière désordonnée dans votre champ de perception. Quelle était cette pensée et comment avez-vous réussi à la surmonter ?

## 8

Partagez un moment pendant lequel votre esprit était dispersé dans tout l'ensemble de votre champ de perception. Quelle était cette pensée et comment avez-vous fait pour la surmonter ?

# 9

D'une manière générale, percevez-vous vos pensées comme perturbantes ou neutres ? Trouvez-vous facile ou difficile de revenir à votre état de concentration et d'attention focalisée ?

# 10

Pensez-vous qu'il soit possible de maintenir le calme intérieur tout le temps, parfois ou rarement ? Expliquez pourquoi.

# 11

Avez-vous remarqué que les pensées apparaissaient sous forme de cycles ? Si oui, donnez un exemple. Dans le cas contraire, tentez d'identifier un flux de pensées qui réapparaît sur plusieurs heures, mois, jours ou semaines, voire sur des années.

# 12

Quand une pensée récurrente continue de réapparaître dans votre champ de perception pour troubler votre concentration, dans quelle mesure pensez-vous qu'il soit possible que cette pensée n'apparaisse plus jamais ? Quelles stratégies, méthodes ou mesures pouvez-vous prendre pour vous en libérer ?

# 12

# La volonté entière

**1.** Sun Tzu a dit qu'il existait cinq manières d'affirmer votre volonté entière[41] dans les neuf champs (impartiaux) de perception pour parvenir à l'état d'équanimité :

a) en « interrompant » une pensée enracinée dès qu'elle apparaît exactement au point d'entrée dans l'un des neuf champs de la perception ;

b) en « interrompant » l'approvisionnement de la pensée (attention), afin qu'elle ne puisse pas s'enraciner davantage ;

c) en « interrompant » les véhicules de la pensée (sens), avant qu'ils n'aient la possibilité de se multiplier et d'occuper le champ de perception ;

d) en « interrompant » les armes de la pensée (émotions), afin qu'elles n'alimentent pas plus les pensées perturbatrices dans le champ de perception ;

e) en « interrompant » les interactions avec la pensée, afin qu'elle ne puisse pas sillonner à travers l'espace et le temps (éternité éternelle) et créer des cycles de schémas récurrents qui risquent de déstabiliser la concentration.

41. La volonté entière peut être interprétée comme une volonté forte doublée d'un engagement sincère.

**2-4.** Pour que la volonté entière permette d'accéder à l'état d'équanimité, elle doit être forte et s'affirmer régulièrement face aux limites grâce aux « tests » ou aux défis qui permettent d'éliminer les schémas et les influences. Elle se renforce ainsi en faisant preuve du courage nécessaire pour réussir. Même si elle devait affronter un gros obstacle en changeant un schéma profondément enraciné (la compagnie de la pensée), elle ferait un bond en avant pour montrer ses efforts et établirait progressivement une routine de succès qui renforcerait naturellement l'intuition.

**5-10.** Quand l'observateur manifeste sa volonté entière, il doit se préparer aux cinq développements possible :

**a)** les pensées « surgissent » dans le champ de l'attention, il faut donc les traiter tout de suite ;

**b)** les pensées apparaissent, mais elles demeurent neutres, alors restez vigilant et ne leur accordez aucune attention ;

**c)** la volonté surmonte le premier obstacle, alors tentez de rester pleinement conscient ;

**d)** vous trouvez un moyen d'affirmer d'abord votre volonté au lieu d'attendre que les obstacles n'affaiblissent votre détermination ;

**e)** vous affirmez votre volonté, les obstacles battent en retraite, mais soyez préparé à ce qu'elles reviennent et « luttent désespérément » pour reprendre l'avantage et vous empêcher de réussir.

**11.** En faisant preuve d'une volonté entière, vous pouvez venir à bout d'une limite de manière définitive ; si elle est hésitante, il est probable qu'elle puisse conquérir une habitude enracinée, mais elle risque de réapparaître.

**12.** Si vous voulez maintenir un état d'équanimité, vous devez connaître les cinq développements de la volonté à travers les cycles permettant de surmonter une limite ; cette dernière réapparaîtra forcément si vous ne faites pas preuve d'une volonté sincère.

**13-14.** Ceux qui expriment leur volonté entière pour parvenir à l'état d'équanimité font preuve de discernement. La volonté doit être solide et déterminée dans sa capacité à venir à bout des limites et schémas profondément enracinés, au risque de perdre sa confiance et de sombrer dans le doute.

**15.** Malheureux est le destin de ceux qui tentent d'établir l'ordre et l'harmonie sans cultiver l'esprit d'initiative. Sans elle, c'est une perte de temps, car vos efforts vont stagner.

**16.** D'où ce dicton : « L'observateur éclairé établit ses plans à l'avance, tandis que la concentration ancrée cultive la conscience. »

**17.** N'agissez pas tant que vous n'y voyez pas un avantage ; n'utilisez pas votre volonté, à moins que vous ayez quelque chose à y gagner ; ne vous impliquez pas tant que la situation n'est pas critique.

**18.** L'observateur ne doit pas manifester sa volonté dans le but de se mettre en avant ou par orgueil.

**19.** Si le fait de manifester votre volonté est bénéfique, alors faites-le ; sinon, maintenez votre concentration contemplative.

**20-21.** Au fil du temps, même lorsque vous sentirez monter en vous le sentiment de colère ou de frustration, vous ressentirez un état de calme et de bien-être (équanimité) s'installer naturellement. Vous comprendrez alors que vous avez surmonté un aspect de vous-même de manière durable.

**22.** En conséquence, l'observateur éclairé doit veiller à ne pas laisser les sens et les pensées restreindre sa volonté afin de permettre à l'équanimité de devenir son état naturel et de favoriser un état d'harmonie et de paix intérieure.

## INTERPRÉTER LA SAGESSE INTEMPORELLE DE SUN TZU

Sun Tzu propose un outil précieux pour naviguer dans votre champ de bataille mental : nos champs de perception. Au lieu de réagir de manière agressive ou de lutter, nous avons à notre disposition la volonté entière. Elle est notre force sans faille, un « feu » qui montre notre capacité à brûler les pensées et les barrières que nous percevons dans notre esprit et qui semblent empêcher notre soleil intérieur de briller de manière fluide et équilibrée (état de plénitude).

Quand nous avons recours à la volonté entière, nous « brûlons » les choses qui entravent notre perception et nous empêchent d'avoir une vision plus claire du monde, tel le phénix émergeant des flammes. Pour faire simple, le champ de perception est libéré des pensées et la liberté qu'offre le silence devient la réalité ultime.

### Leçon 1 (1-10) : « interrompre » les distractions et changer sa manière de penser

Sur le chemin caché vers la paix et la plénitude, Sun Tzu nous donne la possibilité de nous libérer et de réorganiser la façon dont nous menons la guerre sur le champ de bataille de l'esprit, dans notre vie en général. Il nous permet en outre de découvrir des méthodes pour nous libérer de nos émotions négatives comme le jugement, la peur, l'inquiétude, la rivalité, le doute, la haine – voire des sentiments de bonheur intense suivis de périodes de profond désarroi. Il existe une voie favorisant la sérénité, la joie et l'équilibre, telle une échelle qui nous donne accès à la plénitude.

En explorant les neuf champs de la perception, nous pouvons utiliser les cinq manières dont notre volonté entière peut accueillir l'équanimité comme une composante naturelle et normale de notre réalité.

Nous pouvons donc prendre conscience de la manière dont notre volonté peut « interrompre » une pensée persistante dès qu'elle apparaît ; « interrompre » les ravitaillements qui alimentent la pensée (distraction) et l'empêcher de s'enraciner davantage ; « interrompre » les sens et les émotions avant qu'ils ne se multiplient et ne se répandent de manière chaotique dans le champ de perception.

Enfin, nous pouvons comprendre la manière dont notre volonté peut s'affirmer pour « interrompre » ce qui nous apparaît comme une armée entière de pensées qui s'infiltre, entravant l'expansion de notre conscience à travers l'espace et le temps et créant des cycles de schémas infinis capables de perturber notre concentration.

En abordant les choses avec bienveillance et dévouement, et non avec sévérité et résistance, nous pouvons faire émerger la beauté en nous, caractérisée par la joie et la patience. Nous traversons parfois des cycles qui nous apparaissent comme des « mises à l'épreuve » et contribuent à « nous débarrasser des schémas et des influences extérieures ». Alors, si nous

sommes attentif et que nous ne cédons pas à nos vieilles habitudes, les changements que nous observons nous donnent le courage de continuer.

Il s'agit d'un processus : notre intuition est toujours accessible, mais, en apprenant à contrôler notre champ de perception, nous lui faisons davantage confiance, ce qui renforce notre courage et notre détermination à évoluer ainsi qu'à surmonter les défis. Nous ne prenons plus nos pensées pour argent comptant : nous les remettons en question, nous les séparons et nous nous détachons de leur emprise. Le succès devient alors possible.

De plus, Sun Tzu nous guide dans la manière de nous préparer lorsque nous commençons à renoncer à nos schémas de pensée habituels pour en adopter de nouveaux. C'est avec cette conviction et cet engagement sincère que nous sommes capable d'élaborer une stratégie et de prendre l'avantage sur les cinq développements potentiels : avec les pensées qui surgissent et nécessitent une attention immédiate, comme avec celles qui donnent l'impression d'être inoffensives, nous devons être vigilant et affirmer notre volonté afin qu'elles ne gagnent pas du terrain et détournent notre attention. Par ailleurs, après avoir neutralisé une pensée négative, il est essentiel de maintenir cette volonté, car elle risque de réapparaître pour nous tester ou simplement lutter pour prendre le contrôle de notre concentration.

Il ne faut jamais attendre que les pensées affaiblissent notre détermination, mais apprendre à affirmer notre attention concentrée dans le but de les surmonter. Nous devons réellement prêter l'oreille à nos schémas, car nous avons tendance à les répéter de manière automatique ou en réagissant en fonction d'habitudes profondément enracinées dans notre subconscient. En étant attentif et en exerçant notre volonté entière, soutenue par notre engagement, la pensée ou la limite reculera – ou, comme Sun Tzu le dit, se « désintégrera ». Même si nous pensons avoir surmonté un schéma de pensées, nous devons rester vigilant, car il risque de réapparaître et de déstabiliser notre attention. En résumé, rien (pensée, croyance, action, personne, tradition, opinion publique, etc.) ne peut nous décourager de surmonter nos limites.

**Leçon 2 (11-22) : percevoir les premiers signes de changement**

Avec notre volonté entière, nous sommes capable de tout surmonter. Nous grandissons en apprenant à percevoir les choses de manière dualiste, et, lorsque nous décidons de contrôler et de remettre en question ces schémas de pensée, ou si nous refusons cette dualité, nous nous donnons la possibilité de voir les choses autrement. Nous pouvons commencer par examiner nos schémas de pensée et comprendre en quoi ils nous limitent. Nous avons le pouvoir de surmonter toute forme de pensée ou de perception limitante. Le monde matériel a beau être façonné par nos pensées, nous pouvons remettre en question ce que nous avons toujours

cru. Plus nous exerçons notre volonté, même de manière hésitante, plus nous observons de changements.

Enfin, sur notre chemin vers la paix et la plénitude, il est nécessaire de nous en remettre à notre volonté entière avec un engagement sincère pour pouvoir conquérir ces habitudes qui nous enferment depuis si longtemps et les empêcher de réapparaître. Sun Tzu nous montre que si nous adoptons cette démarche, notre conscience s'élargira, car elle commencera à se fondre avec l'ensemble. En appliquant les cinq développements de la volonté entière, nous serons en mesure de comprendre et de surmonter nos propres cycles ainsi que d'établir une forteresse intérieure infaillible dans l'objectif de maintenir cet état de sérénité.

Le moindre petit changement nous donnera la force d'avancer et nous permettra de ne pas nous sentir découragés lorsque nous percevrons l'échec ou que nous connaîtrons des expériences négatives. Nous nous efforçons d'en finir avec ces habitudes afin de devenir plus libre de nos choix. Nous faisons appel à notre discernement pour nous « connaître » nous-même, pour être aussi fort et inflexible qu'une armée en guerre afin de déloger ces schémas profondément enracinés et les « priver » de leur pouvoir sur nous.

Qui plus est, Sun Tzu nous montre que, en prenant des initiatives, nous pouvons dépasser ce sentiment de fardeau qui pourrait nous faire croire, à tort, que nous avons « travaillé dur » ou « suffisamment dur ». Au lieu de cela, nous poursuivons nos efforts sans nous laisser envahir par le sentiment de stagnation et nous commençons à comprendre que nous pouvons en faire davantage, de manière naturelle – que notre énergie est illimitée, et que notre engagement sincère nous incite à aller *au-delà* de ce que nous pensions, à dépasser nos limites habituelles, et plus rapidement.

En devenant capable de nous concentrer et de nous libérer de nos limites, nous développons un sentiment d'amour inné pour ce que nous sommes capable de faire, ce qui se ressent dans nos actions, et cela nous permet de ne plus percevoir notre quotidien comme une corvée, ou le travail comme un fardeau, de ne plus faire de distinction entre le travail et les loisirs, entre la vie spirituelle et matérielle, ou entre un passé douloureux et un présent rempli de bonheur. Au contraire, nous percevons la vie comme un ensemble cohérent dans lequel la sérénité se reflète dans l'ensemble de nos actions et de nos choix. Les tâches du quotidien deviennent une autre manière de révéler notre nature dynamique et notre potentiel illimité.

C'est pourquoi Sun Tzu souligne que « *l'observateur éclairé établit des plans à l'avance, tandis que la concentration ancrée cultive la conscience* ». Grâce à notre volonté, l'avenir dont nous avons toujours rêvé (ou que nous avons toujours ressenti) devient possible. Même si nous avons passé une partie de notre existence d'une certaine manière, nous pouvons à tout moment changer de cap, guidé par notre engagement et notre volonté,

et vivre une vie nouvelle. Nous pouvons y parvenir en surmontant les croyances enracinées qui nous en empêchaient jusque-là.

Enfin, nous affirmons notre volonté entière petit à petit pour nous en remettre à notre intuition (soleil intérieur), suivre ses conseils et être en harmonie avec elle. Nous n'écoutons plus nos complaintes intérieures et nous libérons des limites de la pensée dualiste, de sorte que chaque jour qui passe devient une expérience de conscience harmonieuse et paisible, *pour toujours*.

## LE MODE DE VIE DU CŒUR

Lorsque nous commençons à exercer notre volonté et notre engagement de manière stratégique et sincère, nous pouvons « remporter » des batailles sur l'esprit qui a tendance à anticiper nos actions avant même que nous le décidions. Par exemple, lorsque vous êtes au volant de votre voiture, vous la démarrez de manière machinale, car le corps anticipe ce qui va se passer. Ce schéma s'applique aussi pour une personne qui a arrêté de consommer de la caféine et qui se rend dans un café : dans un contexte et un environnement familiers, le corps va réagir comme il l'a toujours fait, et cette personne va très probablement commander un café, même si elle n'en boit plus depuis un certain temps.

Dépasser ces schémas automatiques nécessite beaucoup de détermination. Il faut de la volonté pour prendre conscience de nos habitudes, de ce qui nous limite, et pouvoir passer outre. Il faut être attentif et se remettre constamment en question. Les habitudes et les perceptions de la pensée sont profondément enracinées, particulièrement tenaces – souvent depuis l'enfance ou en raison d'expériences passées, de sorte que nous réagissons comme nous l'avons toujours fait – et *persistent* dans le temps. Nous considérons donc ces réactions émotionnelles ou ces sens comme naturels et normaux. Supposez que vous soyez réveillé par le bruit du tonnerre et que vous ayez peur, car vous avez toujours eu peur de l'orage ; alors vous l'accepterez encore et encore. Il est important d'analyser ce sentiment de peur et de comprendre pourquoi il faut vous en débarrasser. Qu'elles aient pris forme pendant l'enfance ou à l'âge adulte, nos peurs ou nos phobies ont débuté à un moment donné. Nous semblons programmé pour répéter les mêmes schémas et les accepter, mais Sun Tzu nous explique que nous avons le pouvoir de changer notre manière de penser et de réagir.

Le « chaud » et le « froid » sont deux concepts de dualité auxquels nous ne prêtons pas forcément attention ou que nous acceptons comme faisant partie de notre réalité quotidienne. De même, « avoir faim » et « être repu » sont des états de béatitude ou de satisfaction qui peuvent être considérés comme « meilleurs » que le sentiment d'échec ou de frustration. Si nous ne remettons jamais en question ce que nous aimons et ce que nous n'aimons

pas, nous allons réagir de manière répétitive quand nous serons face à eux. Mais nous pouvons arrêter de résister et tenter de comprendre l'origine de ces émotions. Certaines expériences passées peuvent y être liées et nous pouvons les surmonter en douceur, ou les réexaminer et les réinterpréter de manière à créer de nouveaux schémas, plutôt que de réagir de manière automatique.

Quand nous comprenons comment l'esprit nous fait passer de l'un à l'autre, nous prenons conscience que nous ne sommes pas le maître Sun, mais le prisonnier de nos fluctuations mentales. Ces dernières nous font passer du chaud au froid de manière répétée mais nous pouvons ramener en douceur ces sentiments à un équilibre mental afin d'être libéré de ces fluctuations. Lorsqu'il est vraiment difficile de se libérer d'un flux de pensées, nous pouvons utiliser les stratégies de Sun Tzu. En particulier, il nous est possible d'explorer et d'évaluer les pensées en étant au moins capable de reconnaître que nous sommes vivant et conscient de cette « difficulté ». De cette manière, nous pouvons restaurer un certain équilibre en tirant quelque chose de positif de cette expérience et empêcher la pensée de s'enraciner.

Notre volonté entière est le moyen de reprendre le contrôle de notre esprit, de notre corps et de notre âme, et de les remettre entre les mains de l'intuition afin de mettre fin à ce déséquilibre causé par les pensées contradictoires et d'être en harmonie avec ce qui nous entoure. Nous pouvons faire face à nos difficultés *dès maintenant* et Sun Tzu souligne qu'agir en demi-teinte est toujours préférable au fait de laisser les émotions prendre le dessus.

En exerçant un contrôle sur notre champ de perception, en prenant conscience de nos pensées et en y surmontant les obstacles, nous pouvons ressentir des moments de bonheur intense ou d'engagement sincère et les intégrer dans notre quotidien comme une réalité ordinaire. Cependant, une fois que nous sommes parvenu « là-bas » (moment de béatitude ou sentiment de bonheur intense), nous risquons aussi de « redescendre ». Et nous pouvons essayer de comprendre ce qui est allé de travers ou ce qui nous a amenés à laisser partir ce moment d'extase. L'équanimité se définit comme un état constant de calme intérieur ; un moment de bonheur intense peut donc donner l'illusion d'une expérience perçue comme « meilleure » que cet état d'équanimité et, pire encore, nous pourrions en devenir dépendant. Ne confondez pas l'équanimité avec l'harmonie ou la sérénité : en vous connectant à votre soleil intérieur, vous comprendrez la différence.

Ces émotions qui fluctuent constamment d'un état à l'autre ne sont qu'une perception. Et il ne faut surtout pas considérer que le sentiment de colère, de déception, etc., est un signe d'échec ou de régression. Ce n'est qu'un autre état émotionnel. Quand vous ressentez une émotion, essayez de vous connecter à votre intuition, qui est là quand vous faites

face à cette difficulté, afin de comprendre que cet « échec » n'est rien de plus que votre propre perception qui change et qui dicte votre expérience, par opposition à la sagesse du soleil intérieur, représentant la conscience constante et l'harmonie.

La volonté entière nous donne le courage d'emprunter de nouveaux chemins vers l'équilibre. Nous pouvons l'utiliser pour « brûler » les pensées, et plus particulièrement les flux, ces longs fils de concept qui s'accrochent à nous depuis si longtemps ! En analysant et en maintenant notre volonté, nous surmonterons les pensées les plus enracinées. Nous saurons identifier les cycles : lorsque quelque chose pointera encore le bout du nez pour attirer notre attention, nous ne céderons pas.

Dans ces moments, nous avons le pouvoir de dire « non, pas encore » ou « plus jamais », d'en finir pour de bon et de laisser partir la pensée. Il faut parfois plusieurs mois avant de réussir à éliminer les schémas solidement ancrés ou les obstacles qui se mettent en travers de notre route. Même si nous sommes attentif, des pensées ou des émotions viendront encore nous « tester » afin de vérifier si nous avons réellement changé une habitude. Et grâce à notre intuition, qui agit comme un guide, nous serons ouvert à *toute* expérience qui nous permettra de nous rapprocher de la liberté (mentale).

Au fil du temps, nous finirons par considérer ces difficultés comme des occasions précieuses d'en finir avec les perceptions enracinées, au point de ressentir une forme de gratitude, une fois que nous aurons réussi, envers cette difficulté qui nous a détourné de notre calme intérieur. Nous devons exercer petit à petit notre volonté et notre engagement, même si nous savons que nous pouvons échouer et quand bien même nous serions certain que nous *n'allons pas* réussir. Nous devons nous relever et recommencer : c'est la volonté entière.

Utilisez les cinq développements pour surmonter les cycles et les limites de l'esprit. Sun Tzu nous dit : « La volonté doit faire preuve de fermeté et d'inflexibilité dans sa capacité à éradiquer les limites et les schémas enracinés habituels, au risque de perdre confiance en elle et de sombrer dans le doute. » Il faut prendre des initiatives et établir des plans, faire preuve de vigilance pour continuer à avancer afin d'évaluer et de trouver de nouvelles façons d'être. Si nous réalisons des progrès, il faut s'abstenir d'en faire étalage, car ces obstacles que nous pensions avoir déjà surmontés et maîtrisés risquent de réapparaître !

En poursuivant vos efforts, vous verrez et ressentirez le calme et la sérénité plus souvent dans votre quotidien. Vous serez capable de percevoir immédiatement les obstacles qui surgissent et de les laisser aller et venir avec détachement. Et, si vous flanchez, vous comprendrez qu'ils sont là pour vous aider à mieux vous comprendre, le but ultime étant de vous rapprocher de votre intuition et de votre soleil intérieur (plénitude).

Vous pouvez commencer dès maintenant, sans effort.

## LA DOUZIÈME ÉTAPE SUR LE CHEMIN CACHÉ VERS LA PAIX ET LA PLÉNITUDE

**1.** Appliquez les enseignements du chemin caché vers la paix et la plénitude de la manière qui se révèle la meilleure pour vous, afin d'exercer votre volonté entière dès maintenant.

**2.** Trouvez des occasions, à chaque instant, de défier vos faiblesses et vos limites. Faites en sorte d'avancer vers la vie que vous avez envie de vivre. Soyez imprévisible et courageux. Dressez une liste des obstacles qui vous freinent et réfléchissez à de nouvelles façons de les aborder. Suivez votre rêve ou votre objectif le plus ancré en vous. Développez votre volonté et votre engagement avec tout votre cœur et laissez les nouvelles initiatives et le courage se répandre dans votre existence.

**3.** Réfléchissez aux moments de la journée au cours desquels vous répétez des schémas qui vous limitent et où vous affirmez votre volonté. Observez les moments où les cycles et les anciens schémas réapparaissent (des mois, voire des années plus tard) après les avoir éliminés. Réorganisez et modifiez votre environnement afin de favoriser les changements. Trouvez de nouvelles façons de voir le monde sans votre perception dualiste.

***La volonté entière*** est la douzième étape sur le chemin caché vers la paix et la plénitude. Plus vous maîtriserez les cinq manières d'exercer votre volonté et les cinq développements qui risquent de survenir, mieux vous saurez anticiper les revers et avancer. L'intuition est le soleil intérieur qui vous guidera jusqu'à ce que vous preniez conscience de votre unité intérieure.

# Réflexions

« Malheureux seront ceux qui tentent d'établir l'ordre et l'harmonie sans cultiver l'esprit d'initiative. »

## 1

Parmi les cinq manières d'exercer votre volonté entière dans les neuf champs de la perception pour trouver l'équilibre mental, laquelle vous inspire le plus maintenant, et pourquoi ?

## 2

Parmi les cinq manières d'exercer votre volonté entière dans les neuf champs (impartiaux) de perception pour trouver l'équilibre mental, laquelle vous semble la plus difficile à appliquer maintenant, et pourquoi ?

## 3

Quels cycles de pensée ont été les plus puissants au cours de l'année dernière et ont dominé votre vie ? Et au cours des cinq dernières années (ou plus) ? Dans quelle mesure ont-elles façonné votre perception de la réalité et votre quotidien ? Quelles stratégies pouvez-vous mettre en place pour affirmer votre volonté entière et ôter leur emprise (rompre avec des habitudes, des schémas de pensée, etc.) ?

## 4

En affirmant sa volonté entière, l'observateur doit se préparer aux cinq développements. Parmi eux, lequel s'applique le plus à vous maintenant, et pourquoi ?

# 5

Prenez un moment pour observer votre esprit et affirmer votre volonté en douceur. Est-ce que certaines pensées réapparaissent et « luttent désespérément » pour reprendre le contrôle et vous empêcher de réussir ? Quelle stratégie pouvez-vous mettre en place pour maintenir votre concentration ?

# 6

De quelle manière pouvez-vous exercer dès maintenant votre volonté entière dans votre quotidien afin de rompre avec les limites et les schémas de pensée enracinés qui freinent votre progression ?

# 7

Décrivez un moment au cours duquel vous avez fait preuve d'initiative et d'engagement en vue d'amener de l'harmonie dans votre quotidien ? De quelle manière pouvez-vous maintenant faire preuve d'initiative et d'engagement dans votre vie ?

# 8

« L'observateur éclairé établit ses plans à l'avance, tandis que la concentration ancrée cultive la conscience. » Comment pouvez-vous mettre en pratique ce dicton de sagesse inspirée dans votre quotidien ?

## 9

Partagez un moment où vous avez surmonté quelque chose, où vous en êtes vanté, même de manière discrète, et où cette pensée (ou ce schéma) est réapparue comme pour vous tester.

## 10

Partagez un moment au cours duquel vous avez exercé votre volonté en vue de prendre le contrôle d'une habitude ou d'une pensée négative. Quel a été le résultat ?

## 11

Partagez un moment au cours duquel vous avez ressenti de la colère ou de l'agacement et où vous avez réussi à maintenir votre état naturel d'équanimité. Si vous deviez revivre cette expérience, quelles stratégies mettriez-vous en place ?

## 12

Décrivez un moment au cours duquel vous avez ressenti un état d'équanimité ou de sérénité. Avez-vous ressenti ensuite un sentiment de vide ou de défaite quand une difficulté a surgi ? Si oui, comment pourriez-vous comprendre que vous êtes resté dans le même état, mais que vous avez perçu les expériences différemment ?

# 13

# Discerner la fragilité

**1.** Sun Tzu a dit : « Les neuf champs (impartiaux) de la perception, non contrôlés, peuvent se déployer pour créer les dix mille pensées qui façonnent la réalité du monde matériel que nous percevons. » En tant que tels, ils peuvent établir un cycle répétitif de difficultés (perçues comme telles) qui peut être défait ou dénoué, guéri ou surmonté avec le temps ou sur plusieurs vies. S'il examine les choses avec discernement de manière régulière, l'observateur parvient à dépasser la perception ordinaire de la réalité en utilisant sa volonté entière. Cette dernière, à son tour, va conduire à des changements dans la conscience de sorte que plusieurs centaines de milliers de pensées (ou habitudes, idées, limites) vont disparaître, tout en empêchant un plus grand nombre d'engendrer leur désordre habituel et de perturber l'état d'harmonie stable de votre conscience.

**2.** Les deux camps – les pensées non contrôlées et la conscience concentrée – peuvent s'affronter des années pour remporter la victoire, mais l'état de plénitude peut se décider instantanément, en une seule journée. Cependant, rester dans l'ignorance de la nature de l'ennemi de la pensée simplement en raison de notre mécontentement ou de notre perception de dualité peut avoir des conséquences négatives sur l'ensemble.

**3.** La véritable finalité de la guerre est d'établir la paix, et il en va de même avec celle qui se livre dans l'esprit. Par le biais de l'observation, l'objectif est la cessation du conflit dans le champ de la réalité pour qu'émerge une *véritable unité* avec tous les phénomènes de l'existence. Par conséquent, celui qui agit dans l'ignorance et entre en conflit avec le monde (la réalité dans son ensemble) n'a rien d'un meneur ; il n'est d'aucun soutien pour son propre dirigeant (intérieur, le Moi intuitif) et il ne peut être le maître de la victoire.

4. Ainsi, ce qui permet au maître Sun avisé d'atteindre un état d'équanimité, d'accord, d'harmonie, au-delà de la conscience ordinaire est la *connaissance préalable*.

5. Celle-ci n'est pas le fait de la prémonition. Elle ne résulte pas non plus de l'analogie avec les expériences du passé (ou du raisonnement intelligent) ni de calculs qui s'appuient sur des déductions.

6. La connaissance de la *véritable* nature du monde matériel (les pensées ou les concepts qui se développent) n'est possible que par le biais de l'observation *directe* de la *véritable* nature de la réalité. Le but est de comprendre précisément ce qui se déroule, sans agressivité, sans que l'observateur ne crée de distance par rapport à ce qu'il observe.

7. Il est donc important d'être capable de discerner la fragilité. Il existe cinq étapes qui permettent de le faire au sujet de tout phénomène:

   - *local*;
   - *intérieur*;
   - *quand elle change de forme*;
   - *quand elle se désintègre*;
   - *jusqu'à l'extinction ou ce qu'il reste.*

8. C'est en utilisant les cinq étapes qui permettent de discerner la fragilité des phénomènes ordinaires que la véritable nature des choses se révèle à vous. Elle vous propose d'acquérir une compréhension et une connexion avec le grand mystère, le fil de la vie qui existe en toute chose et *partout*. Chaque chose observée est « laissée entre ouverte », comme une porte sur le point de se refermer et que l'on bloque, qui laisse un vide, un trou d'épingle, un espace à travers lequel il est possible d'observer sans restriction, de *savoir: ce qui est nuisible est aussi fragile, et par conséquent vulnérable*, sujet au changement, et voué à disparaître. Cette prise de conscience est l'aptitude la plus précieuse du Soi.

9. La première étape consiste à discerner la fragilité dans votre environnement immédiat ou local (par exemple à travers vos pensées, vos activités, les personnes que vous rencontrez, les lieux où vous vous rendez au quotidien).

10. La deuxième étape consiste à discerner la fragilité dans votre environnement intérieur (vos pensées, perceptions, émotions, sens).

11. Progressivement, que nous percevions la réalité intérieure ou extérieure, le processus de discernement de la fragilité va changer de forme et modifier votre compréhension du monde, vous accorder une nouvelle liberté ainsi qu'une capacité d'agir qui se manifestera sous forme de tendresse et de bienveillance. C'est la troisième étape.

12. Dans cette optique, la perception dualiste du monde matériel finit par se révéler, désintégrant cette perception de la séparation. C'est la quatrième étape.

13. Enfin, lors de la cinquième étape, la seule vision qui « survit » est un monde unifié et fragile. Vous n'en êtes plus séparé, mais vous êtes conscient de faire partie intégrante de ce tout, car vous reconnaissez sa véritable nature comme un tout unifié.

14. En conséquence, dans l'armée entière de la conscience, rien n'est plus important que de discerner la fragilité. La capacité à reconnaître la fragilité de « toutes les choses » est la meilleure des récompenses, car elle met fin à la guerre que vous avez dû mener. Elle conduit à adopter et à préconiser une approche tendre et bienveillante envers tout ce qui existe.

15. La fragilité ne peut se manifester sans un certain discernement intuitif et mental ni une capacité à prendre des décisions judicieuses.

16. Elle ne peut être maîtrisée sans bienveillance (gentillesse) ni honnêteté (simplicité).

17. Sans une subtile ingéniosité de l'esprit, il est impossible de saisir la vérité de ce que la fragilité communique (ou révèle).

18. *Faites preuve de subtilité* et utilisez votre capacité de discernement pour reconnaître la fragilité dans toutes les situations et les activités du quotidien.

19. Si vous ne parvenez pas à « voir » la nature secrète d'une chose révélée par la fragilité, vos efforts pour parvenir à l'unité avec l'ensemble seront anéantis.

20. Que nous le comprenions ou non, la nature de la fragilité existe aussi bien du côté de l'observateur que de ce qui est observé, ce qui favorise l'empathie et la compassion. Nous « observons » en nous engageant à aborder chaque situation avec gentillesse et bienveillance, faisant d'elles les valeurs dominantes dans toutes nos actions.

**21.** À mesure que notre conscience de la fragilité s'élargit, nous devons trouver des occasions de faire émerger les notions de « différence » et de jugement afin que notre conscience puisse instaurer un état d'équanimité et d'unité. Ainsi, la dureté et la compétition qui caractérisent le monde laissent place à l'harmonie réciproque – car nous lui reconnaissons aussi une grande fragilité et que nous nous engageons à le rendre plus parfait – en adoptant l'approche douce.

**22.** C'est en comprenant que vous-même et ce que vous observez présentez tous deux une certaine fragilité que vous pouvez commencer à réduire la séparation intérieure et extérieure (locale) qui est en conflit, en finissant par accepter que cette fragilité soit réciproque.

**23.** C'est encore grâce à la prise de conscience de la fragilité que nous pouvons « détruire » ou causer l'extinction de cette réalité divisée en guerre qui a toujours faussé notre perception de la réalité.

**24.** Enfin, en prenant conscience de l'impact de la fragilité, nous ne pouvons plus ignorer ou négliger cette réalité et nous devons être plus que jamais attentif à la véritable nature des choses.

**25.** La finalité de la fragilité, à travers ces cinq étapes, est la connaissance de la véritable nature de l'« ennemi de la pensée » dans le champ de perception ; et cette connaissance n'est possible que si nous passons d'une perception d'un monde solide et immuable à la reconnaissance d'un monde fragile. Par conséquent, utilisez votre capacité à percevoir cette fragilité dans toutes les situations.

**26.** Autrefois, on avait coutume de dire : « Tout comme l'eau peut transporter un bateau en toute sécurité jusqu'au port, elle peut aussi le faire couler. » Il en est de même avec la fragilité : elle vous transporte en toute sécurité vers la véritable nature des choses, mais peut aussi causer sa destruction.

**27.** Par conséquent, seul le dirigeant éclairé – le maître Sun – utilisera toute son intelligence pour discerner la fragilité dans toute chose et accéder à la plénitude, à l'harmonie, à l'unité et à la paix dans tous ses royaumes. Il est écrit : « Une guerre de l'esprit sans la capacité à discerner la fragilité est comme une personne qui n'a ni yeux ni oreilles. »

## INTERPRÉTER LA SAGESSE INTEMPORELLE DE SUN TZU

Quand nous observons la véritable nature de la réalité – des choses, ou de tout ce que nous voyons et percevons comme faisant partie « du monde » –, nous avons à notre disposition une brèche qui nous permet de la voir. Sun Tzu explique que tous les phénomènes possèdent ce « petit espace », ce passage secret, qui nous offre la possibilité d'entrer et de sortir du territoire de chacun. Et tout comme l'espion s'infiltre pour obtenir des informations sur la vulnérabilité d'un ennemi, vous pouvez utiliser ce minuscule passage pour prendre conscience de la fragilité de tout ce que vous observez. Cet espace peut être utilisé de manière réciproque pour que vous « le » connaissiez et qu'« il » puisse vous connaître[42].

C'est un peu comme une porte qui se ferme et que l'on bloque. Elle est représentée et parfaitement identifiable dans les deux petits cercles (un blanc, un noir) de l'emblème du yin et du yang, qui contiennent chacun un peu de l'autre. Selon Sun Tzu, si vous prenez soin d'observer la véritable nature de quelque chose, vous prendrez conscience de sa fragilité. Et quand vous la découvrez au sein de quelque chose qui est extérieur à vous-même, vous finissez par comprendre que cette fragilité existe aussi en vous-même, ce qui montre l'interconnexion de toutes les choses.

Lorsque tous les côtés se perçoivent mutuellement, ils voient ce qu'ils s'attendent à voir, sans pouvoir regarder au-delà, mais cette « porte latérale », cette petite ouverture dans la conscience, permet de discerner la vulnérabilité de tous les éléments.

Un moustique qui vous mord est perçu, de votre point de vue, comme une expérience négative ou agressive. Et pourtant, cet insecte est vulnérable parce qu'il a besoin de se nourrir. Nous pouvons le tuer ou le chasser sans le laisser nous piquer, mais il s'agit pourtant de son état naturel. Grâce à cet espace, nous pouvons ressentir de la compassion pour sa fragilité en prenant conscience des efforts qu'il fait pour survivre.

Une personne qui commet un crime contre une autre est également vulnérable, non seulement parce que c'est un être humain et qu'il va mourir, mais aussi parce qu'elle est dans l'incapacité de reconnaître qu'elle est avec la personne qu'elle a tuée.

Un déchet est perçu comme nuisible à l'environnement, mais lui aussi est soumis à la fragilité et à la dégradation. De même, l'individu qui l'a déposé là (sciemment ou non) présente lui aussi une certaine fragilité, car il est incapable de voir l'interconnexion de toutes les choses.

42. Si l'objectif principal est de reconnaître la fragilité, l'objet de votre observation peut utiliser le même espace pour vous observer. C'est pourquoi, quand vous atteignez un état de conscience concentrée, vous pouvez facilement être déstabilisé : les anciennes pensées, habitudes, personnes, idées que vous avez peut-être éradiquées, isolées et surmontées peuvent ouvrir cet « espace » et revenir, au risque de perturber votre concentration. Ayant conscience de cela, l'élève, dans le sanctuaire de l'attention concentrée de l'esprit, doit protéger cette « porte » du risque d'invasion.

Des personnes qui nous sont chères et qui pourraient nous faire du mal – parmi celles que nous rencontrons au quotidien – agissent souvent en fonction de ce que les générations précédentes leur ont appris ou du conditionnement social auquel elles ont été soumises. Ce qui veut dire qu'elles ne font que reproduire ce qu'elles voient, entendent et apprennent, recréant des schémas habituels ou des cycles de limite. Pour autant, elles n'en sont pas moins fragiles : elles ignorent que nuire à une personne peut nuire à l'ensemble de la société.

Un volcan est fragile, car il fait ce qu'il y a de plus naturel et de la plus belle manière qui soit, et il se calme. Ce n'est que quand nous le voyons comme un obstacle ou comme une menace de destruction qu'il devient notre ennemi et nous éloigne de notre interconnexion avec lui.

### Leçon 1 (1-7) : prendre conscience de la fragilité

Sun Tzu explique qu'il existe cinq étapes qui permettent de bouleverser le champ de perception afin de « voir » la fragilité des choses. Après avoir « brûlé » nos schémas de pensée ou les cycles qui s'infiltrent dans notre champ de perception, une nouvelle perspective s'offre à nous, étant donné que nous pouvons toujours être influencé par des perceptions dualistes en ressentant ces changements comme quelque chose d'agressif et de destructeur – alors qu'il n'en est rien. À l'inverse, nous pouvons accueillir la paix en favorisant l'arrêt des conflits avec *tout* et voir ce qui se déroule réellement dans notre vie.

Cette connaissance préalable de la nature des choses nous permet de devenir le vainqueur, qui n'est plus séparé de ce que nous percevons. Lorsque nous prenons conscience de la vulnérabilité des choses, nous pouvons utiliser cette connaissance dans notre environnement (extérieur, intérieur, etc.) et commencer à percevoir d'une manière différente leur forme et leur apparence. Nous sommes moins prompt à la critique, plus patient. Nous commençons à appréhender les situations avec un regard neuf et à ressentir une plus grande empathie. Les choses se calment, car nous ne sommes plus en conflit avec le monde, avec nous-même, avec les autres.

En interagissant avec les formes que vous percevez dans votre monde extérieur, vous commencerez à établir une connexion en vous, car elles évoluent et perdent de leur certitude. C'est parce que ce que vous observez présente la même fragilité que vous en tant qu'observateur[43]. Un processus de désintégration se met en place. Vous pourriez rendre visite à une personne avec qui vous avez l'habitude de vous disputer et ne plus avoir envie de le faire, car cette conscience de la vulnérabilité des choses est trop puissante et remet complètement en question la façon dont vous percevez le monde. Et elle a pour conséquence un sentiment d'unité et d'équanimité.

43. Il va de soi que l'observateur voit le soleil intérieur (l'objet observé) à travers le « trou » ou la « porte » laissée ouverte en reconnaissant qu'il représente l'unité fondamentale de toutes les choses ou de sa plénitude. Dans d'autres traditions, la porte est représentée par un tunnel qui est perçu lorsque le (troisième) œil éternel s'ouvre.

En découvrant le monde avec un regard neuf à travers le prisme de la fragilité, la moindre petite chose vous fera pleurer, car vous aurez pris conscience de sa beauté délicate. C'est pourquoi Sun Tzu dit que nous devons apprendre de ce que nous observons – surtout les pensées tortueuses qui contrôlent et créent le moment suivant. En effet, dès que nous découvrons que le fil de fragilité traverse tout, le monde entier prend un sens nouveau : ce qui est immuable devient changeant ; ce qui est hostile renferme de la douceur ; le bien et le mal coexistent dans un ordre et un rythme parfaits.

Puis, lorsque nous prenons conscience de notre propre fragilité, nous comprenons comment nous avons contribué à notre propre souffrance et à celle des autres. Nous sortons des rangs de l'ignorance pour porter un regard bienveillant sur la simplicité et la fragilité du monde et ne voudrions en rien lui causer du tort.

### Leçon 2 (8-14) : développer l'empathie et la bienveillance

Sun Tzu propose les cinq étapes ou changements qui vont se dérouler dans votre champ de perception de manière à mettre en lumière la fragilité de toutes choses. Cela commence avec la compréhension que ce que vous percevez d'une certaine manière contient une autre perspective. Peu importe la dualité que vous pouvez attribuer à une chose, elle renferme un fil d'autre chose.

Vous pouvez le vérifier dans votre réalité extérieure et immédiate de tous les jours puis faire la même chose en vous. Lorsque vous observerez une personne en colère qui agit en raison de ses limites, vous discernerez vos propres limites. Lorsque vous observerez qu'une personne s'accroche à une habitude, vous discernerez les votres. Et, selon Sun Tzu, cette connaissance est notre plus grande faculté. Vous pouvez observer n'importe quelle chose, découvrir son fil de fragilité et ressentir de l'empathie, car vous êtes exactement comme elle : d'une *beauté délicate*.

À travers vos expériences, le sentiment de dualité va progressivement s'affaiblir jusqu'à se désintégrer, tout comme notre perception habituelle de la réalité. Vous ressentirez un sentiment d'unité et de plénitude qui évoluera vers un état ultime au sein duquel votre perception de dualité, votre impression de séparation d'avec le tout finiront par disparaître pour laisser place à une nouvelle liberté qui prendra la forme d'un chemin de sérénité.

Sainte Thérèse d'Ávila le décrit comme un état de tranquillité et de silence. Elle précise toutefois que cela ne veut pas dire que vous êtes soudainement exempt de « péchés » ou de perturbations. Ils n'ont tout simplement plus le même impact, car il n'y a plus de peur, plus d'intérêt

égoïste, mais plutôt un désir ardent de servir et d'accomplir son devoir avec révérence et dévotion[44].

En d'autres termes, nous prenons conscience que chaque mouvement, chaque action, chaque mot ou pensée, chaque geste *a le pouvoir d'affecter les autres*. Et si nous savons discerner la fragilité dans toutes les personnes et toutes les choses, nous développons petit à petit une attitude de douceur et de bienveillance – un attachement profond envers toutes les choses.

De même, nous ne sommes plus l'opprimé, car nous prenons conscience que nous ne pouvons pas être blessé par ceux qui ignorent leurs propres fragilités. C'est pourquoi, parmi tous les outils et la sagesse que Sun Tzu propose, rien n'est plus précieux que notre capacité à reconnaître la fragilité comme une composante fondamentale de l'existence.

**Leçon 3 (15-26) : observer avec un regard neuf**

Sun Tzu dit très clairement que la fragilité ne peut se manifester que si vous avez un « certain discernement intuitif et mental ainsi qu'un bon jugement ». Comme nous mettons au point des stratégies pour discerner la nature de nos pensées et que nous explorons le champ de perception de manière régulière, il ne fait aucun doute que nous adopterons une nouvelle perspective de notre vie et de notre environnement.

Notre nouveau regard, notre nouveau discours, nos nouvelles actions sont entièrement guidés par la bienveillance (gentillesse) et la simplicité ou par la tendresse naturelle dans tous les moments de la vie. Sans cette « subtile ingéniosité de l'esprit », nous pouvons ne pas voir de quelle manière la fragilité s'exprime (ou se révèle), trop occupé que nous sommes parfois à vouloir maintenir notre routine. Pour parler en d'autres termes, Sun Tzu nous rappelle doucement d'être « subtil », pour faire écho aux paroles de Confucius, qui disait : « La vie est très simple, mais nous insistons pour la rendre compliquée. »

En percevant la fragilité à tout moment, dans l'ensemble des situations et des activités, le fil s'étend au point que nous pouvons discerner la « nature secrète » des choses, caractérisée par la simplicité, la douceur et la fragilité qui se déploient sans effort et en harmonie avec l'ensemble de l'Univers. Nous abandonnons cette perception de séparation, d'un Soi qui observe, à une reconnaissance que la fragilité existe tant chez l'observateur que chez l'observé, ce qui donne naissance à nos superpouvoirs d'empathie et de compassion sincères.

Il ne nous reste plus, alors, qu'à cultiver la gentillesse et la douceur et d'avancer en communion et en cohésion avec les autres. Le sentiment de différence va s'étendre et disparaître très naturellement. Nous renonçons à l'agressivité et à la rivalité dans notre relation avec le monde pour laisser place à l'harmonie, en adoptant la voie de la douceur. Désormais, tout

44. *Le Château intérieur*, Septième demeure, chapitre 2.

est source d'apprentissage et nous accueillons chaque expérience avec humilité et reconnaissance.

Maintenant que nous avons pleinement conscience de la fragilité de toute chose, nous ne pouvons plus accepter d'être ignorant ou négligent envers les autres. Notre regard neuf nous permet de voir la véritable nature des choses, qui est et sera toujours coopérative. Sun Tzu dit: « La finalité et l'objectif de la fragilité, à travers les cinq étapes, sont la connaissance de la véritable nature de l'ennemi de la pensée dans le champ de perception; et cette connaissance n'est possible que si nous passons d'une perception d'un monde solide et immuable à la reconnaissance d'un monde fragile. » Par conséquent, utilisez votre capacité à percevoir cette fragilité dans toutes les situations.

*Elle devient notre planche de salut, notre miroir grossissant, notre chemin.*

Cet outil précieux, cette capacité à « voir », devient ce qui nous permet de percevoir avec clarté la véritable nature de notre monde pour la première fois.

**Leçon 4 (27) : découvrir la paix et la plénitude**

L'ensemble des enseignements transmis par Sun Tzu est contenu dans ces mots précieux:

« Et c'est pourquoi seul le souverain éclairé – le maître Sun – utilisera toute son intelligence pour discerner la fragilité dans toutes choses, et atteindre ainsi la plénitude, l'harmonie, l'unité et la paix dans tous ses royaumes. [...] Une guerre de l'esprit sans perception de la fragilité est comme un homme sans yeux ni oreilles. »

La capacité à discerner la fragilité dans toutes les choses est une preuve de grande intelligence. Ce concept est une vérité simple et un enseignement fondamental. Il est probable que l'enseignant qui a proposé cette forme de sagesse en ait lui-même expérimenté les enseignements et qu'il ait compris sa pertinence au cours d'une période de grand conflit extérieur (et des luttes internes qui l'ont causé). Nous pouvons prendre conscience de l'impact qu'il pourrait avoir si un soldat luttant contre un autre pouvait discerner la fragilité dans son adversaire et « prendre conscience » de leur interconnexion; beaucoup l'ont peut-être vécu. (J'aimerais le croire.)

Nous pouvons au moins reconnaître que l'humanité dans son ensemble agit comme des soldats en guerre contre d'autres, se livrant une guerre continue et interminable sur le champ de bataille de l'esprit. Trouvez le moyen de mettre fin à cette guerre dès maintenant.

## UTILISER LA FRAGILITÉ POUR EMPRUNTER LE CHEMIN VERS LA PAIX ET LA PLÉNITUDE

Avez-vous déjà été témoin de la souffrance? Il serait difficile de répondre non, puisqu'il existe tant de moments, grands et petits, au cours desquels les gens y sont confrontés. Essayez de replonger dans vos souvenirs (à moins que la souffrance ne soit présente dans votre vie en ce moment) et réfléchissez à un moment où vous avez été témoin du combat d'une autre personne (ou de tout autre être vivant). À quoi ressemble cette lutte et que ressentez-vous? Quelles leçons pouvez-vous en tirer?

Observer la souffrance revient à prendre conscience de l'essence de la fragilité présente en chacun de nous. Par exemple, vous pouvez regarder une personne qui souffre d'une maladie et penser que vous saisissez pleinement sa fragilité, mais cela n'a rien de surprenant. Pour autant, ce pourrait être un point de départ pour comprendre que tout dans le monde présente une certaine fragilité. Et, grâce à cette connaissance, nous pouvons discerner la notre puis, en approfondissant, commencer à démanteler nos croyances sur les autres et sur le monde, au point de perdre notre perception de séparation.

Pour devenir un maître Sun, il faut pouvoir reconnaître ce lien commun que nous partageons avec toutes les choses.

Le chemin vers la paix et la plénitude est très simple, mais il renferme un ingrédient essentiel trop souvent ignoré : la responsabilité de soi. Vous devez vous engager pleinement et aller jusqu'au bout. Sun Tzu met en évidence le fait que passer d'une perception de séparation à l'accession à la plénitude peut se produire de manière instantanée et « se décider en un jour », ou « en un battement de cil », tel qu'il est décrit dans la chanson spirituelle *I'll Fly Away* d'Albert E. Brumley. Est-ce vraiment difficile d'atteindre la plénitude? Non. Mais la prise de conscience de notre part de responsabilité dans notre propre souffrance et dans celle des autres nécessite un effort de notre part.

Quiconque désire faire l'expérience de la plénitude peut commencer dès aujourd'hui, sans attendre demain, en se concentrant sur lui-même, non sur un autre. Nombreux sont ceux qui cherchent à aider les autres ou à régler leurs problèmes de manière aveugle ou prématurée, alors que la véritable manière d'exercer une influence positive sur le monde est, *d'abord*, de prendre le temps de changer soi-même, puis de prendre conscience de ses propres cycles de désordre, qui alimentent depuis si longtemps les conflits.

Soyez un élève humble et pleinement dévoué envers les autres, tout en intégrant volontiers la manière dont vous pensez et agissez dans votre quotidien et tout au long de votre vie. De cette façon, vous pourrez établir en douceur des liens harmonieux avec les autres et former un cercle de coopération.

Si chacun de nous s'efforce d'incarner un maître Sun, nous devenons comme une chaîne de soleils – tel un fil de pierres précieuses qui répand l'amour et la lumière à travers le monde (et au-delà), et surtout dans le champ de perception qui forme notre réalité partagée. Libre de nous développer, nous pouvons nous connecter au monde entier avec ce que nous avons de plus précieux et d'unique en nous pour favoriser la paix, l'unité, la coopération, l'amour inconditionnel et l'harmonie, des valeurs nécessaires et naturelles. Nous avons le pouvoir de décider de l'impact que nous voulons exercer et, que nous le voulions ou non, même si nous avons le sentiment d'être bienveillant et généreux envers les autres, nos pensées négatives, qui se raccrochent à l'inquiétude, à la peur, au doute, à la superstition, à la différence et à la dualité, peuvent contribuer à façonner un monde fait de conflits.

Mais nous avons le pouvoir de changer cela *dès maintenant.*

Le chemin vers la paix et la plénitude que prône Sun Tzu nous invite aujourd'hui à réfléchir à la manière d'avancer en douceur dans notre vie en adoptant cette nouvelle devise : ne laissez aucune trace de vos pensées agitées derrière vous !

Nous avons tous un rôle à jouer. Et nous disposons de cette connaissance préalable pour faire la différence. Imaginez l'impact positif sur le monde si chacun de nous s'engageait à se concentrer sur son fil de lumière, ses propres idées afin de ne plus créer les mêmes schémas, mais de répandre une nouvelle forme de paix sans compromis (énergétique) !

Ce changement est déjà présent et se déroule maintenant – et il a toujours existé.

Réellement.

Il y a davantage de paix et de gentillesse dans le monde que l'inverse. Ils coexistent avec la guerre et nous décidons, à chaque instant, de choisir entre les deux. Vous devez faire un effort pour vous en rendre compte et ne pas accepter cette vision pessimiste et limitée comme une réalité permanente. Et si vous n'y parvenez pas, alors changez cette situation. Nous avons le pouvoir de décider où et sur quoi porter notre attention et nous pouvons changer n'importe quelle situation. Cela commence par reconnaître la fragilité sous-jacente qui existe en chacun de nous.

Si vous comprenez cela, tout ce qu'il y a de plus hostile ou de terrifiant perdra de son pouvoir.

L'unité ou la plénitude – l'évolution naturelle de notre unité consciente – réside dans la capacité de reconnaître que les choses et les personnes les plus méprisantes ont aussi en elles une fragilité. Sur le long fil paré de pierres précieuses, chacun a sa place. Ce qui n'exclut pas *cette personne,* là-bas, *qui cause ce raffut* ! Elle aussi, car il existe de la fragilité dans toutes les choses et dans tous les individus. Le fait de commencer à la percevoir crée une réciprocité, jusqu'à ce que vous ne distinguiez plus qu'un fil unique

qui parcourt toute la vie. Ce dernier éveille en vous un profond sentiment de compassion qui ne vous quittera plus. Il n'a rien de particulier ou de sacré. La plupart du temps, vous serez comme vous êtes tous les jours. Vous n'aurez simplement plus ce sentiment de séparation et d'isolement.

La paix est possible à chaque instant, dans la pensée et l'action suivante, dans le sourire que vous adressez à quelqu'un au lieu de nourrir un sentiment de haine. Elle est possible dès l'instant où vous comprenez que la fragilité existe en chacun de nous et qu'elle vous incite à adopter une attitude de compassion et de bienveillance envers toute chose. Vous connaîtrez toujours des difficultés, vous continuerez à travailler, à manger, à avoir une vie sociale, mais tout cela aura une signification différente, car vous aurez compris que vos actions dans tous les aspects de la vie pourraient avoir un impact négatif sur les autres (les animaux et l'environnement).

Vous ne vous concentrerez plus sur vous-même, mais sur l'ensemble.

Sachant que chacune de vos actions ou de vos pensées peut avoir un impact sur les autres, vous ne voulez plus risquer de causer du tort par négligence. Votre priorité est de faire en sorte que personne ne souffre, car vous savez – de manière intuitive – que l'Univers tout entier en pâtira. Le changement est imminent. Vous vous aventurerez dans le monde en étant attentif aux autres et en anticipant leurs besoins, en donnant à tout va, engagé à servir les autres dans un esprit de coopération et de dévouement qui sont toujours perceptibles dans notre monde.

Le changement est bien réel et en pleine expansion. En comprenant cela, vous pourrez le mettre en pratique de manière bienveillante dans vos actions.

Nous avons tous en nous un soleil intérieur capable de discerner la fragilité chez nos plus grands « ennemis », ceux avec lesquels nous sommes et serons toujours interconnecté. Libérez le guerrier plein de douceur qui est en vous. Mobilisez votre volonté entière, établissez des plans pour « voir » et observez de manière objective votre esprit et ce qu'il vous en coûte (ainsi qu'aux autres) quand il est agité et qu'il manque de patience et d'unité. Mettez au point des stratégies en assumant votre responsabilité pour comprendre votre véritable nature (laissez les autres faire la même chose sans les influencer). Concentrez-vous profondément et commencez à percevoir de quelle manière vos perceptions ont conduit à vos croyances et à vos points de vue limités. Développez votre conscience contemplative et apprenez à connaître les différentes manières dont les pensées et les idées émergent dans le champ de perception. Concentrez-vous et laissez votre conscience s'étendre.

Ne renoncez pas et ne battez pas en retraite.

N'acceptez pas l'idée que vous en avez fait assez.

N'arrêtez pas d'explorer vos actions, vos pensées, vos émotions tant que vous n'avez pas « saisi » l'essence de la fragilité. Sans cela, vous ne

parviendrez tout simplement pas à connaître l'état de plénitude qui vous donne accès à des possibilités illimitées.

C'est de cette manière que nous pouvons laisser notre soleil intérieur briller dans tous les aspects de la vie.

Au bout du compte, nous devenons un maître Sun.

La guerre que nous livrons pour libérer l'esprit – *libérer le monde* – ne pourra être remportée qu'avec la bienveillance.

Puissiez-vous laisser la voie de la douceur vous guider sur votre chemin.

Je vous souhaite de remporter cette victoire.

## LA TREIZIÈME ÉTAPE SUR LE CHEMIN CACHÉ VERS LA PAIX ET LA PLÉNITUDE

1. Appliquez les enseignements de Sun Tzu de la manière qui vous correspond le mieux, afin de commencer à discerner la fragilité dès maintenant.
2. Trouvez des occasions, à chaque instant, de considérer les personnes ou les situations les plus « dures » comme un moyen de découvrir leur nature délicate sous la surface. Observez la résistance de votre esprit quand vous pensez aux personnes que vous n'aimez pas, aux situations qui sont difficiles ou insurmontables, et tentez de découvrir « l'espace », la porte laissée entrouverte, afin que vous puissiez voir à travers avec un regard bienveillant.
3. Pensez aux moments de la journée où vous ne parvenez pas à discerner la fragilité et où vous agissez par habitude ou en suivant vos schémas récurrents, ou encore les instants où vous vous rangez à l'opinion générale. Choisissez une personne ou une situation qui vous cause des difficultés et observez vos pensées de manière à discerner la fragilité; écrivez-les dans un journal si cela peut vous aider. Explorez et libérez-vous. Trouvez la bonté, la délicatesse, la douceur dans les situations et les personnes les plus difficiles, les plus hostiles. Puis appliquez-les à vous-même. Discernez la fragilité dans vos défauts et traitez ces derniers avec empathie.

***Discerner la fragilité*** est la treizième étape sur le chemin caché vers la paix et la plénitude. Plus vous saurez discerner la fragilité dans toutes les choses, plus votre sentiment de séparation s'estompera et vous guidera vers la plénitude. Laissez votre soleil intérieur s'ouvrir pour laisser entrer en vous l'amour inconditionnel destiné à tous les êtres vivants et à toutes les choses.

Puissiez-vous avancer sur la voie de la douceur et remporter la victoire!

# Réflexions

« La connaissance préalable permet au maître Sun avisé d'atteindre un état d'équanimité, d'unité, d'harmonie, qui transcende la conscience ordinaire. »

## 1

Quand nous commençons à modifier nos schémas de pensée, nous pouvons mettre fin aux flux de pensées. Décrivez un flux de pensées très puissant. Quelles pensées futures pensez-vous pouvoir éliminer si vous parveniez à le supprimer définitivement ? Dans quelle mesure votre vie changerait-elle ?

## 2

Pensez-vous qu'il soit possible de dissiper en une journée votre dualité et votre frustration, qui vous empêchent de percevoir votre plénitude, c'est-à-dire votre unité, avec les autres ? Pourquoi pensez-vous qu'il faut plus de temps ? Quels schémas de votre esprit créent le sentiment de séparation qui vous empêche de ressentir cette plénitude ?

## 3

Dans quelle mesure la connaissance préalable de la fragilité peut-elle vous aider à engendrer une paix durable avec les autres, avec votre monde ?

## 4

Partagez vos réflexions sur la fragilité : ce qu'elle signifie pour vous, si vous l'avez déjà observée ou non. Comment cette compréhension de la fragilité peut-elle vous aider à « observer directement la véritable nature de la réalité » ?

## 5

Des cinq étapes qui mènent au discernement de la fragilité, laquelle ou lesquelles avez-vous expérimentée(s) ? Dans quels aspects de votre vie en avez-vous tiré un avantage ?

## 6

Avez-vous déjà été témoin de la souffrance ? Comment l'avez-vous perçue et qu'avez-vous ressenti ? Quelles leçons pouvez-vous en tirer ?

## 7

Sun Tzu explique que « la fragilité ne peut émerger sans un certain discernement mental intuitif et un bon jugement ». Avez-vous utilisé votre intuition pour créer moins de séparation dans votre vie ?

## 8

On nous dit : « Faites preuve de subtilité ! ». De quelles manières avez-vous tendance à « faire quelque chose » sans nécessairement vous demander s'il ne s'agit que de l'un de vos schémas de comportement habituels – toujours sévère, moins bienveillant ? Quelles stratégies pouvez-vous mettre en place pour réguler et contrôler vos actions ou pensées ?

# 9

Partagez une expérience au cours de laquelle vous avez observé à la fois votre fragilité et celle de ce que vous observiez et où elles étaient en réalité similaires ou identiques.

# 10

Dans quels domaines de votre vie vous efforcez-vous activement de promouvoir l'unité, l'harmonie et la perfection sans parti pris? (Par exemple, en cuisinant, au travail, lors de vos loisirs, en marchant, dans vos engagements sociétaux.)

# 11

Comment pouvez-vous continuer à promouvoir activement ces valeurs d'unité, d'harmonie, de paix et de perfection sans parti pris ?

# 12

Maintenant que vous avez exploré les enseignements de Sun Tzu, quelle est la première chose que vous allez entreprendre sur le chemin caché vers la paix et la plénitude ?

# ÉPILOGUE

# Le chemin intérieur vers la paix et la plénitude

*Notre guide est en nous*, mais comment accéder à cette connaissance dissimulée ?

L'ensemble du chemin vers la paix et la plénitude de Sun Tzu vous aidera à découvrir votre propre vérité cachée, votre guerrier de l'ombre, car *il faut le cœur et l'esprit d'un guerrier pour surmonter les obstacles et croire en vous*, pour « entendre » et « connaître » votre vérité la plus profonde. Nous devons la choisir ; nous devons être prêt à nous regarder en face et à accomplir le travail nécessaire. C'est le moment de décider quel chemin vous allez prendre : continuer à être en guerre contre vous-même ou, finalement las de lutter, vous résoudre à y mettre fin. Il suffit d'un petit pas, d'un engagement, pour commencer ce cheminement.

Afin de vous aider sur votre chemin, je propose douze approches pratiques pour appliquer les enseignements du chemin caché vers la paix et la plénitude. Le but n'est pas de faire de l'ombre aux préceptes de Sun Tzu, mais de vous montrer les ressources disponibles au quotidien pour vous aider à renforcer votre concentration et votre conscience, à vous développer et à élargir votre champ de perception de la vie et du monde. Quand nous sommes actif et ouvert à de nouvelles perspectives et de nouvelles directions, nous avons plus de chances d'apporter des changements, de remettre en question nos perceptions enracinées et de ressentir la plénitude et l'unité là ou nous avions l'habitude de ne voir que désordre,

séparation et difficulté. Et, plus important encore, nous avons le contrôle sur le moment suivant ; en appliquant l'une de ces approches ou chacune d'elles, nous serons capable de créer de l'harmonie dans notre vie et dans ce qui nous entoure.

# 1

## FAITES DE CHAQUE JOUR UN « JOUR ENSOLEILLÉ »

Consacrez une journée de la semaine à la solitude. Faites abstraction du bruit. Créez une journée où vous êtes déconnecté, indisponible, de manière à avoir du temps pour vous. Accordez-vous du temps pour méditer sur votre vie, pour réfléchir à vos rêves et pour écouter votre intuition. Vous pourriez démarrer votre jour ensoleillé par une séance de méditation formelle puis consacrer trois à six heures au calme et à la concentration afin d'éveiller votre soleil intérieur. Vous pouvez aussi trouver la quiétude dans des espaces naturels autour de vous.

Laissez tomber vos tâches du quotidien tout en étant déterminé dans votre engagement envers l'amour de soi, envers les autres, envers chaque jour qui passe. La solitude permet de décompresser, de se recharger et de se renouveler. Elle nous offre une occasion précieuse de recentrer notre être intérieur vers l'harmonie et l'unité. Laissez votre volonté entière et votre intuition vous guider au cours de cette journée. Soyez ouvert à de nouvelles perspectives pour découvrir ce qu'implique le fait de faire confiance à votre source intérieure. Trouvez un moyen de garder en vous cette paix intérieure tout au long de la semaine et soutenez vos efforts en vous déconnectant du monde, des technologies, etc., à un moment précis dans la soirée.

Bientôt, chaque jour sera un jour ensoleillé !

# 2

## COMMENCEZ UN JOURNAL DE RÉFLEXIONS

Commencez à prendre l'habitude d'écrire le matin et le soir dans un journal. Chaque journée nous offre une quantité illimitée d'occasions de créer – nos rêves, ou un nouvel avenir –, et pourtant, il arrive parfois que, malgré tous nos efforts pour prendre le temps de le faire, les heures, les jours et les semaines passent et nous éloignent de nos objectifs.

Utilisez ce journal comme un outil stratégique pour réfléchir à votre parcours de vie. Il permet de puiser dans notre intuition intérieure illimitée, mais aussi de créer un espace de tranquillité de manière à examiner en profondeur les limites et les obstacles que nous aimerions surmonter. Commencez par écrire tous les jours dans ce journal, le matin avant de partir au travail ou d'accomplir vos diverses tâches et le soir, après vous être déconnecté du monde extérieur, pour réfléchir à votre journée et établir des plans pour le lendemain.

En vous engageant à écrire tous les jours, vous verrez que votre concentration va se renforcer et que votre intuition se déployer, surtout à long terme. Utilisez ce journal pour répondre aux questions posées dans ce livre et réfléchissez à vos échecs et à vos réussites. En tenant un journal, vous aurez accès à votre guide intérieur et vous apprendrez à mieux vous connaître en suivant le chemin caché vers la paix et la plénitude de Sun Tzu.

# 3

## NE LAISSEZ AUCUNE TRACE DE VOS PENSÉES DERRIÈRE VOUS

Commencez à interagir avec le monde de manière douce, en minimisant notre impact. Soyez attentif aux moments où vous marchez d'un pas lourd, où vous parlez fort, où vous faites du bruit et où vous fulminez contre ce qui vous entoure. Soyez attentif à ceux qui vous entourent. Chaque action crée une empreinte énergétique dans le champ de perception qui se ressent autour de vous – que les autres ressentent, consciemment ou non.

Pour faire simple, pensez à un moment où vous ne vous sentiez pas bien et où quelqu'un vous a préparé un bol de soupe ou une tasse de thé ; le sentiment de réconfort que vous avez ressenti est lié à la vibration d'amour, d'ordre et d'harmonie qui a été transmise par la personne qui a élaboré ce plat ou cette boisson pour vous. De la même manière, si elle avait été préparée à la hâte ou à contrecœur, vous l'auriez également ressenti.

Adoptez une approche bienveillante dans vos interactions avec le monde extérieur à travers vos actions du quotidien de manière à ne laisser aucune pensée négative derrière vous. Quand vous marchez, regardez où et sur quoi vous posez les pieds – vous pourriez remarquer une minuscule fourmi et éviter de l'écraser ! Soyez attentif aux moments où vous êtes pressé, où vous stressez les autres, et à la manière dont ces mouvements engendrent des émotions néfastes et laissent une empreinte négative sur ceux qui vous entourent, et changez cela. Dans tout ce que nous faisons, nous devons prendre en compte les autres. Petit à petit, nous allons prendre conscience de la sévérité dont nous avons pu faire preuve envers nous-même et envers les autres et commencer à vivre de manière naturelle, sans laisser la moindre trace d'émotion négative derrière nous !

24

## « DRESSEZ LA TABLE »

Tous les jours, prenez le temps de « dresser la table » pour une autre personne ou tout être vivant – ce peut être une prière désintéressée pour la paix dans le monde ; consacrer du temps, son esprit et ses compétences à être à l'écoute. Ce peut être le fait de consacrer un peu de temps à aider les petits insectes coincés sur votre rebord de fenêtre ou lire des poèmes aux gens qui vous entourent ; organiser un dîner tous les mois pour votre famille ou des gens dans le besoin. Prenez le temps de vous détendre et de vous laisser guider par les personnes ou les choses qui vous apportent le plus.

Quand nous « mettons la table » au quotidien, nous créons un espace pour les autres ; nous le faisons du mieux que nous le pouvons, et avec bienveillance. Nous donnons de nous-même en veillant à ce que chaque assiette, chaque nappe soit en place, que chaque chaise soit confortable, en accordant de l'importance au moindre détail dans le souci de faire plaisir. Le fait de nous concentrer pour préparer ce repas (ou toute autre tâche destinée aux autres) nous permet d'atteindre un état de pleine conscience et de veiller à ce que tout soit parfait et harmonieux.

De cette manière, ceux qui reçoivent notre générosité peuvent ressentir la gentillesse et l'émerveillement suscité au cours du processus de création et éprouver un sentiment d'unité, parfois pour la première fois. Cette dévotion est nourrie par l'amour sincère (bienveillance) et l'enthousiasme à l'idée de rendre les gens heureux. Trouvez des moyens créatifs de « dresser la table » pour tous ceux avec qui vous êtes en contact : la famille, les amis, les collègues de travail... Et, progressivement, élargissez ce cercle pour accueillir des personnes nouvelles. Continuez à l'élargir pour accueillir toutes les choses vivantes !

# 5

## VIVEZ LA VIE DONT VOUS RÊVEZ, À L'INTÉRIEUR COMME À L'EXTÉRIEUR

Écoutez votre sagesse intérieure innée, qui se manifeste à travers votre intuition, pour vivre vos rêves, atteindre vos objectifs – toutes les expériences qui se présentent à vous et qui peuvent avoir un impact positif ou vous permettre de créer quelque chose de significatif *dès maintenant*. Lorsque nous partageons notre talent, nos compétences, notre sagesse vivante de manière visible ou invisible, nous menons une vie pleine de sens et nous mettons en valeur notre beauté intérieure, tout en l'offrant de manière désintéressée aux autres pour qu'ils puissent en bénéficier. En observant les gens qui vivent leurs rêves, nous avons tendance à nous dire que cela n'a pas de sens parce que nous n'en serions jamais capable ou parce que les nôtres n'ont aucun intérêt.

Pour autant, même si nous entonnons une chanson avec tout notre cœur et qu'il n'y a personne pour nous écouter, nous libérons une énergie positive qui peut être ressentie par les autres, de manière consciente ou non ; elle apporte de la joie au monde. De cette manière, vous pouvez vivre votre vie à la façon d'un centre de lumière – que vous construisiez, inventiez des choses ou que vous poursuiviez un objectif quelconque, lorsque vous le faites par le biais de votre conscience concentrée. Votre volonté et votre intuition œuvrent en harmonie et cette énergie positive se transmettra dans tous les autres aspects de votre vie.

# 6

## COMBLEZ LES BESOINS

Où que vous soyez dans le monde, vous pourrez toujours répondre aux besoins de quelqu'un ou de quelque chose. Mais nous avons tendance à hésiter, pensant que nous ne sommes pas la personne qui saura combler ces besoins ou que quelqu'un d'autre le fera à notre place. Autorisez-vous à combler ces besoins ! Soyez attentif à ceux des gens qui vous entourent et ils pourront en tirer des bénéfices. N'attendez pas. Réalisez ce qui est dans vos cordes et faites preuve d'ouverture pour intégrer les autres.

Demandez-vous : « Quel petit effort puis-je faire aujourd'hui pour les autres afin d'apporter de grands changements demain ? » Concentrez-vous sur les choses réalisables et accessibles que vous pouvez accomplir *dès maintenant*.

Il peut s'agir d'un besoin chez vous, dans votre voisinage, dans votre communauté ou à l'échelle mondiale. Un petit effort aujourd'hui peut créer un grand changement demain. En le réalisant, nous pouvons commencer à voir que le monde – qui nous semble souvent stable et figé – peut se transformer grâce à notre attention, à notre bien-être et à notre bienveillance.

# 7

## RÉCUPÉREZ ET REDÉFINISSEZ VOTRE ARBRE GÉNÉALOGIQUE

Lorsque nous nous engageons sur un nouveau chemin dans ce monde et à cette époque, nous pouvons puiser dans la longue chaîne d'empreintes laissées par nos ancêtres ou par les vibrations énergétiques et émotionnelles qui résonnent à travers le temps. Honorez les belles choses de votre arbre généalogique - tout en prenant conscience des notions de haine, de guerre/souffrance, de violence/blessures qui ont été transmises - et réinterprétez-le à la lumière de l'amour, l'harmonie, l'unité, le pardon et la paix. Cela permet de guérir le passé collectif et de libérer la Terre de cette énergie/vibration « lourde » qui l'imprègne.

Prenez le temps de réfléchir à l'histoire de votre famille, aux guerres qu'elle a peut-être vécues, à la souffrance et aux épreuves qu'elle peut avoir endurées ou causées; reprenez-en possession au nom de l'amour et du pardon. Puis refondez cet arbre; *refondre* signifie ici donner à quelque chose une forme différente en le façonnant différemment. Au nom de tous vos ancêtres, acceptez le passé, réinterprétez-le avec une joie toute nouvelle et de manière positive; poursuivez sciemment votre chemin en cultivant les valeurs d'amour et de réciprocité qui peuvent contribuer à l'unité avec toutes les personnes dans le moment suivant.

Valorisez leurs anciennes traditions en les réinterprétant de manière pertinente et en étant en phase avec le monde d'aujourd'hui. Vous pouvez par exemple revisiter d'anciennes recettes sans nuire ni utiliser des pratiques qui engendrent de la souffrance aux animaux. Plus nous nous engageons dans ce processus, plus nous libérons de l'énergie et plus nous favorisons le renouveau et la régénération dans le monde entier.

# 8

## ÉQUILIBREZ VOS ESPACES DE VIE

En prenant le temps d'apporter de l'équilibre dans nos espaces de vie, nous pouvons rompre nos schémas de pensée sur nous-même et sur les autres. Commencez par agencer votre espace de vie de manière paisible (chez vous, au travail ou dans votre voiture) et donnez les objets dont vous ne vous servez plus. Débarrassez-vous des choses avec lesquelles vous avez une connexion énergétique et qui vous maintiennent dans le passé : vous créez ainsi davantage d'espace pour renaître. De même, l'énergie reliée à ces objets se libère et vous pouvez l'utiliser pour démarrer de nouveaux projets.

Soyez efficace et ordonné. Si vos espaces de vie sont en désordre, ils vont refléter votre monde intérieur. Prenez le temps de vous débarrasser de la pagaille et aménagez votre environnement de manière ordonnée, ce qui vous permettra de mieux vous concentrer et d'être plus attentif. Réduisez au minimum et simplifiez ce qui reste. Lorsque votre cadre de vie immédiat est en ordre, prêtez attention à ce qui vous entoure, à votre voisinage, à la rue, aux parcs, etc., qui sont souvent jonchés de détritus.

En donnant de votre temps pour prendre soin de ces espaces, vous prenez conscience du fait qu'il est important de maintenir un environnement propre, et pouvez distiller de l'amour et de l'harmonie grâce à ce travail. Attention toutefois : en ramassant les déchets, vous pourriez facilement juger les gens qui les ont jetés, délibérément ou par inadvertance. Faites preuve de gentillesse et de bienveillance en faisant comprendre que vous libérez les espaces naturels des déchets. Progressivement, en maintenant cette activité sur plusieurs mois ou sur plusieurs années, ces espaces finiront par s'imprégner de votre amour et les déchets se réduiront naturellement.

# 9

## CRÉEZ UN JARDIN OU UN ESPACE NATUREL

Faire pousser des choses dans un champ ou dans un jardin présente de nombreux avantages qui vont au-delà de la beauté qui sera apportée à votre vie et à celles des autres. Nous créons une relation avec la Terre et nous apprenons à communiquer d'une manière nouvelle et particulière avec ses éléments, le sol, les plantes et les animaux. En le regardant se développer, nous prenons conscience de la valeur des ressources de la terre. Nous comprenons qu'il est nécessaire de coopérer au niveau local et de préserver l'écosystème au niveau mondial.

En prenant soin de ce jardin, l'activité physique libère une énergie positive qui nous permet de retrouver notre calme, notre sérénité. Elle nous fait ressentir une plus grande harmonie avec notre environnement. En accomplissant les gestes de jardinage, nous faisons partie du rythme et de l'harmonie de la nature et pouvons atteindre un état de *flow*. Quelle que soit la taille du jardin que vous développez, faites appel à votre incroyable créativité. Prenez le temps d'observer votre environnement immédiat pour voir où vous pouvez commencer à faire pousser des arbres, des fleurs et des herbes.

De même, vous participez au cycle de la vie, car les abeilles et les coccinelles viendront rendre visite à vos fleurs et créer des aliments pour les oiseaux ainsi que d'autres créatures, petites ou grandes, venant même de plus haut, comme les rapaces et les aigles. Parlez et méditez avec votre jardin ; laissez-vous guider par votre intuition, exprimez chaque jour votre gratitude et regardez-le se développer ! Allez-y à l'aube ou au crépuscule, le plus souvent possible, pour accueillir la journée ou la nuit avec votre nouveau jardin. Passez-y du temps dans la journée dès que vous le pouvez. De cette façon, vous développez une pratique régulière qui permet de réguler votre esprit et de prendre conscience de la véritable nature et de la fragilité de toutes les choses, tout en trouvant l'harmonie intérieure.

# 10

## TRAITEZ TOUTES LES CHOSES VIVANTES AVEC DIGNITÉ

Vivre sans causer de tort dans le monde revient à percevoir notre unité avec toutes les formes de vie. Sur le chemin de notre prise de conscience et de notre connexion avec notre soleil intérieur, nous pouvons reconnaître la véritable nature de l'existence et comprendre que tous les êtres vivants ont le droit d'être libérés de la souffrance. Cela regroupe les créatures qui sont dénigrées ou craintes depuis des générations, comme le simple rat, le gentil moustique, le requin féroce ou la mouflette et son odeur nauséabonde ; chacune d'elles a un rôle honorable à jouer dans la nature.

Sur notre chemin, nous pouvons apporter de la joie et du bonheur à de nombreuses espèces vivantes. Nous pouvons nous montrer bienveillants envers toute forme de vie, où que nous allions, en les accueillant avec un regard compatissant et en leur accordant un espace pour leur bonheur. Nous pouvons respecter les êtres vivants en les observant, sans les déranger ou leur faire mal ni ressentir le besoin de *nous en débarrasser*. Nous pouvons redonner de la dignité aux animaux, aux insectes, aux arbres, aux rivières, aux plantes, en prenant conscience de leurs besoins et en leur fournissant de l'aide.

Nous pouvons aussi réaffecter des espaces ouverts à la faune sauvage libre de toute activité humaine – y compris la pensée et l'énergie des hommes – en installant une jardinière de fleurs sur un rebord de fenêtre, en développant une petite parcelle de terrain ou en redonnant vie à de vastes zones désaffectées pour les générations futures. De même, nous pouvons réhabiliter des espaces en ville et des toits d'immeubles afin de cultiver de nouvelles forêts, des jardins verticaux et des espaces naturels innovants qui prennent en compte tous les êtres vivants.

Débutez par une affirmation et un engagement quotidiens : « Je ferai de mon mieux pour aimer toutes les créatures, grandes et petites, et j'apprendrai à protéger toutes les formes de vie dans tout ce que je fais[45]. » Quand nous vivons en harmonie avec toutes les créatures vivantes, nous leur redonnons leur dignité ainsi que leur liberté, et nous créons un monde plus harmonieux, sans leur nuire en aucune manière.

45. Pour en savoir plus sur la manière de reconnaître notre impact positif sur tous les êtres vivants, voir le livre de l'auteure *Kindness for All Living Things*.

# 11

## UN REPAS PAR JOUR

L'un des moyens les plus directs de cultiver le changement dans notre vie, de pratiquer la conscience concentrée et d'avoir un impact global sur ce changement consiste à réévaluer attentivement notre relation avec la nourriture. Avec quelques efforts, nous pouvons commencer à voir comment nous sommes interconnecté avec les autres à travers notre manière de consommer les aliments. Nous dépendons des agriculteurs du monde entier ; du temps, des planètes et de la terre pour cultiver les produits ; et d'un nombre infini d'aides bienveillantes qui livrent cette nourriture jusque chez nous[46].

De même, nous pouvons prendre conscience de la quantité de ressources que nous utilisons et les réduire, tout en devenant attentif aux pratiques que nous cautionnons et qui pourraient nuire aux autres (personnes, animaux) ainsi qu'à l'environnement ; procédons à des ajustements. Vous pourriez par exemple vous engager à ne prendre qu'un repas par jour pendant un an. Ce choix pourrait vous encourager à réfléchir à l'impact de la diminution de votre consommation : moins de déchets et de gaspillage sur une semaine ou une année ; plus d'endurance et d'énergie ; une réduction des soins de santé ; plus de temps libre, car moins de courses à faire, de repas à préparer... En nous limitant à un repas par jour, nous avons tendance à le savourer davantage, à le regarder, à le goûter et à honorer ce que nous mangeons, en étant conscient de la manière dont il nourrit le corps et l'esprit et en prenant en compte toutes les personnes impliquées qui nous l'ont fourni.

46. Pour mieux comprendre notre capacité à comprendre notre interconnexion avec « toutes » les personnes à travers la nourriture, voir le livre de l'auteure *The Whole World Inside Nan's Soup* (Yeehoo Press, 2021).

# 12

## PRATIQUEZ LA RÉCIPROCITÉ

Les préceptes de Sun Tzu reflètent la pratique de la réciprocité[47] comme mode de vie. En adoptant cette approche, nous ne nous contentons pas de son aspect intellectuel et nous sous-entendons : « Je traiterai les autres avec le même niveau de respect que j'aimerais recevoir en retour. » Cela implique quelque chose de beaucoup plus profond : *ce que je suis à l'intérieur est semblable à ce qu'il y a à l'intérieur des autres* – et, si c'est vrai, nous pouvons vivre et découvrir en nous le fil précieux qui relie tous les gens.

Tout comme nous sommes capable de percevoir la fragilité lorsque nous rencontrons d'autres personnes, nous pouvons prendre conscience que *leur souffrance est la nôtre*, que nous la ressentons et la vivons de la même manière. Et, à travers l'empathie – en ne voulant pas souffrir nous-même –, nous ne voulons pas que les autres souffrent. Par conséquent, nous cherchons l'harmonie et la paix dans toutes nos paroles, dans nos actions et dans nos relations avec les autres.

Plus nous comprenons le principe de réciprocité, plus notre empathie se développe. Le cercle de la vie s'élargit, car nous reconnaissons que nous ne sommes pas capable de vivre sans l'aide précieuse des autres, dans le monde entier, qui contribuent à notre survie et à notre développement. Nous pouvons les honorer avec notre gratitude, notre bienveillance, notre compréhension, notre patience et, par-dessus tout, avec notre responsabilité personnelle, qui discerne que nous sommes à l'origine de la souffrance des autres lorsque nous négligeons notre interconnexion.

47. En chinois *shu*, terme qui désigne le principe de réciprocité tel que défini dans les enseignements de Confucius.

# À propos de l'auteure

Hunter Liguore est écrivaine, professeure et historienne. Elle a reçu plusieurs prix, étudie depuis toujours la philosophie et se consacre à l'œuvre de Sun Tzu. Elle a travaillé avec le lauréat du prix Nobel de la paix John Hume (Irlande du Nord) et mène des recherches approfondies sur la paix et la justice sociale. Dans ses ouvrages, elle explore l'interconnexion entre les personnes, la réciprocité dans les relations avec la nature et la bienveillance et l'empathie envers tous, sans exception. Elle a notamment publié *The Whole World Inside Nan's Soup*. Elle enseigne l'écriture à l'université de Lesley et organise des marches pour la paix en Nouvelle-Angleterre. Pour en savoir plus : hunterliguore.org

**« L’excellence suprême consiste à briser la résistance de l’ennemi sans même avoir à se battre. »**

**Sun Tzu**